《红楼梦》文化叙事与英译研究

顾　伟◎著

吉林出版集团股份有限公司

全国百佳图书出版单位

图书在版编目（CIP）数据

《红楼梦》文化叙事与英译研究 / 顾伟著 . -- 长春：吉林出版集团股份有限公司 , 2024.4

ISBN 978-7-5731-5116-2

Ⅰ . ①红… Ⅱ . ①顾… Ⅲ . ①《红楼梦》研究②《红楼梦》—英语—文学翻译—研究 Ⅳ . ① I207.411 ② H315.9

中国国家版本馆 CIP 数据核字 (2024) 第 111051 号

《红楼梦》文化叙事与英译研究
HONGLOUMENG WENHUA XUSHI YU YINGYI YANJIU

著　　者	顾　伟	
责任编辑	沈　航	
封面设计	李　伟	
开　　本	710mm × 1000mm	1/16
字　　数	274 千	
印　　张	15.75	
版　　次	2025 年 1 月第 1 版	
印　　次	2025 年 1 月第 1 次印刷	
印　　刷	天津和萱印刷有限公司	

出　　版	吉林出版集团股份有限公司
发　　行	吉林出版集团股份有限公司
地　　址	吉林省长春市福祉大路 5788 号
邮　　编	130000
电　　话	0431-81629968
邮　　箱	11915286@qq.com
书　　号	ISBN 978-7-5731-5116-2
定　　价	95.00 元

前　言

　　《红楼梦》作为中国古典文学的瑰宝,在英语国家已有 200 余年的译介史。这不仅体现了《红楼梦》作为文学经典的译介价值,也凸显了其翻译的复杂性和难度。该作品的翻译研究成果非常丰富,表现出内容、方法、路径、视角的多样化发展趋势,覆盖了语言、文化、人物形象、翻译过程、译介方式、传播模式和效果等多维度议题。

　　翻译并非仅是表层的语码转换,还涉及深层文化观念和社会意识的传递。《红楼梦》不仅是中国古典小说的巅峰之作,也是所处时代的文化缩影。因此,对《红楼梦》的翻译研究不应局限于语言的表层意义,还需关注小说叙事中的文化传达。文本层面的"文化叙事"一方面通过特定故事情节或形象构建,有效地传播文化;另一方面则利用文化物象、意象辅助叙事情节的展开。文化叙事强调了宏观文化素(如语篇、社会等)在翻译过程中的重要性,凸显翻译中独特的文化背景、文化价值观等的传递。从操作层面上看,文化叙事的翻译涉及一系列新理念,如文化适应、权衡、转换、创新和传播等。深入分析不同译本的文化翻译理念、原则、策略和方法,可以为文学作品的外译提供有效借鉴。

　　针对小说翻译,文化叙事意义的有效传达对翻译的成败至关重要。本研究主要基于《红楼梦》的杨宪益、戴乃迭译本,霍克斯、闵福德译本,乔利译本,以及邦斯尔译本,通过文本细读和典型译例分析,探讨原文在器物文化、景物文化、民俗文化、制度文化、宗教文化和戏曲文化六个方面的叙事方式、结构和意义。

借由翻译批评途径，对比分析不同译本在文化叙事方面的翻译原则、标准、策略和方法，揭示文学翻译中文化因素的重要性、翻译策略等。

在撰写本书的过程中，作者参考了大量的学术文献，得到了许多学者的帮助，在此表示真诚感谢。由于作者水平有限，书中难免有疏漏之处，希望广大同行指正。

顾伟

2023 年 10 月

目 录

第一章 《红楼梦》英译

作为中国古典小说的巅峰之作，《红楼梦》不但在中国享有盛誉，而且被广泛译介到欧洲和北美等英语国家。1815 年，英国传教士汉学家马礼逊（Morrison）在其编著的《华英字典》（*A Dictionary of the Chinese Language*）中首次编入了"红楼梦"（*The Dreams of the Red Chamber*）这一词条，推开了《红楼梦》传入西方的大门。1848 年，美国传教士汉学家卫三畏（Samuel Wells Williams）在其所著的《中国总论》（*The Middle Kingdom*）一书中评价了《红楼梦》的社会影响，认为《红楼梦》是当时社会"最流行的中国小说"。2018 年，美国出版了《红楼梦》最新英语编译本 *Red Tower Dream*。据赵长江[①]统计，200 多年间，国内外共出版《红楼梦》英语全译本、编译本和摘译本共计 33 部，极大地推动了《红楼梦》在英语世界的传播。本章主要概述《红楼梦》在英语世界的译介和传播，梳理并评述《红楼梦》的翻译研究。

第一节 《红楼梦》在英语世界的译介和传播

《红楼梦》英译始于 19 世纪初。19 世纪，《红楼梦》的翻译多数由传教士和外交官来承担，主要包括马礼逊、德庇时（John Francis Davis）、罗伯聃（Robert Thom）、包腊（Edward Charles Bowra）、翟理斯（Giles）和乔利（H. Bencraft Joly）等。这一时期译文的发表多以报刊编译或摘译为主，译者的翻译目的多是将《红楼梦》作为汉语语言学习的练习材料和了解中国风土人情的窗口，本质上仍然是西方视角下的中国文化解读，最终目的是方便传教或外交工作的展开。例如，马礼逊的重要任务便是"教英国东印度公司的职员和后面来华的传教士学习

---

① 赵长江.《红楼梦》英译史研究 [M]. 杭州：浙江大学出版社，2021.

汉语"①，因此，需要编写汉语词典和汉语学习材料。马礼逊在教学材料的编写中更加注重使用白话，因而注意到了《红楼梦》用于学习汉语的价值，由此便以《红楼梦》中的表达为语料，教授外国人汉语。他的这种思想在翻译中的表现是在语言结构上与汉语原文高度契合，忠实于原语的表达形式。例如，在翻译《红楼梦》第三十一回描写袭人的句段"袭人见了自己吐的鲜血在地，也就冷了半截"时，马礼逊的译文是"Seih-jin, seeing that she vomited blood on the ground, became half cold"。由此可见，马礼逊在翻译中特别注重语言形式的对应，不但在选词上一一对应，极少删增，在句式上也严格按照原文的句式顺序，这无疑契合了马礼逊将《红楼梦》视为语言学习，特别是北京官话学习材料的翻译目的。此外，乔利在其《红楼梦》译本的序言中提到，其翻译的目的并不是让自己跻身汉学家之列，而是出于自己在北京学习汉语所感受到的困难及困惑。乔利认为，如果自己的译文"能够为当前以及将来的汉语学习者提供哪怕微末的帮助"，他也会感到满意。由此可见，作为《红楼梦》的第一个单行译本，以及"第一部具有副文本信息"的译本②，乔利译本也是从语言学习者的视角进行的，这一点可以从乔利大量使用直译翻译策略上窥见一斑。不过，与之前的传教士译者相比，乔利的译文也兼具了"某些文学翻译因素"③。例如，乔利将第十六回中"速请老太太"译为"request her venerable ladyship"，而不是直译为"ask her old ladyship"，而"request（请求）"和"venerable（尊敬的）"恰当地表达了说话者对老太太的尊敬，说明乔利充分理解了"老"在中国文化中的敬称之意，传达了原文的叙事含义。

20 世纪，《红楼梦》翻译经历了质的发展。如果说 19 世纪《红楼梦》翻译以片段式翻译为主，那么 20 世纪的《红楼梦》翻译则是出现了大量的编译本，并在 20 世纪 50 年代之后出现了首个全译本。这表明，在经历了近一个多世纪之后，英语世界对《红楼梦》的价值，尤其是社会价值、文艺价值和文学价值的认识逐渐深化。在中国的五四运动之后，新红学研究兴起，从而推动了国内外红学研究的发展。因此，西方这一时期《红楼梦》翻译的发展也与西方汉学以及红学研究的发展密不可分。一方面，汉学家更加深刻地认识到《红楼梦》的内在价值和对

---

① 赵长江.《红楼梦》英译史研究 [M]. 杭州：浙江大学出版社，2021.
② 金洁.《红楼梦》在英语世界的传播与接受研究——基于副文本视角 [D]. 北京：对外经济贸易大学，2021.
③ 赵长江.《红楼梦》英译史研究 [M]. 杭州：浙江大学出版社，2021.

中国社会的影响，因而在其学术研究中提及《红楼梦》的频率增多，相关评价也更加详细、深刻。例如，20世纪初，翟理斯这样评价《红楼梦》："小说描述了400多个大大小小的人物……对许多人物的描写，令人想起西方最伟大的小说家的最佳作品。作为中国社会的全景照片，《红楼梦》是无与伦比的。"[1] 这一评价直接肯定了《红楼梦》的文学价值，为20世纪《红楼梦》在西方高质量译介奠定了基础。在美国，《红楼梦》的译介与红学发展呈现出互促的局面。其中，翻译家王际真译本的出版激发了美国读者的阅读兴趣，而现代思想家胡适的新红学研究也为美国红学的发展拓宽了新的视角和路径，影响了赛珍珠等一批美国的学者，也为美国读者了解《红楼梦》打开了新的窗口。由此可见，不论是在欧洲还是美国，20世纪《红楼梦》译介均呈现出翻译和红学研究互动发展的特征。另一方面，西方知名汉学家为译文所作的序跋也间接推动了这一时期《红楼梦》译本在西方的传播。例如，阿瑟·韦利（Arthur Waley）在给王际真译本所作的序言中提到，《红楼梦》作为一部现实主义小说，虽然在体例和写作方式上受到中国平话和传统小说的影响，但它打破了中国古典文学作品大团圆式的结局。韦利认为，《红楼梦》的伟大之处在于"梦的描写"，这种描写凸显了作者曹雪芹"作为一位富有想象力的作家，达到了最伟大的高度，正是在这些章节中，我们清楚地感受到他的人物的象征价值或普遍价值"[2]。阿瑟·韦利作为当时著名的汉学家，为《红楼梦》译本作序无疑有助于提高译本的知名度并增强其传播效果，这比之前西方世界仅将《红楼梦》作为语言学习材料的认识跃进了一大步。

从具体的翻译行为来看，20世纪，《红楼梦》在英语国家译介的两大显著性飞跃，其一表现在具有重要影响力的单行英语编译本出现，其二表现为《红楼梦》英语全译本的问世。从编译本的角度看，王际真分别于1929年和1958年出版和再版了《红楼梦》编译本。尽管王际真当时名气不高，但他的这两个译本在《红楼梦》英译史上具有里程碑式的意义。王际真1929版《红楼梦》译本以贾宝玉和林黛玉的爱情故事为主线，但同时又最大程度地译出了原文的文化信息。译本中的副文本内容极为丰富，他将《红楼梦》定位为中国第一部现实主义小说和自传体小说，并详细阐释了《红楼梦》小说的内容、《红楼梦》成书时的中国社会

---

① 高玉海，李源.《红楼梦》在欧洲的传播与接受 [J]. 红楼梦学刊，2022（6）：14-27.
② 姜其煌. 欧美红学 [M]. 郑州：河南教育出版社，2005.

生活、曹雪芹创作《红楼梦》的历程,对清代文学家高鹗续《红楼梦》的评述以及该译本所使用的底本。同时,王际真特别提到了中国人对红楼梦的兴趣部分来自于外副文本,即学者的研究,研究者探寻背后隐含的人物原型。此外,王际真解释了当前编译本的结构,主要涉及保留或删除的原书情节,如为了让外国读者了解小说的基本结构,将原书的第一章作为序言并完全译出;将原书的前五十七回改编成译本的第二部分,将原书的后六十三回改编成译本的第三部分。在对待中西文化差异可能带来的问题上,王际真特别解释了译文中对于人物名字、标题和称谓、人称以及注音的处理方式。例如,王际真的译名方式体现了性别差异。鉴于原文中的女性姓名大多含有一定的寓意,王际真在翻译女性名字的时候多采用意译,而在翻译男性名字的时候多采用音译。同样,"老爷"等一些称谓也采用了音译的方式,以保留它们的社会功能。在人称方面,王际真在译文中大量使用第二人称来替换原文的第三人称,拉近人物与读者之间的距离。在音译方式上,考虑到译文的接受性,王际真使用了威妥玛注音。在1958年的《红楼梦》复译本中,王际真延续了这种严谨的学术考据。例如,他在新版的"介绍"中提到了胡适、周汝昌等红学研究者,使用高鹗第2版第2次印刷本,三个八十回版本、脂砚斋版本以及胡适的手稿作为底本参照。由上可见,王际真的《红楼梦》翻译行为兼具翻译价值和学术价值,译者具有明确的底本意识、翻译定位和文化传播意识。他在注释体例和翻译方法等方面的创新,对之后《红楼梦》的翻译活动产生了重要的影响。

除王际真,麦克休姐妹(Florence McHugh & Isabel McHugh)、林语堂、黄新渠等也编译过《红楼梦》。麦克休姐妹的编译本转译自1932年库恩(kuhn)的德译本,且在构架和内容上基本忠实于库恩译本。此英语编译本所提及的底本、对之前王际真和乔利等译本的评价、对原文内容的编译原则、对目标读者的定位以及对原文叙事方式的评价等均为原译者库恩的观点,麦克休姐妹在其转译本中并没有提及她们转译的动机和特别的翻译方法。林语堂编译本于1974年著成,从属意翻译《红楼梦》到最终完稿历经30多年,但并未出版。国内学者宋丹于日本发现林语堂《红楼梦》译稿,并对此做了大量研究。林语堂在其译本的序言中盛赞《红楼梦》的艺术造诣和文学价值,点出了小说的独到之处,如对上百个人物的细致性刻画、对"尘世荣华转瞬即逝"这一主题的提炼以及"草蛇灰线、伏脉千里"式写作手法的运用等，因而认为曹雪芹可以媲美西方戏剧家莎士比亚。林语堂重点评价了《红楼梦》男主人公贾宝玉的人物象征意义，并结合胡适等学者的研究，分析了曹雪芹的自身经历和《红楼梦》内容的关联。在翻译动机和翻译方法上，林语堂认为翻译《红楼梦》是一项艰巨的任务，因为原文篇幅长、人物多、情节复杂、语言形式多样，但同时认为，在保持小说基本风格和宏伟效果的基础上产生一个编译本是可行的。因此，林语堂在译前分析了《红楼梦》故事的核心，删掉了与贾宝玉少年时代有关的一些情节，以及各类宴会、诗会、酒令等。此外，林语堂特别注重译文语言的可读性，在翻译中选择以"一个段落或整个对话"为翻译单位，"修剪中文里迂回曲折的部分"，反复修改，直到找到可读性高的表达，对人名翻译的原则是"发音简单且容易辨别"[1]。由上可见，林语堂在长达 20 多页的序言中对《红楼梦》的解读是偏向于文学性的，而且作为一个具有中西语言和文化造诣的译者，他对《红楼梦》的评价是站在世界文学高位上的。从目前的研究材料来看，该译本在精准传达原作的文学和文化价值，以及在译本的可读性和可接受性方面有其独特的贡献，但遗憾的是，该译本并未出版。

黄新渠的编译本 A Dream of Red Mansions 于 1991 年由外语教学与研究出版社出版，1994 年由美国旧金山紫竹出版公司在国外出版，2008 年，外语教学与研究出版社又出版了黄新渠编译《红楼梦》的汉英双语精简本。黄新渠译本出版之时，《红楼梦》的两个全译本，霍克斯、闵福德译本，以及杨宪益、戴乃迭译本已经问世，且影响巨大。因此，黄新渠（2008）在其译本的序言中明确交代了自己的翻译动机。他认为，《红楼梦》是一部鸿篇巨制，不论是中国还是西方的年轻读者，都无法花费太多的时间和精力来通读全译本，因此，出版编译本是必要的。与之前的译者不同的是，黄新渠在编译《红楼梦》的过程中采用了编、译分离的方式，即在人民文学出版社 1982 年出版的《红楼梦》和开明书店 1935 年出版的茅盾节译版《红楼梦》的基础上，缩编《红楼梦》，之后翻译这一缩编版。而在 2008 年出版的《红楼梦》英汉对照版中，黄新渠又将其英译本回译为汉语。因此，正如赵长江[2] 所言，"黄新渠的翻译过程涉及回译和自译"，译者这样做的原因是"原缩写稿遗失了"[3]。但黄新渠的这种做法，也为原文本和原文化的重新定位提供了

---

① 林语堂，宋丹．林语堂《红楼梦》英文编译原稿序言 [J]．曹雪芹研究，2019（3）：6.
② 赵长江，许钧．《红楼梦》英译史 [M]．杭州：浙江大学出版社，2021.
③ 同②.

参考。就该译本的主要情节来看，黄新渠主要保留了贾宝玉与林黛玉、薛宝钗的爱情故事，意在展现主要人物的悲欢离合，这一点与王际真的做法比较吻合。在语言上，黄新渠尽量使用浅显易懂的英文，句法上力求结构简单，这一点与译者的翻译定位也是契合的，也一定程度上推动了该译本的传播。

20 世纪，《红楼梦》在西方传播的一个标志性事件是出现了两部影响力巨大的《红楼梦》全译本，分别是由霍克斯和闵福德合译的《红楼梦》英文五卷本（其中，前三卷为霍克斯所译，后两卷为闵福德所译），以及由杨宪益和戴乃迭夫妇合译的《红楼梦》六卷本。在翻译研究领域，以上两个英语全译本也是迄今为止受关注最多、研究最为深入的译本。此外，英国传教士布拉姆韦尔·西顿·邦斯尔（Reverend Bramwell Seaton Bonsall，1886—1968，中文名彭寿）也曾全译《红楼梦》。该译本由香港大学图书馆在其官方网站主页以电子形式发布，因此，世人可以一窥其全貌。

杨宪益和戴乃迭英译《红楼梦》最初是国家机构翻译行为。20 世纪 60 年代，外文出版社组织专家翻译四大名著，而翻译《红楼梦》的任务就交由杨氏夫妇来完成。杨宪益夫妇历时 10 多年完成《红楼梦》的翻译，但或许正因为他们的翻译是机构行为，因而译者本人并没有就翻译过程和动机等发表自己的看法，但这并不代表译者对这一翻译工作消极怠工，我们反而可以从译者的底本考据与翻译策略的选择中看到译者对待翻译的严谨和译者的翻译定位。杨戴译本的特点主要体现在四个方面。第一，杨戴译本的副文本形式比较简单，主要包括重要人物关系表和文后的注释。初版中有"出版者的话"，但之后再版时被删掉了。第二，从译本的正文来看，杨戴夫妇翻译的主要原则就是"信"，反对用西方的表达形式或意象来定义中国的文化。例如，在对待《红楼梦》中"红"这一意象时，尽管"红色"的对应词"red"在英文中具有不同的，甚至相反的寓意，杨戴夫妇仍选择将其译为"red"，以传达"红色"在中国文化中的象征意义。第三，在翻译一些具有叙事寓意的人名时，杨戴译本也多采用音译的形式。如"霍启"谐音"祸起"，但杨戴译本将其音译为"Huo Qi"，没有表达该名的象征意义，而在翻译另外一个重要人名"甄士隐（真事隐）"时，杨戴译本将其音译为"Zhen Shiyin"，并加脚注"Homophone for 'true facts concealed'"以注解。杨宪益本人对此的解释是，过多的注释会使译文显得累赘，影响阅读。第四，杨戴译本尽可能地保留原文中的语言形式。如在翻译诗词歌赋时,尽量还原汉语的诗体特点,在句式上多用小句、短句,拒绝用西方的格律诗来套译中国的格律诗,力求在内容和形式上均忠实于原文。

霍克斯和闵福德译本可以说是在英语世界影响力较大的译本。其中,霍克斯英译了《红楼梦》前80回,他的女婿闵福德英译了《红楼梦》的后40回。相比杨戴译本,霍克斯和闵福德译本的特点反映在对副文本的大量使用上,这些副文本直接反映了译者对《红楼梦》原文本的理解、翻译动机和立场等,且每一卷副文本的内容又存在差异。例如,在第一卷中,霍克斯在"介绍(introduction)"部分追溯了《红楼梦》的各个汉语版本,并考据了原文作者的身份,肯定了原文的受欢迎程度。同时,译者引据了国内外众多红学家的学术观点,考证了《红楼梦》书名的演变和各个书名的意义,对作者曹雪芹的生平做了详尽的考察,主要包括满族的旗人制度、曹雪芹的家族和皇权统治、曹雪芹的身份考证、对脂砚斋的考证以及汤显祖的作品对曹雪芹的影响等。在语言方面,译者重点分析了小说中的象征、双关和伏笔等文学创作手法,解释了翻译中"红"意象的丢失,并交代了基本的翻译原则,即将原作中所有的意图译出。其他文内副文本还包括注音方式、金陵十二钗和红楼梦曲、人物身份表和贾家家谱。第二卷的"序言(preamble)"主要介绍了第二卷的主题和主要内容,解释了诗歌等文学形式,在译文中加了大量注释,并列出了文中一些谜题的谜底以及有关赤壁、钟山等一些地名的未解之谜。第三卷"序言"中分析了将原小说分五卷翻译的原因,以及一些次要人物在叙事中扮演的重要角色,分析了原文中一些前后矛盾的情节,并在文后的附录中分析了麝月、晴雯等人物。第四卷的"序言"主要介绍了高鹗其人,并在文后附录中介绍了《红楼梦》程甲本序、程乙本、八股文、中国古琴、铁槛寺和水月庵等。第五卷的"序言"主要概述了该卷"树倒猢狲散"的主题。霍闵译本的另一个特点是其翻译风格和翻译策略。霍克斯在序言中明确指出,他要翻译出《红楼梦》中的全部内容和全部意图,即采用"全息"翻译策略,同时充分考虑了读者对译入语的接受性。从译文的层面看,霍克斯基本上做到了这一点。例如,在翻译原文第十七回有关众人参观大观园部分时,霍克斯在译文中不但再现了原文中对建筑场景等的客观描述,而且进一步凸显了原文作者建筑描写的叙事意义。以对贾宝玉怡红院的描写为例,霍克斯在其译文中加入了原文中没有的

"confusing" "appear to be" "discover to be" 等词汇，以突出此处空间描写的迷幻性，与前文中贾宝玉的"梦境"相呼应，更深入地体现了此处原作者的叙事意图，使译文呈现出更高的文学性。

邦斯尔《红楼梦》英译本并没有正式出版，且虽然成稿时间较早，但近年来才以电子稿的形式公布于互联网上，因此，其传播范围和效果并不如杨戴译本和霍闵译本。但是作为诞生时间较早的全译本，译者当时的翻译动机和译本的翻译特点也值得关注。从文内副文本的角度来看，邦斯尔的副文本体例相对完善。译者在序言中提到了曹雪芹的生平家世、有关《红楼梦》后四十回的不同观点、该译本选用的底本以及翻译原则，并附有亲属称谓等特殊术语的解释。在王际真和乔利译本的基础上，邦斯尔强调自己的译本是全译本，目的是将《红楼梦》原文的所有内容译出。因此，从邦斯尔译本实际呈现的风格来看，直译是译者使用的最主要的翻译方法。这种直译不单表现在对内容的忠实上，更表现在对原文句式结构的忠实上。该译本产生的效果与 19 世纪传教士的语言学习式翻译类似，读者可以通过阅读译文体察到原文的语言结构。

综上可见，与 19 世纪《红楼梦》英译相比，20 世纪《红楼梦》英译更加注重《红楼梦》的文学价值和社会价值。译者在介绍、序言、附录等文内副文本中详细介绍了红学研究成果、《红楼梦》汉语底本、作者及其所处时代的考据等，这些研究内容无疑影响了他们的翻译选择和译本的风格，使得译本在不同程度上呈现出学术价值。此外，在这一时期，《红楼梦》原文中体现出文学造诣的诗词曲赋、谜题谶语、象征寓意等也受到了译者的重视，并最大程度地在译文中表现出来，而这些因素在之前《红楼梦》的译本中常常被删减，以保留主要情节的流畅性。因此，20 世纪《红楼梦》英语单行本，尤其是几个主要单行全译本的问世，极大地推动了《红楼梦》在西方世界的传播。

在杨戴译本和霍闵译本之后，没有出现其他《红楼梦》全译本了。据赵长江[①]统计，21 世纪陆陆续续出版了四个《红楼梦》编译本或改写本，分别是英国克里斯蒂娜·孙·金于 2011 年出版的儿童版编译本，王国振于 2012 年出版的编译本、陈佩玲于 2012 年出版的改写本，以及应鸣于 2018 年出版的最新编译本。以上译本的关注度均不高，只有近年来针对应鸣编译本的零星研究，在此做简要

---

① 赵长江，许钧.《红楼梦》英译史 [M]. 杭州：浙江大学出版社，2021.

的介绍。根据赵长江、郑中求 ① 的研究，应鸣译本的"正文本以读者接受为中心，副文本以介绍中国文化为中心"。例如，应鸣在翻译时呈现明显的归化倾向，将《红楼梦》标题译为"*Red Tower Dream*"，将贾宝玉译为"Jade Jest"这种外国人名，同时意译回目的标题，如将第一回"甄士隐梦幻识通灵贾雨村风尘怀闺秀"意译为"A Word to the Wise Is Sufficient（智者一点即通）"，这些都是考虑读者接受性的表现。应鸣译本的文内副文本主要包括前言、后记、封底和封面，每一卷都加有卷名，如"The Tale of a Rock（石头记）""Head over Heals in Love（陷入爱河）""It Seems to Run in the Family（家族传承）"等。译者在前言中主要介绍了《水浒传》《三国演义》《西游记》《金瓶梅》《红楼梦》中国五大名著，并引导读者阅读附录。应鸣译本的附录主要包括家族谱系，以及称谓、姓氏、术语和封建社会身份地位的英译等。综上，副文本体现了译者对《红楼梦》所反映的中国传统文化的重视。

第二节 《红楼梦》翻译

　　《红楼梦》翻译研究成果不断推陈出新，一方面体现出《红楼梦》作为文学经典的对外传播价值，另一方面也说明《红楼梦》翻译的复杂性和难度。本部分主要以"红楼梦"和"翻译"为主题词，以 2017 年 10 月 1 日至 2022 年 10 月 1 日为时间节点，检索"中国国家知识基础设施（CNKI）"平台近五年来发表的相关研究文献。人工剔除会议摘要、通知、书评等检索结果后得到有效文献 496 篇，利用可视化工具 Citespace 筛选后获取 496 篇文献的主题词词频并加以分析，具体结果如下：

　　第一，从研究对象来看，所论及译者以及译本语种类别等范围不断拓展。目前，《红楼梦》翻译研究所论及的译者按照频率从高到低依次为（括号内为词频）：霍克斯及霍译本（34）、杨宪益、戴乃迭及杨译本（19）、乔利及乔译本（9）、王际真（4）、伊藤漱平（4）、哈斯宝（3）、黄新渠（2）、林语堂（2）、马礼逊（1）、包腊（1）、邦斯尔（1）、岛崎藤村（1）、德庇时（1）、佐藤亮一（1）、井波陵一（1）、务谨顺（1）和应鸣父子（1）。同时也存在基于译者身份视角的考察，例如，汉学家译者视角（7）和华人译者视角（1）。从以上数据可以看到，《红楼梦》研

① 赵长江，郑中求.应鸣《红楼梦》英译本概貌与简析 [J].红楼梦学刊，2020（1）：280-300.

究在译者层面范围不断扩展。以《红楼梦》英译者为例，前期研究主要涉及两个主要的英语全译本译者，即霍克斯和闵福德、杨宪益和戴乃迭，以及两个代表性节译本译者乔利和王际真。而从近五年的研究来看，所涉及的译者范围不断拓宽，早期像包腊、德庇时和务谨顺等传教士译者和外交官译者，以及林语堂、黄新渠、应鸣父子等现代和当代译者的译作和翻译行为开始受到重视[1][2]。此外，《红楼梦》译者群体的研究逐渐增多，研究者开始关注译者身份和译者行为之间的关系，充分考虑译者在翻译活动中的主体作用。相对而言，针对汉学家群体的研究多于华人译者的研究，说明海外汉学家依然是《红楼梦》翻译和传播的重要群体。而就华人译者而言，研究者关注到黄新渠对《红楼梦》的编译以及应鸣父子于2018年在美国独立出版的《红楼梦》英译本在翻译理念上均与传统译本不同，具有重要的当代传播研究价值。

第二，从译本涉及的语种类别来看，英语、日语、蒙古语、俄语、保加利亚语和匈牙利语的出现频次居于前列，说明随着国家"一带一路"倡议的推进，中国传统经典文学开始走进"一带一路"沿线国家，成为文化传播的先锋。相应地，《红楼梦》在上述国家的翻译和传播也将逐渐成为翻译研究的主题。

第三，从研究内容来看，《红楼梦》翻译研究呈现内外并举的特征。根据韦勒克（Wellek）和沃伦（Warren）（1942）的界定，作品与心理、社会等外在因素之间关系的研究称为"外部研究"，对作品形式和结构的研究称为"内部研究"。本部分根据上述分类，将《红楼梦》翻译研究在内容上分为内部研究和外部研究两大类，内部研究主要关注文本内层面，外部研究主要关注文本外层面。从内部研究观之，高频研究问题或研究视角依次为翻译策略（44）、目的论（20）、归化（12）、异化（12）、翻译方法（9）、对比分析（7）、互文性（5）、功能对等（4）、不可译性（4）、译者风格（3）、隐喻（2）和识解（2）等。具体来看，包括归化和异化在内的翻译策略研究、目的论和功能对等视角的《红楼梦》翻译研究、翻译方法研究、文化差异研究和对比研究主要以翻译批评为指归，基于原文和译文的对比来评述《红楼梦》的翻译策略研究和翻译方法，包括基于熟语、典故、方

---

① 宋丹.林语堂英译《红楼梦》之文化历程[J].外语教学与研究，2022，54（4）：611-622，641.

② 王燕，王璐瑾.英国汉学家包腊的《红楼梦》韵文翻译研究[J].红楼梦学刊，2022（4）：264-279.

言、亲属称谓语、人名等特定语言文化单位，或服饰、习俗、茶文化等某类文化，探讨翻译原则、方法的确定及理据，评价译本优劣，多关注翻译中的文化空缺、文化流失、误译、翻译补偿等①②③④⑤。译者翻译风格研究主要基于译者翻译中的"改变"，如增译、减译、叙事重构、语言特征差异等对比分析不同译者的翻译风格，并阐释背后原因⑥⑦。互文性视角下的《红楼梦》英译研究主要涉及书名翻译的评价研究⑧，不可译性主要从汉语中独特的语言现象，如诗歌、意象、修辞等入手，分析翻译中美学意义传播的问题和补偿手段⑨。认知视角下的《红楼梦》翻译研究聚焦隐喻、识解，聚焦各类文化隐喻的识别方式和翻译方法⑩⑪⑫。从外部研究观之，高频研究问题或研究视角依次为文化差异（7）、语境（7）、汉学家（7）、副文本（7）、文化传播（5）、传播（3）、译介（3）、人物形象（2）和文化（2）。具体来看，以上关键词涉及的研究内容可以分为三大类，第一类是影响翻译的文化因素研究。例如，宋丹⑬基于译者书信等史料，分析了林语堂英译《红楼梦》的缘起、修订、出版等文化历程，指出国际时局对译者文化选择的影响。第二类

① 王瑜生.《红楼梦》茶文化的翻译策略浅析 [J]. 福建茶叶, 2017, 39（11）：353-354.

② 侯羽，杨金丹，杨丹. 杨宪益夫妇语义显化翻译《红楼梦》策略之启示意义研究 [J]. 红楼梦学刊, 2019（1）：279-299.

③ 张粲.《红楼梦》盖尔纳法译本对宗教词汇的翻译策略 [J]. 国际汉学, 2019（4）：139-145, 203.

④ 宋丹. 林语堂《红楼梦》英译原稿诗词韵文翻译策略研究 [J]. 中国文化研究, 2021（1）：144-157.

⑤ 朱薇，李敏杰. "反常的忠实"：邦斯尔《红楼梦》英译本的翻译策略 [J]. 中南民族大学学报（人文社会科学版）, 2021, 41（4）：147-154.

⑥ 侯羽，郭玉莹.《红楼梦》霍克思英译本翻译风格研讨——以语用标记语 I think 的使用为例 [J]. 红楼梦学刊, 2021（2）：190-211.

⑦ 刘泽权，汤洁. 王际真与麦克休《红楼梦》英语节译本风格对比——基于语料库的考察 [J]. 红楼梦学刊, 2022（2）：255-277.

⑧ 罗选民.《红楼梦》译名之考：互文性的视角 [J]. 中国翻译, 2021, 42（6）：111-117.

⑨ 祁宏. 不可译性视角下的意象翻译——以《红楼梦》第二十八回中的诗词为例 [J]. 名家名作, 2021（7）：132-133.

⑩ 吴淑琼，杨永霞. 认知识解视角下《红楼梦·葬花吟》不同译本的翻译策略对比研究 [J]. 外国语文, 2020, 36（5）：119-126.

⑪ 吴丽娜.《红楼梦》菊花诗的拟题、分配与意象 [J]. 明清小说研究, 2021（4）：121-135.

⑫ 祖利军.《红楼梦》话语标记语英译之视角等效 [J]. 山东外语教学, 2021, 42（5）：126-135.

⑬ 宋丹. 林语堂英译《红楼梦》之文化历程 [J]. 外语教学与研究, 2022, 54（4）：611-622, 641.

是结合翻译大语境和副文本的《红楼梦》翻译过程研究。如基于副文本比较的译者修改行为研究[①]，译本接受导向的副文本功能研究[②]，以及基于副文本的译者文化身份和文化认同研究[③]等。第三类是译介、传播和接受研究。例如，金茜[④]综合分析了国内对《红楼梦》英译海外传播的认知，高玉海、李源[⑤]以及张惠[⑥]分别考证并分析了《红楼梦》在欧洲和北美的译介和传播史。以上研究从方法来看，质性分析仍然是《红楼梦》翻译研究的主要方法，如典型译例深度阐释、史料爬梳辨析、文本对比、文本细读等。近年来，质性研究和量化研究的结合愈发受到重视，主要表现在基于语料库的译者风格研究和语言特征研究等。

综上所述，作为汉语语言和中国文化因素使用的集大成者，《红楼梦》一直是翻译领域的研究热点。与早期重点关注语言的等效翻译不同的是，近五年来，《红楼梦》翻译研究不仅涉及语言形式的转换，还涉及文化、人物形象、翻译过程、译介方式、传播模式和效果等，从关注语言内部研究转向内、外部结合的综合性研究模式。学界越来越意识到，《红楼梦》翻译的复杂性不仅体现在语言层面上，还涉及文化、社会、历史等方方面面。因此，本书在对《红楼梦》中文化信息分类的基础上，评析《红楼梦》文化叙事的翻译和传播，以期拓展《红楼梦》翻译研究的新路径。

---

① 金洁，徐珺.副文本视角下乔利《红楼梦》新旧英译本探析 [J].红楼梦学刊，2020（1）：322-335.
② 陈卫斌.《红楼梦》英译副文本比较与翻译接受 [J].中国比较文学，2020（2）：112-124.
③ 杨柳.文化摆渡者的中国认同——闵福德《石头记》后两卷译本的副文本研究 [J].曹雪芹研究，2018（4）：127-138.
④ 金茜.《红楼梦》海外传播的国内认知图谱 [J].红楼梦学刊，2022（2）：278-293.
⑤ 高玉海，李源.《红楼梦》在欧洲的传播与接受 [J].红楼梦学刊，2022（6）：14-27.
⑥ 张惠.《红楼梦》在北美的传播与接受 [J].红楼梦学刊，2022（6）：41-56.

第二章　文化叙事与文化翻译

第一节　文化叙事概述

从词源的角度看，汉语中"文"和"化"两字的合用源于《易经》：观乎天文，以察时变；观乎人文，以化成天下。意思是说要通过观察人伦社会现象，使天下人的行为合乎礼仪，以教化推行天下。之后，西汉刘向在《说苑·指武》中将"文""化"联为一词："圣人之治天下也，先文德而后武力。凡武之兴，为不服也。文化不改，然后加诛。"此处，"文化"是指与无教化相对应的"性情、品德、伦理"等人的精神范畴。而近代意义上的"文化"一词一般对应英文的"culture"。在不同的学科视角下，"文化"的定义也有所不同。广义上的文化可以理解为人类所创造的物质文化和精神文化的总和，狭义上的文化特指人类创造的文学、艺术、教育、科学等精神财富。

文化叙事是文化与叙事的交叉，是以语言及其他非语言表述方式来表达自己对于文化的理解和感受。这种表述不仅限于口头，还包括书面表达、绘画、音乐、电影、戏剧、电视等艺术形式。文化叙事不仅是一个人的创作行为，还是一个民族、一个社会共同的文化记忆和归属感的体现。文化叙事从古至今一直存在于人类社会中。人们通过叙述自己的日常生活和经历，传递着文化的传统、价值观和信仰体系。文化叙事除了在传统文化、历史、神话传说等方面非常显著，还在当代广告、新闻、游戏等方面起着重要的作用。因此，文化叙事是一种强有力的文化传播及沟通方式。

从文化的载体来看，文化叙事大致存在两个维度，一是语言维度的文化叙事，二是非语言的文化维度。语言维度的文化叙事一般通过口头或笔头的语言形式来表达文化的叙事意义：一方面将文化贯穿到特定的故事情节或形象建构中，从而实现文化的有效传播，另一方面借用文化物象、意象等推动叙事情节的展开。非语言的文化叙事主要通过器物、绘画、音乐、表演等表达文化的意义。本书所要分析的《红楼梦》文化叙事是通过分析《红楼梦》中描写的器物、景物、民俗、制度、宗教、戏曲等所承载的文化意义，探讨这些文化意义在《红楼梦》叙事结构和人物、情节建构中的重要作用，大致属于语言维度的文化叙事。

第二节 文化翻译概述

文化研究发端于 20 世纪 50 年代英国的文化人类学研究，20 世纪 70 年代，"随着西方哲学语言论转向，文化研究逐步纳入翻译理论研究领域"[①]。20 世纪 80 年代，西方翻译研究发生"文化转向"，"文化翻译"这一概念被正式引入我国，但这一概念的内涵往往比较模糊，且相关界定莫衷一是，这或许是因为"文化意义几乎不是固化的"[②]，且对文化翻译的理解往往从文化的某一个层面出发，未能形成有效的概念、范畴体系。目前来看，针对"文化翻译"的系统性著作主要包括《文化翻译学》（王秉钦，2007）、《文化翻译》（孙艺风，2016）、《文化翻译论纲》（刘宓庆，2016）、《文化翻译学》（杨仕章，2020）等。综合上述研究可以看出，文化翻译的内涵和相关研究可以大致归为以下四种：

第一种是泛化的文化翻译观，主要是指一种文化向另一种文化译介的过程，不基于特定文本，认为翻译是对文化的阐释、交际和传播。此种定义源于人类学对文化翻译的理解。例如，谢建平[③]认为文化翻译是在文化研究的大语境下来考察翻译，即对各民族间的文化以及语言"表层"和"深层"结构的共性和个性进行研究，探讨翻译和文化的内在联系和客观规律。后殖民研究者霍米巴巴[④]所说的"文化翻译"也不是常规的文本层面的文化翻译，而是强调文化的翻译性，认为文化翻译与"居间状态（in-betweenness）"以及"第三空间（the third space）"

---

① 王秉钦. 文化翻译学：文化翻译理论与实践：第二版 [M]. 天津：南开大学出版社，2007.
② 孙艺风. 文化翻译 [M]. 北京：北京大学出版社，2016.
③ 谢建平. 文化翻译与文化"传真"[J]. 中国翻译，2001（5）：20-23.
④ 生安峰. 霍米·巴巴的后殖民理论研究 [M]. 北京：北京大学出版社，2011.

有关，"推崇文化差异的边界协商"①。霍米巴巴的文化翻译有两层含义，"一种是指作为殖民者同化手段的文化翻译，一种是指后殖民批评家所提倡的作为文化存活策略的文化翻译"②。由此可见，从霍米巴巴文化翻译的视角看，文化翻译是在第三空间内实现的，是一种文化的杂合和嫁接，"只要一种异地经验在接受语文化中被内化或者被书写，文化翻译随即产生"，这种文化翻译没有对应的原文本，因此是一种泛化的文化翻译。孙艺风③提到："凡是具有文化接触和协商性质的翻译行为，都可在广泛的意义上，称为文化翻译。"其中的核心是各个方面及层面的融合，并充分尊重文化差异。这种对文化翻译的理解也包含了泛化意义上的文化翻译概念。

　　第二种是广义的文化翻译观，主要源自翻译研究的文化学派对文化翻译的理解。广义的文化翻译侧重阐释宏观文化层面对翻译活动的影响，属于翻译外部研究，认为文化是语境，因此，要关注文化背景下的翻译活动。广义文化翻译视角下的翻译研究聚焦翻译结果在译语文化系统中的地位和影响，重点分析包括译本选择、译本策略选择、译本接受等在内的翻译过程的社会文化影响因素，以及如何处理"异常翻译"等问题。西方翻译研究文化学派的代表人物，如吉迪恩·图里（Gideon Toury）、苏姗·巴斯奈特（Susan Bassnett）、勒菲弗尔（André Alphons Lefevere）、霍姆斯（Holmes）以及劳伦斯·韦努蒂（Lawrence Venuti）等多持此类文化翻译观。

　　第三种是综合文化翻译观，即将语言和意义视为文化翻译的本体，同时关注影响文本翻译的文化影响因素，侧重对文化意义的解读和影响文化意义解读的原因。例如，刘宓庆④认为，翻译是一种凭借语言转换的文化传播手段，翻译学视角中的文化将语言作为关注的主体，语言又将意义作为关注的主体，翻译的实质是双语间以意义为本的代偿式或对应式转换，意义的理解和确定受到文化心理的影响。此外，刘宓庆⑤提出了文化翻译理论的六大核心，包括"语义的文化诠释、文本的文化解读、论文化理解、翻译和文化心理探索、文化翻译的表现论、文化

① 生安峰.霍米·巴巴的后殖民理论研究[M].北京：北京大学出版社，2011.
② 同①.
③ 孙艺风.文化翻译[M].北京：北京大学出版社，2016.
④ 刘宓庆.文化翻译论纲[M].北京：中译出版社，2016.
⑤ 同④.

价值观与翻译"。由此可见，刘宓庆的文化翻译观立足文本，进而论及文本意义背后更加深层的文化意义和文化价值观的问题，兼具宏观和微观视角，是一种综合的文化翻译观。其他有关文化翻译的表述，如文化翻译是基于语言的文化传承[1]，文化翻译是指源语文化素的翻译，文化素是特定的符号，可以通过语言或非语言的方式表达[2]等均可视为综合文化翻译观。

第四种是狭义的文化翻译观，主要源于早期语言学派对文化翻译的理解。狭义的文化翻译关注语言微观层面，属于翻译内部研究，重点研究基于文本的各类文化信息的意义转化，解决"怎么翻译？"的问题。如奈达认为，文化翻译与语言翻译相对，是信息内容遭到改变，以便在某种程度上顺应接受文化的翻译，或者是原作语言并不包含的信息却得到引介的翻译。

基于以上分类，本研究所讲的文化翻译是一种综合意义上的文化翻译。本研究以《红楼梦》原本和译本为载体，重点探讨原文中的文化叙事是如何通过语言的转换而体现在译文中的，并探讨这种转换如何受社会文化和译者文化背景的影响。换言之，本研究既关注微观文本层面上的文化传承，也关注宏观层面上社会文化对文本翻译的影响。

第三节 《红楼梦》文化翻译

当前，《红楼梦》的文化翻译研究主要体现在四个方面：文化翻译策略研究、特定语言文化现象的翻译研究、译者文化意识和文化身份对翻译的影响研究以及文化翻译的传播和接受效果研究。

第一，文化翻译策略研究占比较高。例如，钟书能、欧卫华[3]在分析了《红楼梦》杨戴译本和霍闵译本诗词中的文化翻译策略后，认为杨戴译本采用了以异化为主的翻译策略，而这种异化策略在保留源语文化特色和传播源语文化遗产方面可能更加有效。同样，李书琴、钱宏[4]用纽马克的语义翻译和交际翻译两个范畴，

---

[1] 王秉钦. 文化翻译学：文化翻译理论与实践：第二版 [M]. 天津：南开大学出版社，2007.

[2] 杨仕章. 文化翻译学 [M]. 北京：商务印书馆，2020.

[3] 钟书能，欧卫华.《红楼梦》诗词中文化信息的翻译 [J]. 外语与外语教学，2004（4）：45-48.

[4] 李书琴，钱宏. 试论全球化语境下文化典籍翻译策略之选择 [J]. 安徽大学学报（哲学社会科学版），2008（3）：92-95.

分析了杨戴译本和霍闵译本的翻译策略,认为杨戴译本倾向于使用语义翻译,而语义翻译是文化典籍更加有效的翻译策略。钱亚旭、纪墨芳[1]针对霍克斯《红楼梦》译本中的文化负载词翻译策略进行了定量研究,在对比了服饰、医药、饮食、器具、建筑五类文化负载词的翻译策略后,发现霍译本中归化和异化的策略平分秋色,这与之前研究中霍克斯以归化为主英译《红楼梦》的定论有所不同。赵石楠等[2]分析了《红楼梦》法译本中的医药文化翻译策略,认为李治华法译本多采用异化翻译以保留文化特质。

第二,特定语言文化现象的翻译研究也是《红楼梦》文化翻译研究的一个热点,这类语言文化现象主要表现在诗歌、标题、称谓等语言现象,以及服饰、医药、民俗、茶叶等文化现象。例如,俞森林、凌冰[3]借由概念筹划理论分析《红楼梦》中宗教文化的翻译问题,详释了杨戴译文对宗教文化所采用的移植、阐释、替换和过滤策略,并据此解读了杨戴译本对宗教文化的认知模式。隆涛[4]分析了《红楼梦》中的宗教、语言和节日习俗,并从民俗文化和民俗心理视角解读了杨戴译本和霍闵译本的民俗文化翻译策略。周燕[5]从《红楼梦》中的茶具、茶名、茶水三个方面分析了杨戴译本和霍闵译本对茶文化的不同翻译策略。

第三,译者的文化身份和文化意识对翻译的影响研究体现了翻译研究的译者转向对《红楼梦》文化翻译研究的影响。例如,姜秋霞等[6]基于《红楼梦》杨戴译本和霍闵译本部分章节的文化翻译策略的对比分析,阐释了译者的意识形态和文化翻译转换策略之间的关系,认为译者不同的文化翻译策略取向是受民族、时

[1] 钱亚旭,纪墨芳.《红楼梦》霍译本中物质文化负载词翻译策略的定量研究[J].红楼梦学刊,2011(6):59-72.

[2] 赵石楠,王治梅,李永安.《红楼梦》法译本中医药文化翻译策略探析——以秦可卿医案为例[J].语言与翻译,2021(3):65-70.

[3] 俞森林,凌冰.东来西去的《红楼梦》宗教文化——杨译《红楼梦》宗教文化概念的认知翻译策略[J].红楼梦学刊,2010(6):79-99.

[4] 隆涛.分析《红楼梦》英译本中的民俗文化翻译[J].语文建设,2015(27):55-56.

[5] 周燕.我国古典文学《红楼梦》中的茶文化翻译研究[J].福建茶叶,2016,38(12):354-355.

[6] 姜秋霞,郭来福,杨正军.文学翻译中的文化意识差异——对《红楼梦》两个英译本的描述性对比研究[J].中国外语,2009,6(4):90-94,97.

代文化意识以及赞助人意识形态的影响。吕世生^①通过分析林语堂《红楼梦》译本的叙事结构，发现林语堂在翻译中体现的他者文化意识和对原文、译文一致性关系的这种传统翻译观的超越，具体表现为林语堂以译文读者的文化经验为导向，查找原语文化和译入语文化的共相，以达到消除文化隔阂、促进文化传播的目的。丁艳在2019年复旦大学中华文明国际研究中心访问学者工作坊会议综述中提及了《红楼梦》翻译中的文化转码和译者立场的关系，并记录了与会的闵福德和范圣宇对《红楼梦》翻译中译者定位的解读。闵福德通过回顾与霍克斯合译《红楼梦》的历程，阐述了自己对"大观园"和"红楼梦"两个重要词眼的理解，范圣宇则从"本校法"和"理校法"入手，考察了霍克斯处理底本的方式和以经解经的翻译立场。

　　第四，文化翻译的传播和接受效果研究是《红楼梦》文化翻译研究从关注传播端转向关注受众端的一个重要体现。例如，汪庆华^②从传播学的视角分析中国文化走出去和《红楼梦》翻译策略选择的关系，认为译文读者是中国文化对外传播的接受者和反馈主体，译者要考虑译文受众的类型，在吸引普通读者时可以使用归化策略，以适应译文读者的文化立场，在吸引专业型读者时，可以采用异化策略，以迎合专业型读者。任跃忠^③从美学视角出发，分析了《红楼梦》文化翻译中美学意境的实现效果，认为美学意境的跨文化翻译是意境不断修改和再创造的过程，而这一过程中如何确保读者的接受度同时又保持中国文化的魅力是译者需要持续关注的问题。杨清玲^④研究了《红楼梦》茶文化词的翻译效果，认为译文只有从跨文化视角出发，精准再现原文的文化内涵，才能增强文化交流的效果。

　　综上所述，目前，《红楼梦》文化翻译研究主要立足文本，通过解析原文中文化元素在译文中的呈现程度和呈现方式等，探讨文化翻译的有效策略、影响文化翻译的社会文化和译者因素以及文化翻译的效果等。

　　基于此，本研究采用以下思路：首先，根据目前常见的文化分类方式以及《红

---

① 吕世生.林语堂《红楼梦》译本的他者文化意识与对传统翻译观的超越 [J].红楼梦学刊，2016（4）：1-15.

② 汪庆华.传播学视域下中国文化走出去与翻译策略选择——以《红楼梦》英译为例 [J].外语教学，2015，36（3）：100-104.

③ 任跃忠.跨文化视角下《红楼梦》翻译的美学意境研究 [J].语文建设，2015（18）：55-56.

④ 杨清玲.红楼梦茶文化词语的翻译效果研究 [J].福建茶叶，2017，39（5）：348-349.

楼梦》文本中文化信息的特点，确定本研究的文化分类方式，即按文化主题分为器物文化、景物文化、民俗文化、制度文化、宗教文化和戏曲文化；其次，在每一个文化分析的框架下，详述概念内涵和代表性子文化，阐释该类文化在《红楼梦》中的体现，并分析其在小说叙事中的作用；最后，分析和对比不同译本中的文化叙事重构方式，从文化叙事的角度评价不同译本的文化翻译质量。基于以上研究思路，本研究针对不同的文化类别采用不同的研究方法，具体包括文本细读法和个案分析法。

　　此处需要明确的是，在《红楼梦》中，每一个文化分类所对应的文化层次并不是单一的，既有它客观存在的物质态，也有相应的精神态，而这种精神态对推进小说的叙事起到更加重要的作用，也是翻译中的一大难点，更加值得研究。由此可见，文化既可横向按主题分为酒文化、茶文化、服饰文化、礼制文化、礼俗文化、建筑文化、宗教文化、道德文化、语言文化、医药文化等，也可纵向按文化层分为物质文化、行为文化、制度文化、观念文化等。上述分类或分层存在交叉，且多数分类的界限并不是绝对的。因此，为了更加清晰地展现研究的基本脉络，本研究将各个文化主题纳入不同的文化层级中予以阐释，在每一文化层级上选择代表性的文化主题予以重点阐释，以求研究的系统性和逻辑性。

　　本研究总体按照物质文化、行为文化、制度文化和观念文化四类文化层次展开，其中物质文化包括第三章的器物文化和第四章的景物文化，行为文化包括第五章的服饰、颜色、礼俗、称谓等在内的民俗文化以及第八章的戏曲文化，制度文化包括第六章的官制、典制和礼治文化，观念文化包括第七章的宗教文化。鉴于文化的复杂性和多层次性，以上个别文化分类可能存在重叠。如服饰文化既属于物质文化，也属于民俗文化。而本书选择将服饰文化归入民俗文化中予以考察。在译本的选择上，本研究以杨宪益、戴乃迭译本（以下简称杨戴译本），霍克斯译本（以下简称霍译本），乔利译本（以下简称乔译本），邦斯尔译本（以下简称邦译本）为基础语料。选择以上语料的原因是四个英译本均为全译本或节译本，方便文本层面文化叙事与翻译的比较，且五位译者的文化身份、翻译立场、翻译时间具有一定的区分度和代表性，也有助于我们结合外部因素分析译本的质量。由于乔译本只翻译了《红楼梦》前 56 回，因此之后的译例并没有将乔利的译本包含在内，在此统一作出解释，下文中不再赘述。

第三章　器物文化叙事与英译

广义的文化既包括物质文化也包括精神文化。器物文化属于物质文化，是文化的物质态。在刘宓庆对文化的分类中，文化信息的物质形态层是指"人类以物质形式（器物形式）所体现的文化"，既包括"与人类的衣食住行发生关系的'物态文化'实体"，服饰、生活器物、生产工具、交通工具等，也包括"与人的'生活世界'发生关系的'自然世界'"①，如人工开凿的景点、搭建的住宅、园林以及其他建筑等。本章所考察的器物文化包括酒文化和茶文化，大致属于上述物质形态层的第一种。

第一节　酒文化英译

一、《红楼梦》中的酒文化

在中国文化中，酒作为一种食物，其本身是一种物质。它既与酒器、酒具等文化的物质形态相关，又与酒令、酒辞、酒诗、酒礼、酒事等文化的精神层面勾连。据胡文彬②统计，"120 回的《红楼梦》中有 91 回写到酒和饮酒，共有 603 处提到酒字"，可见酒在《红楼梦》叙事中的重要作用。具体来看，《红楼梦》中有关"酒"的内容涉及酒类、酒具、酒舍和酒事等。从文本层面看，与酒相关的小说内容可以大致分为酒文化和酒叙事两个方面。

《红楼梦》中的酒文化涉及物质文化、行为文化、制度文化和观念文化形态。物质文化形态主要包括酒类、酒具和酒舍，从功能上看，是反映当时社会物

① 刘宓庆 . 文化翻译论纲 [M]. 北京：中译出版社，2019.
② 胡文彬 . 红楼梦与中国文化论稿 [M]. 北京：中国书店，2005.

质文化发展的重要标志。例如，《红楼梦》中实写的酒类包括黄酒（第三十八、四十一、七十五回）、绍兴酒（第六十三回）、西洋葡萄酒（第六十回）、屠苏酒（第五十三回）、合欢花酒（第三十八回）、烧酒（第三十八、四十四回）、惠泉酒（第十六、六十二回）、菊花酒（第三十八回）、桂花酒（第七十八回）和果子酒（第九十三回）等，这些酒类或与特定的节日及宴会习俗相关，或与特定的地域相关，或与人物关系相关，在不同程度上推进了小说的情节发展和人物形象的塑造。虚写的酒类包括金谷酒（第十六、十七回）、琼浆（第五回）、玉液（第五回）、仙醪（第五回）、千红一窟（第五回）、万艳同杯（第五回）等。此类虚写强化了文本的文学性和审美性。例如，从民俗的角度来看，合欢花可煮成合欢花汤，除夕时全家团圆时引用，取吉利之意。在《红楼梦》第三十八回中，宝玉命人将用合欢花蘸过的酒递与黛玉，体现了他对黛玉的关爱之心。可以说，一杯小小的合欢花酒，凸显了人物之间的亲密关系。此外，《红楼梦》中大量虚写的酒类具有深刻的象征意义。例如，在第五回贾宝玉神游太虚幻境，警幻仙姑让他饮"万艳同杯"酒。这里的酒名是作者杜撰，音同"万艳同悲"。"万艳"代表《红楼梦》中的众女子，"同杯"预示了她们的悲惨命运，预设下文的情节。由此可见，"万艳同杯"虽为酒名，却是推动小说情节发展的重要一环。《红楼梦》中提到的酒具包括缸、坛、海、爵、彝、壶、杯、瓠、斗、盏、碗等，不同的酒具造型不一、价值不同，常与特定场合及特定的人物身份相关，同样具有叙事功能。例如，《红楼梦》第三十八回提到的"海棠冻石蕉叶杯"是一种形如海棠花、通透质地的浅杯，为林黛玉在螃蟹宴上所持。该酒具做工精巧、晶莹剔透，与林黛玉精细、敏感的人物性格相呼应，折射出"酒具所蕴含的酒文化意境美"。《红楼梦》中提及的酒舍主要有村肆、酒幌、酒旗等，反映了当时社会的风土人情。行为文化形态主要是酒事。《红楼梦》中提及的酒事主要有筛酒（第二十八、六十三回）、吃酒（第二、七、十一、十四回等）、醒酒（第六十二、八十三回）、斟酒（第二十二、二十八、四十四回等），以及年节酒、祝寿酒、生日酒、贺喜酒、祭奠酒、待客酒、接风酒、践行酒、中秋赏月酒、赏花酒、赏雪酒、赏灯酒、赏戏酒、赏舞酒等各类酒目。与酒有关的制度文化形态在《红楼梦》中体现得相对较少，主要有赐酒（第十七、十八回）、御酒（第十七、十八回）等。

　　《红楼梦》中所体现的上述酒文化多具备叙事功能，作者对于酒物和酒事的描述与小说情节完美融合在一起。因此，我们不能脱离小说的叙事而单独谈论酒文化。《红楼梦》中的酒叙事主要体现在四个方面。第一，作者借酒事推动故事情节的发展，如在小说第二回中，冷子兴演说荣国府是在对饮的背景下自然交代荣国府的基本信息。在第七回中，焦大醉骂是借焦大之口，以酒壮胆，道出"宁府往事近故"[①]以及豪门府邸荣华背后的肮脏。此外，《红楼梦》中描写了大量的节日及生日宴会，且随着贾家家世的兴衰，所饮的酒类和酒品也在不断变化，体现了作者颇深的用意。第二，以酒凸显人物的性格和命运。例如，在第六十二回中，作者刻画了史湘云的酒后醉态，形容她"卧于山石僻处一个石凳子上，业经香梦沉酣，四面芍药花飞了一身，满头脸衣襟上皆是红香散乱，手中的扇子在地下，也半被落花埋了，一群蜂蝶闹嚷嚷的围着他，又用鲛帕包了一包芍药花瓣枕着……湘云口内犹作睡语说酒令，唧唧嘟嘟说：'泉香而酒冽，玉碗盛来琥珀光，直饮到梅梢月上，醉扶归，却为宜会亲友'"，表现出史湘云豪爽大条的人物性格。再如，第四十一回中刘姥姥醉后逛大观园也是原文中的一个经典片段，作者写道，"那刘姥姥因喝了些酒，他脾气不与黄酒相宜……及出厕来，酒被风禁，且年迈之人，蹲了半天，忽一起身，只觉得眼花头眩，辨不出路径……及至到了房舍跟前，又找不着门，再找了半日，忽见一带竹篱……刘姥姥便度石过去，顺着石子甬路走去，转了两个弯子，只见有一房门……刘姥姥便赶来拉他的手，'咕咚'一声，便撞到板壁上，把头碰的生疼"。这一系列对醉后憨态的描写，鲜明地刻画出刘姥姥粗俗、好奇又好笑的人物形象。可以说，上述对人物酒后醉态的描写，间接丰富了读者对相关人物形象的理解，比正面刻画更加生动鲜明。第三，通过酒令展示人物的诗才和性格。例如，在《红楼梦》第二十八回、第四十回、第六十二回、第六十三回、第一百零八回和第一百一十七回中均有对行酒令的描写。其中，在第六十二回的饮酒行令中，黛玉替宝玉回的酒令是"落霞与孤鹜齐飞，风急江天过雁哀，却是一只折足雁，叫的人九回肠，这是鸿雁来宾"。据孙和平[②]考证，此酒令借用了王勃《滕王阁序》、陆游《塞上曲》、司马迁《报任少卿书》《礼记·月令》、李白《子夜吴歌》中的词句，反映了黛玉渊博的学识和高超的诗才，而酒令中出现的"落霞""孤鹜""风急""雁哀"等意象，蕴含着悲怆凄楚的情感，与黛玉本人的性

① 胡文彬.红楼梦与中国文化论稿 [M].北京：中国书店，2005.
② 孙和平.酒中凸性格，令里显智慧——管窥《红楼梦》酒令语言 [J].理论月刊，2012（7）：63-66.

格和命运相呼应。再如，史湘云所说的"奔腾而砰湃，江间波浪兼天涌，须要铁锁缆孤舟，既遇着一江风，不宜出行"这一酒令，使用了"奔腾""兼天涌"等字眼，这种激昂大气的表述也与史湘云豪迈的性格相契合。此外，第六十三回中的"占花名儿"酒令，也是预示人物命运走向的谶语。第四，是对酒典故的互文性引用。例如，第十八回中的"金谷酒"典出"金谷园斗酒"。据胡文彬[①]考证，西晋文学家石崇作《金谷诗序》云："有别庐在河南界金谷涧中，去城十里，或高或下，有清泉茂林，众果竹柏药草之属，金田十顷，牛羊二百口，鸡猪鹅鸭之类，莫不毕备。又有水碓鱼池土窟，其为娱目欢心之物备矣。时征西大将军祭酒王诩当还长安，余与众贤送往涧中，昼夜游宴，屡迁其坐，或登高临下，或列坐水滨。时琴瑟笙筑，合载车中，道路并作。及住，令与鼓吹递奏。遂各赋诗，以叙中怀。或不能者，罚酒三斗。"曹雪芹以此典将大观园比拟金谷园，喻贾家的富贵，同时又侧面反映黛玉富书知典的才华。

由上可见，《红楼梦》中的"酒"不单以物的形态出现，还承载了丰富的文化、叙事和审美信息。由于中西文化的差异，"酒"这一物品在英语文化中并不具备与在汉语中相同的文化内涵，这无疑给酒文化的翻译传统提出了难题。下文将结合《红楼梦》的经典译本并选择原文中体现酒文化的典型案例，描写目前酒文化在英文中的翻译情况，并从酒文化叙事的视角出发，对译文的质量和效果作出评估。

二、《红楼梦》酒文化英译研究

本部分将从物态、精神和叙事三个层次分析《红楼梦》中酒文化的英译方式和效果，评价译文质量，并探讨更加有效的酒文化翻译模式。

首先，物态的"酒"属于知识类范畴，主要涉及客观的酒类、酒名等翻译。在此层面上，酒类、酒名等类似术语，其翻译标准可以参考术语的翻译标准。第一，译文要准确反映原文的概念意义，确保语义的准确性；第二，作为名称类术语，译文还要符合译入语中的命名规范，做到规范性；第三，译文要力求语义单一，避免歧义性或模糊性的表达；第四，译名需要做到同一性，即相同的酒名或酒类译法要统一，以免引起译文读者认知的混乱。下面将以"黄酒""惠泉酒""合

---

① 胡文彬. 酒香茶浓说红楼 [M]. 太原：山西教育出版社，1993.

欢花酒""醒酒石"的译法为例，评价译本中物质"酒"的翻译质量。

例1：

原文1：宝玉的意思即刻便要叫人烫黄酒，要山羊血黎洞丸来。

杨戴译：He would have called someone at once to heat Shaoxing wine and fetch pills compounded with goat's blood.

霍译：Bao-yu was all for calling one of the maids and getting her to heat some rice wine, so that Aroma could be given hot wine and Hainan kid's-blood pills.

乔译：Pao-yu's intention was to there and then give orders to the servant to warm some white wine and to ask them for a few 'Li-T'ung' pills compounded with goat's blood.

邦译：It was in Pao-yu's mind immediately to get some yellow wine warmed for Hsi-jên and to call for Li-t'ung pills made of goats' blood.

原文2：说着便斟了半盏，看时却是黄酒，因说道："我吃了一点子螃蟹，觉得心口微微的疼，须得热热的喝口烧酒。"

杨戴译：By now she had poured half a cup and could see it was yellow wine. "After eating a bit of crab I've slight indigestion," she said. "What I really want is a mouthful of hot spirits."

霍译：So saying, she proceeded to half-fill the tiny receptacle with liquor from the silver kettle. But it proved to be yellow rice-wine, whereas what she wanted was spirits. 'I only ate a small amount of crab,' she said, 'but it has given me a slight heart-burn. What I really need is some very hot samshoo.'

乔译：So speaking, she filled for herself a cup half full; but discovering that it was yellow wine, "I've eaten only a little bit of crab," she said, "and yet I feel my mouth slightly sore; so what would do for me now is a mouthful of very hot distilled spirit."

邦译：When she had said this she poured out half a cup. When she looked, it was yellow wine. And so she said: "I have eaten a bit of crab and I feel a slight pain in the pit of my stomach. I ought to drink hot a mouthful of boiled wine."

例1两则例句中提到的"黄酒"是酒的一种类别，以稻米、黍米、黑米、玉米、小麦等为原料，经过蒸料，拌以麦曲、米曲或酒药，进行糖化和发酵酿制而成。下文中提到的"绍兴酒""惠泉酒"均属于黄酒类。以上原文1和原文2所提到的黄酒，均表达了酒的概念意义。可以看到，除了邦译本，杨戴译本、霍译本和乔译本内部对"黄酒"的译法并不统一，而且四位译者的译法也存在差异。总体来看，"黄酒"共存在"Shaoxing wine""rice wine""white wine""yellow rice wine""yellow wine"五种译法。其中，杨宪益、戴乃迭将原文 1 中的"黄酒"译为"Shaoxing wine"，是一种具体化的翻译方法，但绍兴酒是黄酒的一种，将其笼统等同于黄酒似有不妥。不过，尝试以"yellow wine"为检索词在"当代美国英语语料库（Corpus of Contemporary American English）"中检索相关句段后发现，英文中的"yellow wine"常与"China Shaoxing Group Cooperation"搭配出现，可以说，西方读者对中国黄酒的认知大致等同于对绍兴酒的认知，因此，这里译者选择用"Shaoxing Wine"翻译黄酒，不排除对读者接受度的考虑。霍克斯从酿酒材料的视角出发，将"黄酒"译为"rice wine"或"yellow rice wine"。中国黄酒的用料复杂，不只包含稻米，因此，将黄酒译为 rice wine 没有准确传达原文的概念意义，但值得注意的是，在"当代美国英语语料库"中，"Shaoxing wine"常常被介绍为是一种"rice wine"。由此可见，相较于杨宪益、戴乃迭的译文，霍克斯的译文在语义上更加泛化。从字面意思上看，乔利意图用"white wine"来表达"黄酒"，但"white wine"是"一种发酵葡萄酒，颜色可以是淡黄色、草黄色或黄绿色"，常译为"白葡萄酒"。因此，"黄酒"与"white wine"并不是同一酒种。"yellow wine"这一表达在杨戴译本、乔利译本和邦斯尔译本中均出现过。相较而言，邦斯尔译本在"黄酒"的译法上比较统一，且采用直译加注的形式，介绍了"黄酒"的基本含义，避免了用英文套译而造成误解。从"当代美国英语语料库"中的检索结果来看，"yellow wine"高频对应表达是法语的"Vin Jaune"，是法国侏罗省（Jura）特产的一种白葡萄酒，因此，这一表达同样不能等同于"黄酒"。而中国"黄酒"在英文中常音译为"Huang Jiu"，或意译为"Chinese yellow wine"，以与西方的葡萄酒区分。以上例句中"黄酒"均表达出了最基本的概念意义，而概念或知识的正确传达是翻译的基本要求，以此为基础，我们才能进一步追求译名的可接受性、规范性和统一性。在考虑正确性和可读性的前提下，"Chinese yellow wine"更适合表达原文的物质概念。

例 2：

原文：又道："妈妈，你尝一尝你儿子带来的惠泉酒。"

杨戴译：She urged the nurse, "Nanny, try this Hui Fountain wine your boy brought back."

霍译："Nannie," she said, addressing the old woman, "you must try some of the rice wine your Lian brought back with him from the South!"

乔译：she went on, "just you taste this Hui Ch'uan wine brought by your foster-son."

例 2 中提到的"惠泉酒"除了表达物质含义，对塑造人物性格也起到一定的作用，因此，不能将其单纯视为一个物质概念来翻译。在原文中，贾琏与黛玉从扬州归来，王熙凤为他们接风洗尘时，邀请了贾琏的乳母赵嬷嬷一起用饭、饮惠泉酒。惠泉酒是南方酒，产于无锡太湖之滨、惠山之麓，用惠泉之水酿造而成，口感醇美，在清代是进贡皇帝的贡品。贾琏从南方原产地带回此酒，更显酒的珍贵。赵嬷嬷虽为贾琏的乳母，却地位低下，但因将贾琏抚养长大，赢得了贾琏夫妇的尊重。王熙凤邀请赵嬷嬷喝如此贵重之酒，一方面显示出她对赵嬷嬷的敬重和感恩，另一方面也反映了赵嬷嬷为人忠厚端正，与贾琏夫妇关系良好。在以上译文中，杨戴译本译出了"Fountain"一词，以表达惠泉酒的酿造来源和它的品质。但对于不了解"惠泉酒"前因后果的西方读者而言，仅译出"Hui Fountain"而不注释或增译相关的文化背景，无助于让译文读者了解作者此处的叙事深意。霍闵译文采用了意译的方式，点出了酿造该酒的食材，并增加了"from the South"一词突出此酒的珍贵。但不足的是，将"惠泉酒"泛化为一般意义上的"rice wine"无法凸显原文意在表达该酒的独特与珍贵，也就无法完整再现原文对赵嬷嬷这一人物形象的塑造。乔利将"惠泉酒"译为"Hui Ch'uan wine"可谓中规中矩，这种"专名音译 + 通名意译"的方式比较符合现代翻译对品牌名称的翻译要求。但在文学作品中，这种译法也只能传达最基本的名称意义，而无法表现其更深层次上的叙事意义。而邦斯尔在其译文中对惠泉酒采用了省译的方式，因而此处不作详述。综上所述，不同时期、不同身份的译者拥有不同的翻译动机，在原文意义和可读性无法兼得的情况下，译者往往选择自己认为最重要的因素予以呈现，从而造成其他因素的丢失，难以涵盖原文中描写"惠泉酒"所要呈现的多层次含义。从发展的角度看，若此处融合杨戴译本和霍闵译本中的译法，即将"惠泉酒"译为"Hui Fountain wine from the South"，不但符合酒名的翻译规范，迎合了译入语读者的阅读习惯，而且点出了此酒的文化背景，保留了原文中的文化因子。此种或许可以取得更好的翻译效果。

例 3:

原文:宝玉忙道:"有烧酒。"便命将那合欢花浸的酒烫一壶来。黛玉也只吃一口便放下了。

杨戴译:"There's some here," said Baoyu promptly. He told the maids to heat a pot of spirits in which acacia flowers had been steeped. After just one sip Daiyu put the cup down.

霍译:"We have some," said Bao-yu, and quickly ordered a kettle of special mimosa-flavoured samshoo to be heated for her. Dai-yu took only a sip of it before putting the wine cup down again.

乔译:Pao-yu hastened to take up her remark. "There's some distilled spirit," he chimed in. "Take some of that wine," he there and then shouted out to a servant, "scented with acacia flowers, and warm a tankard of it." When however it was brought Tai-yu simply took a sip and put it down again.

邦译:Pao-yu hastily followed at once by saying, "There is some boiled wine." Then he gave orders to heat and bring a kettle of that wine in which those ho-huan flowers had been steeped. And Tai-yu drank only one mouthful. And then she put it down.

从物质属性看,合欢花在芒种到夏至天地阳气最重的时候盛放,其长势高,花瓣如丝。合欢花冠轻盈,色粉红,形如心,性轻清发散,气味芳香。《神农本草经》中曾记载:"合欢,安五脏,和心志,令人欢乐无忧。"由此可见,以合欢花制酒,则该酒有驱寒、疏气、安神的功效。从文化属性看,合欢花在中国传统文化中寓意"爱情、团圆、和睦"等。例如,唐朝韦庄赋诗赞合欢花道,"虞舜南巡去不归,二妃相誓死江湄。空留万古香魂在,结作双葩合一枝",而《红楼梦》中也提到春节要喝合欢汤,求团圆和睦之福。在例 3 原文中,贾宝玉忙命人将"合欢花浸的酒"递与黛玉,一方面表现出合欢花酒能驱寒的物理功效,另一方面又显示出宝玉对黛玉体寒,恐其身体不适的担心,表现了两人之间的情感。此外,草蛇灰线一直是曹雪芹惯用的写作手法。此处螃蟹宴中,作者使黛玉用乌银梅花自斟壶,海棠冻石蕉叶杯,饮合欢花酒,这种独斟独饮的雅致情趣,以及韦庄所赋合欢花诗的寓意,将合欢花酒与林黛玉潇湘妃子的形象联系起来。因此,原文中的合欢花酒不单具有物理意义,还具有叙事意义和文化互文性,是小说翻译中的难点。以上四则译文中，杨戴译本和乔利译本均将"合欢花"通译为"acacia flowers"，而在维基百科的解释中，"acacia flowers"是一种原产于澳大利亚的植物，为澳大利亚的国花，常译为汉语的"金合欢花"。在西方文化中，"acacia flowers"具有"稍纵即逝的快乐""力量重生和永生""智慧"等不同的象征意义，但这些文化象征意义与汉语中"合欢花"的象征意义均无关联。因此，将"合欢花"直译为"acacia flowers"具有格义之嫌，误导译文读者曲解原文的含义。霍克斯使用的"mimosa"一词多指含羞草，个别情况下与"acacia（金合欢树）"同义，因此未能正确表达原文的含义。而邦斯尔则使用了音译的方式，保留了原文的异域特征。鉴于例 3 原文并不只是表达了"合欢花酒"的物理属性，还表达了更高层次的叙事和文化意义，为了让译文读者更好地领会原文的深层内涵，此处可以采用音译并注文化背景的形式。

例 4：

原文：探春忙命将醒酒石拿来给他衔在口内，一时又命他喝了一些酸汤，方才觉得好了些。

杨戴译：There she had a wash and two cups of strong tea, and Tanchun sent for the 'pebble to sober drunkards' for her to suck. Presently she made her drink some vinegar soup too, after which Xiangyun felt better.

霍译：Tan-chun made one of the girls fetch a piece of 'hangover rock' for her to suck. By the time she had sucked the rock for a bit and taken a few mouthfuls of hot, sour soup, she was feeling almost herself again.

邦译：T'an-ch'un hastily ordered them to a stone for making one sober after wine and gave it to her to hold in her mouth. In a little while she also ordered her to drink some sour soup. And then at last she felt somewhat better.

据《清一统志》介绍，醒酒石就是云南大理所产的点苍石，也就是大理石。大理石有白、杂二种，白色大理石又叫寒水石、方解石，呈块状结晶，白色或黄白色，略透明，质地坚硬，性寒。按照这一解释，杨戴译本将其译为"pebble（鹅卵石）"显然不符合"醒酒石"的物质属性，而霍克斯和邦斯尔分别将其译成"rock"或"stone"也没有准确表达出醒酒石的质地。相较而言，杨戴译本和邦斯尔译本均采用了"属性 + 功能解释"的释译法，而霍克斯采用了直译法，更加简洁，符合原文名词性表达的特征。综合以上三则译文，在霍克斯译法的基础上将"醒酒石"译为"hangover marble"或"hangover calcite"更能兼顾译文的忠实性和流畅性。

其次，如上文所述，《红楼梦》中提及"酒"并不单是为了介绍酒种、酒类等，更是精神和文化表达的需要，这是与"酒"相关的观念范畴。从翻译的视角看，相较于知识范畴，"酒"的观念范畴译介难度更高，毕竟在中西文化中，酒的象征意义存在巨大差异。下面将以《红楼梦》中的酒祭翻译为例，评价不同译本的翻译质量。

例5：

原文：冷吟秋色诗千首，醉酹寒香酒一杯。

杨戴译：I chant a thousand poems to this autumn splendour And drunk with wine toast its cold fragrance.

霍译：a thousand autumn songs I'll sing, To praise your beauty, and libations pour.

乔译：Now that it's cool, a thousand stanzas on the autumn scenery I sing. In ecstasies from drink, I toast their blossom in a cup of cold, and fragrant wine.

邦译：Songs on the Autumn scene-poems a thousand. Intoxicated, I pour a libation, cold and fragrant, of wine one cup.

例5原文出自《红楼梦》第三十八回的"怡红公子《种菊》诗"。诗中的"酹"是指将酒洒在地上，表示祭奠或立誓，是中国传统文化中一种常见的酒礼，其他诗词，如苏轼《念奴娇·赤壁怀古》中的"一尊还酹江月"、陆游《秋波媚·七月十六日晚登高兴亭望长安南山》中的"悲歌击筑，凭高酹酒，此兴悠哉"等均含有此类酒礼。在以上四则译文中，杨戴译本和乔利译本使用了"toast"一词，表达了向崇拜之人或事祝酒之意。霍克斯和邦斯尔译本均使用了"libation"。根据维基百科解释，在西方文化中，"libation"是一种在地上洒酒以向神献祭的仪式，常具有宗教意义。而中国文化中的"酹"并无献祭之意。从外在表现形式来看，"libation"更能表达向地上洒酒的动作，但从文化内核来看，无论是"toast"还是"libation"，都不完全等同于"酹"。为了避免文化格义，这里的"酹"或许可以采用释译的方式，译为"pour the wine to the ground for worship/to pay respect"。

例 6：

原文：青衣乐奏，三献爵，拜兴毕，焚帛奠酒……

杨戴译：Black-robed musicians played music while the libation-cup was presented three times and obeisance made. Then the silk was burnt and wine poured.

霍译：Then the black-coated musicians struck up and the ceremony began. the threefold offering of the Cup, the standings, kneelings and prostrations, the burning of the silk-offering, the libation—every movement precisely in time to the solemn strains of the music.

乔译：The black clad musicians discoursed music. The libation-cups were offered thrice in sacrifice. These devotions over, paper money was burnt; and libations of wine were poured.

邦译：Men in black attire played music. The cup was offered thrice. When the obeisances were ended the silk was burnt and the wine was offered.

例 6 原文选自《红楼梦》第五十三回贾府春节祭宗祠一幕。"奠酒"与例 5 中的"爵"语义相似，这里是以酒祭奠祖先的意思，且作为春节祭奠仪式的一部分，又有其礼仪上的表现形式。杨戴译本和邦斯尔译本将其译为"wine poured"以及"wine was offered"，表达了"献酒"的语义层面。乔利将其译为"liberation"，重在表达奠酒的功能，但在例 5 的分析中已经指出，libation 与中国文化中奠酒的内涵不同。霍克斯同样使用"libation"一词表达"奠酒"这一文化概念，但同时又增译了奠酒礼仪的细节，增强了奠酒作为"礼"的意义内涵，在一定程度上传达了中国文化内涵。

最后，《红楼梦》中"酒"的描写是将与"酒"有关的酒类、酒事、酒礼等嵌入小说的叙事中展开，这无疑又赋予了"酒"不同程度的叙事意义。如果原文中此类酒叙事在译文中无法重构，那么译文读者也就只能看到表层的酒文化，而无法领略到酒文化与小说情节之间的深度融合，无法体会到原作者的文学造诣。就《红楼梦》的酒叙事而言，胡文彬[①]认为，"曹雪芹写酒，最根本之处在于他要把物质美和精神美有机结合在一起，用酒来丰富小说的内容，增强小说的艺术魅力"。而从叙事学的角度看，文学叙事中的"物"存在三个层次，分别是本体的物、

① 胡文彬 . 红楼梦与中国文化论稿 [M]. 北京：中国书店，2005.

文化的物和主体的物。本体的物"作为本体存在，超越语言和文化的表征，显示本体的物性"，文化的物"作为文化符号，映射或影响人类文化"，主体的物"作为具有主体性的行动者，作用于人的行动，并推动叙事进程"[①]。在这个意义上，《红楼梦》中的酒叙事就是"文化的物"和"主体的物"的结合。下面将从酒的隐喻或象征，以及酒的叙事审美两个层面分析、评价酒叙事在不同译本中的重构。

例7：

原文：一日，吃了几杯闷酒，躺在炕上，便要借那宝蟾做个醒酒汤儿，因问着宝蟾道："大爷前日出门，到底是到那里去……"

杨戴译：One day after drinking a few cups alone Jingui, lying on the kang, decided to work off her spleen on Baochan. "Where did the master go when he left home the other day?" she asked.

霍译：One day, when she had been drinking heavily and was lying on her kang in a maudlin frame of mind, let's see what she's worth. A round or two with Moonbeam might be just the seltzer she needed. "Come on!" she taunted her. "Where's our precious Lord and Master disappeared to, eh? Where's he hiding..."

邦译：One day when she had drunk a few cups of wine by herself, she lay down on the k'ang. Then she wanted to make use of Pao-ch'an as soup to rouse her from her wine. And so she asked Pao-ch'an: "When the Ta-yeh went out the other day where after all did he go to..."

例7原文出自《红楼梦》第八十三回。"醒酒汤儿"本指醉后解酒的汤水，而此处的"醒酒汤儿"比喻"拿来出气的对象"。作者用"醒酒汤儿"这一表达，一方面与前文中"吃了几杯闷酒"相呼应，另一方面又生动形象地表达了金桂"撒气或出气"的意图。在以上三则译文中，杨戴译本采用意译的方式，直接表达出"醒酒汤儿"在此语境下的比喻义，准确地传达了原文的意图，但去掉了喻体之后的表达似乎降低了原文的文学性。霍克斯使用的"seltzer"是苏打水，有提神之意，但有过于归化之嫌。相比较而言，邦斯尔的译文使用"as"一词保留了原文中的修辞，用"soup"一词保留了原文的意象，同时又通过"to rouse her from her

---

[①] 尹晓霞，唐伟胜. 文化符号、主体性、实在性：论"物"的三种叙事功能 [J]. 山东外语教学，2019，40（2）：76-84.

wine"表达了"醒酒汤儿"在原文中的功能。总体而言，邦斯尔译文更加忠实于原文。

例8：

原文：香融金谷酒，花媚玉堂人。

杨戴译：Scents heady as the wine from Golden Dell bind all in these jade halls with flowery spell.

霍译：Its odours sweet a poet's wine enrich; Its flowers a queenly visitor bewitch.

乔译：The fumes of Chin Ku wine everything permeate; The flowers the inmate of the Jade Hall fascinate.

邦译：The fragrance blends with the Golden Valley wine. The flowers gratify the person from the Hall of Jade.

例8原文出自《红楼梦》第十八回林黛玉题大观园的匾额"世外仙源"。如前文所述，这里的"金谷酒"出自"金谷园斗酒"。据石崇的《金谷诗序》记载，金谷园在河南界金谷涧中。这里清泉绿树，枝繁果硕，并有各类自然、人工景观，可供各类娱乐活动。众贤人在此宴乐斗诗，不能诗者便罚酒。此便是金谷酒典故的由来。原文中林黛玉为大观园题诗：一方面是将大观园的壮观奢华比拟金谷园，寓意贾府的烈火烹油，鲜花着锦，另一方面也意在凸显林黛玉知典用典、博学多才的人物特点。缺少这背后的典故文化，译文的文学性和审美性将大打折扣。但作为原文中众诗的一首，过多的文化信息阐释也会影响读者的阅读体验。无论是乔利的音译"Chin Ku wine"，还是邦斯尔"Golden Valley wine"的直译，都只是译出了原文的字面意思，没有体现背后的文化典故。而杨戴译本将"金谷酒"译为"Golden Dell"，表达出"金谷涧"的含义，霍克斯将"金谷酒"译为"poet's wine"也体现了金谷酒源自"金谷园斗诗"的互文含义。体现了译者为原文文化的溯源和保留所作出的努力。

例9：

原文：说着，将筒摇了一摇，伸手掣出一根。大家一看，只见签上画着一支牡丹，题着"艳冠群芳"四字，下面又有镌的小字一句唐诗，道是：任是无情也动人。

杨戴译：She shook the container and took out a slip on which they saw the picture of a peony with the words "Beauty surpassing all flowers." Inscribed in smaller characters beneath was the line of Tang poetry, "Though heartless she has charm."

霍译：She gave the cylinder another shake and pulled out a card. The others craned over to look. It had a picture of a pony eon it with the caption "Empress of the Garden" in large red characters. This was followed by a line of smaller black characters from a poem by the Tang poet Luo Yin: Yourself lack passion, yet can others move.

邦译：As she was speaking, she gave the tube a shake, put forth her hand and pulled out a slip. They all had a look at it. They saw that on the slip was drawn a branch of the three-peony. The inscription was the four words "Beautiful Cap Grouped Fragrances". Beneath it were also engraved some small characters, a sentence from a poem of the tang period. What it said was: "Granted that it has no feeling, it also moves men" ...

以上原文选自《红楼梦》第六十三回的"占花名儿酒令"一幕。众人摇骰子抽签，根据签上的内容行酒令。在曹雪芹的设计中，每个人物所抽签子上的内容往往与这个人物的性格或命运相关，而这些寓言常通过语篇的互文性来体现。如果读者对前语篇不了解，也就无法解读原作的寓意，也无法欣赏原作的美学效果。因此，正确地解读原文是进行有效翻译批评的基础。例9中是薛宝钗抽中的占花名儿签，薛宝钗的外表"脸若银盆，眼似水杏，唇不点而红，眉不画而翠"，显然可以与"艳冠群芳"的牡丹相媲美。在"艳冠群芳"的翻译上，除了邦斯尔的译文过于拘泥于原文的语言形式，导致译文的流畅性不足，杨戴译文和霍克斯的译文均准确地表达了原文的含义。"任是无情也动人"描写的是薛宝钗的性格。此句出自唐代罗隐的《牡丹花》一诗："似共东风别有因，绛罗高卷不胜春。若教解语应倾国，任是无情亦动人。芍药与君为近侍，芙蓉何处避芳尘。可怜韩令功成后，辜负秾华过此身。"该诗意在赞美牡丹的高洁出众，讽刺韩弘等权奸与人间美好事物为敌的阴暗心态。因此，罗隐认为，牡丹花如果能理解人的语言，就会具有倾国倾城的美，可纵然是含情不露，也依然拥有打动人心的魅力。从原典的这种表意来看，以上三个译本对"无情"的翻译值得商榷。一直以来，红学家对曹雪芹所塑造的薛宝钗形象存在争议。其中一种观点认为，薛宝钗性格上冷淡无情，忠诚于封建礼教。但庚辰本第十七回和第十八回双行夹批曰："有得宝卿冷落，但就谓宝卿无情，只是较阿颦施之特正耳。"说明薛宝钗并不是无情，而是常用封建礼教规约自己的情感，控制自己的情绪，这也说明她性格中理智的一面。所以，原文中用"任是无情也动人"形容薛宝钗，应该是讲她含情不露，而非真的无情。从这个意义上看，杨戴译本将"无情"译为"heartless"，邦斯尔译本将"无情"译为"has no feeling"均没有准确领会作者这里用典的意图，曲解了薛宝钗的人物形象。而霍克斯将其处理成"lack passion"，比较准确地表达了宝钗不受情绪和情感控制，极少冲动的人物性格。

例10：

原文：众人看上面是一枝杏花，那红字写着"瑶池仙品"四字，诗云：日边红杏倚云栽。

杨戴译：Under the picture of an apricot-blossom were the words in red "Fairy flower from paradise" and the verse "A red apricot by the sun grows in the clouds."

霍译：The picture was of a spray of almond blossom with the caption "Spirit of the Afterglow". The line of verse which followed it was by Gao Chan: Apricot-trees make the sun's red-petalled floor.

邦译：When they all looked, there was a branch of apricot blossom on it. The red characters which were written were four words "Green-jasper lake, immortal rank". The poem said: "By the side of the sun, the red apricot is planted, leaning against a cloud".

例10同样出自《红楼梦》第六十三回的"占花名儿酒令"，这里的签为探春所抽。"日边红杏倚云栽"典出唐代高蟾的《下第后上永崇高侍郎》："天上碧桃和露种，日边红杏倚云栽。芙蓉生在秋江上，不向东风怨未开。"此诗的意思是"天上仙家的碧桃树沾染着雨露种下，太阳边的红杏倚靠着云彩而栽。我这朵芙蓉长在萧瑟的秋天的江边，但不抱怨春风为何不吹来让我这朵花开一开"。这首诗是作者写给主考的自荐诗，又名《上高侍郎》。前两句比喻别人考中进士并对他们的意气风发、春风得意表示羡慕，同时也委婉含蓄地表达了对借皇家权贵雨露之恩者的不满，后两句又感慨自己生不逢时，表明自己的自信和进取态度，希望得到高侍郎援引赏识。而这首诗暗合了探春的性格和命运。在《红楼梦》中，杏花代表着探春的婚姻和命运。探春生命力旺盛、性格鲜明，虽为庶出，但敢于抵抗贾府的积弊，有管家之才。原诗中的"天上"和"日边"表明科举中第之人不同寻常的地位，在这里寓意探春出身高贵，而嫁得贵婿的婚姻状况，而"不向东风怨未开"又表达了探春虽有当仁不让的巾帼气概和治理才华，但也不得不囿于自己女子的身份而最终无从施展自己的抱负。在三个译本中，杨戴译本更加倾向于直译，译出了原文的字面意思，且没有提供其他背景信息的解释。因此这一酒令与人物之间的关系体现得并不明显。霍克斯和邦斯尔的译本均添加了有关原典的信息。霍克斯增译了原诗的作者"Gao Chan（高蟾）"，且对"红"的处理更加艺术化。霍克斯并没有用"red"直接修饰"apricot"，而是将原句处理成"Apricot-trees make the sun's red-petalled floor（杏花的红色花瓣映衬着太阳）"，似乎无法表达原文的"杏花借助太阳之光而盛放"之意。相较而言，邦斯尔译本使用"by the side of""lean against"等字眼，更能表现用典所要表达的"靠、依仗"之意。

第二节　茶文化英译

一、《红楼梦》中的茶文化

在中国传统文化中，茶不仅是一种物质文化，也是一种精神文化。在中国，物质层面的茶最早可以追溯到 4700 多年前的神农氏时期，之后逐渐发展成中国人的常饮。精神层面的茶可以追溯到唐代，彼时的文人墨客开始借茶来抒发情感、纵论世事，最能说明这一点的是陆羽所作中国首部茶典《茶经》的问世。据胡文彬[1] 统计，《红楼梦》全书至少有 273 处提到茶，这使其成为读者了解 18 世纪中国社会茶叶以及茶俗风貌的有效途径。

总体来看，《红楼梦》中的茶文化具体体现在物质、风俗、叙事三个层面。首先，从物质层面上看，《红楼梦》中提到了丰富的茶类和茶名。茶类有红茶、绿茶、青茶、白茶等，茶名有"千红一窟"茶（第五回）、"枫露茶"（第八回）、"暹罗茶"（第二十五回）、"六安茶"（第四十一回）、"老君眉"（第四十一回）、"杏仁茶"（第五十四回）、"普洱茶"（第六十三回）、"女儿茶"（第六十三回）、"龙井茶"（第八十二回）等，这些均反映了清代茶类品种繁多，饮茶已成为人们日常生活中不可或缺的一种行为。其次，风俗层面上的茶主要体现在各类茶事上。

---

① 胡文彬. 红楼梦与中国文化论稿 [M]. 北京：中国书店，2005.

例如,《红楼梦》对"品茶"的描写十分细致,"选茶、选水、选茶具、选环境"帧帧相扣[①]。最具代表性的"品茶"描写应该是在第四十一回"贾宝玉品茶栊翠庵"中,作者写道:"又见妙玉另拿出两只杯来。一个旁边有一耳,杯上携着'㼋瓟斝'三个隶字,后有一行小真字是'晋王恺珍玩',又有'宋元丰五年四月眉山苏轼见于秘府'一行小字。妙玉便斟了一斝,递与宝钗。那一只形似钵而小,也有三个垂珠篆字,镌着'点犀䀉'。妙玉斟了一䀉与黛玉。仍将前番自己常日吃茶的那只绿玉斗来斟与宝玉……妙玉听如此说,十分欢喜,遂又寻出一只九曲十环一百二十节蟠虬整雕竹根的一个大盒出来,笑道:'就剩下了这一个,你可吃的了这一海?'……妙玉笑道:'你虽吃的了,也没这些茶糟踏。岂不闻一杯为品,二杯即是解渴的蠢物,三杯便是饮牛饮骡了。你吃这一海便成什么?'……妙玉冷笑道:'你这么个人,竟是大俗人,连水也尝不出来。这是五年前我在玄墓蟠香寺住着,收的梅花上的雪,共得了那一鬼脸青的花瓮一瓮,总舍不得吃,埋在地下,今年夏天才开了。我只吃过一回,这是第二回了。你怎么尝不出来?隔年蠲的雨水那有这样轻浮,如何吃得。'"这段对话描写将妙玉对茶水、茶具、茶程等的讲究体现得淋漓尽致。除此之外,《红楼梦》还涉及"以茶祭祀、以茶待客、以茶代酒、以茶赠友、以茶泡饭、以茶论婚"等茶事[②]。最后,茶文化对小说叙事的推动作用。从文学创作的角度看,曹雪芹所描写的一些茶事、茶礼是为人物形象刻画以及情节烘托服务的。例如,同样在第四十一回中,贾母说她不喝六安茶,妙玉回答说这是老君眉。这里的六安茶是安徽名茶。《援鹑堂笔记》曰:"六安茶产自霍山,旧例于四月初八日进贡以后,始得发售。"[③]这说明六安茶是名贵的贡茶,而"老君眉"为"今安徽六安银针茶是著名的白茶……因针长如眉,故曰老君眉"[④]。因为老君眉同为六安所产,所以贾母误以为它是六安茶。由以上茶的背景可以看出,无论是六安茶还是老君眉,均为名贵的贡茶,这侧面凸显了贾母身份的尊贵和贾家的富贵。而妙玉向贾母解释此为老君茶而非六安茶,一是取"老君者即寿星也"的寓意,二是解释此老君茶为白茶而非绿茶,让贾母不必担忧"吃

① 胡文彬.酒香茶浓说红楼[M].太原:山西教育出版社,1993.
② 胡文彬.红楼梦与中国文化论稿[M].北京:中国书店,2005.
③ 李希凡,冯其庸.红楼梦大辞典[M].北京:文化艺术出版社,2010.
④ 同③.

油腻不宜饮绿茶"的茶理①，侧面反映了妙玉对贾母的恭维。此外，《红楼梦》也使用了虚构茶名的方式来预示小说的情节。例如，《红楼梦》第五回中提到了"千红一窟"茶，此为虚构茶名。其中，"千红"代表《红楼梦》中的众女子，"一窟"谐音"一哭"，预示了众女子的悲惨结局。

综上所述，与论酒相似，曹雪芹论茶不是将其作为独立的物质项或文化项来描述，而是将其编织到小说复杂的情节和人物塑造中，使茶叙事在表现中国传统茶文化的同时，也赋予小说叙事美学的效果。因此，下文将从物质、风俗和叙事三个层面，评价不同《红楼梦》英译本对原文茶文化和茶叙事的翻译效果。

二、《红楼梦》茶文化英译研究

如上文所述，《红楼梦》中的茶文化表述主要体现在物质、文化风俗和叙事三个层面。在多数情况下，这三个层面并不是单独存在，而是交织在一起的。也就是说，作者在茶文化叙事中呈现的是三个层次的逐层超越。那么从翻译的角度讲，如果原文表现的只是物质态的茶，那么译者只需要直译其客观知识内涵，如果原文在作为物质茶的基础上，体现了茶的文化属性和叙事功能，那么译者就需要以意译、增译或释译的方式来体现更深层次的文化内涵和叙事意义。

第一，正确翻译茶的物质属性，也就是"茶为何"以及"为何茶"，是茶文化翻译的基本要求。例如，对于原文中出现的大量茶名来讲，其概念意义的正确译介是基本要求。例如：

例1：

原文：贾母道："我不吃六安茶。"妙玉笑说："知道。这是老君眉。"

杨戴译："I don't drink Liuan tea," said the old lady. "This is Patriarch's Eyebrows."

霍译："I don't drink Lu-an tea," said Grandmother Jia. "This is Old Man's Eyebrows."

乔译："I don't care for 'Liu An' tea!" old lady Chia exclaimed. "I know it; but this is old 'Chun Mei'."

邦译：The Dowager said: "I do not drink Liu-an tea." Miao-yu smiled and said: "I know. But this is Lao-chun eyebrows."

例1原文出自《红楼梦》第四十一回"栊翠庵茶品梅花雪"，其中提到了两

① 胡文彬. 红楼梦与中国文化论稿 [M]. 北京：中国书店，2005.

个茶名："六安茶"和"老君眉"。"六安茶"是"产地＋属性"的命名方式。从术语翻译的角度讲，翻译是原术语的再命名，需要符合译入语的术语规范，即在译名中明确品牌名和物品的属性。可以看到，以上四个译本的译法均采用了"音译专名＋英译通名"的方式，基本符合术语翻译的规范，但需要指出的是，"六安"通"陆安"，其标准读音是"Lu'an"，因此，霍克斯的译法更加规范。不同于"六安茶"的命名方式，"老君眉"采用的是形象命名法，其因形似老者的长眉毛而得名，且如前文所述，作者提到妙玉给贾母提供"老君眉"茶，有突出妙玉恭维贾母长者长寿之意，有一定的叙事意义。在以上四个译文中，杨戴译本选择的"patriarch"一词常指在大家族中受到尊敬的长者或地位较高者，具有权威性的色彩。在原文的语境中，"patriarch"恰当地表达出"老君"的内涵，点出了贾母与该茶的关系。相较而言，霍克斯使用的"old man"一词只能表达"长者"之意，并不能表达"德高望重"的情感意义，也就无法体现妙玉对贾母的恭维。乔利所译"old Chun Mei"将"君眉"视为一词，似乎曲解了原文"老君眉"的含义，未能译出"眉"这一形象，也没有传达"老君"的内涵。邦斯尔译文虽符合标准的音译专名、意译通名的术语翻译要求，却未能表达原文的文化内涵，叙事效果有所减损。因此，综合以上四种译文，杨戴译文效果最好。

例 2：

原文：宝玉吃了半碗茶，忽又想起早起的茶来，因问茜雪道："早起沏了一碗枫露茶，我说过，那茶是三四次后才出色的，这会子怎么又沏了这个来？"

杨戴译：After drinking half a cup himself he remembered something else and asked Qianxue, "Why did you bring me this tea? This morning we brewed some maple-dew tea, and I told you its flavour doesn't really come out until after three or four steepings."

霍译：After drinking about half a cupful, Bao-yu suddenly thought of the tea he had drunk early that morning. 'When you made that Fung Loo this morning,' he said to Snowpink, 'I remember telling you that with that particular brand the full flavour doesn't come out until after three or four waterings. Why have you given me this other stuff?'

乔译：Pao-yu drank about half a cup, when he also suddenly bethought himself of some tea, which had been brewed in the morning. "This morning," he therefore inquired of Hsi Hsueh, "when you made a cup of maple-dew tea, I told you that that kind of tea requires brewing three or four times before its colour appears; and how is that you now again bring me this tea?"

邦译: Pao-yu drank half a cup and suddenly remembered the tea he had had in the morning. He asked Chien-hsueh: "This morning when I got up they made a basin of maple syrup tea. I said that tea was at its best when it had been brewed three or four times. Why do you now serve this tea?"

例 2 原文出自《红楼梦》第八回，红学家对"枫露茶"是现实中的茶还是虚构众说纷纭。在第八回的"脂批"中这样写道："枫露茶与千红一窟遥映。"这里，"枫"代表"红叶"，"红色"代表"女儿"，"露"为"叶上所着秋露"，因此，从一定程度上看，"枫露茶"与"千红一窟"茶相似，预示着女儿们不幸的结局。此外，在《红楼梦》第七十八回贾宝玉祭奠晴雯的词中也出现了"枫露之茗"的字眼，说明了晴雯与枫露茶之间的关系。综合上述信息至少可以看出，"枫露茶"并非一个简单的茶名，而是有其背后的寓意。在以上四则译文中，霍克斯的译文采用了音译的方式，此外，既然作者并不是将"枫露茶"作为一个简单的茶种，而是赋予其叙事内涵，那么音译显然无法表现原文的文学性创作手法。相较而言，杨戴译文和乔利译本均使用"maple-dew"一词，保留了原文的客观意象。邦斯尔译本将"dew"换成"syrup"一词。"syrup"是"甜浆"而非"露水"之意，但"syrup"有"多愁善感"的象征意义，在情感色彩上与"枫露"的内涵一致，比"dew"更能凸显原文的叙事意义。

第二，《红楼梦》中有关茶习俗的描写主要涉及各种茶事。随着茶作为一种日常饮料渗入人们生活的方方面面，交友、娶亲、丧葬、宴会、节庆等场合均少不了茶的身影，而且茶与茶水、茶具、茶礼等，构成了中国独特的品茶文化。下文将分析不同译者如何在译文中表达这种茶习俗或茶文化。

例 3:

原文：偏这日一早，袭人的母亲又亲来回过贾母，接袭人家去吃年茶，晚间才得回来。

杨戴译: One morning Xiren's mother came and asked the Lady Dowager's permission to take her daughter home to tea and keep her until the evening.

霍译: On this particular morning, Aroma's mother had been round first thing to report to Grandmother Jia that she was taking her daughter home for a New Year's party and would not be bringing her back until late that evening.

乔译：As luck would have it on this day, at an early hour, Hsi Jen's mother came again in person and told dowager lady Chia that she would take Hsi Jen home to drink a cup of tea brewed in the new year and that she would return in the evening.

邦译：This particular morning Hsi-jen's mother moreover came in person, reported to the Dowager, and took Hsi-jen back home to drink tea at the New Year celebrations. It was evening before she was able to return.

例 4：

原文：“岂不闻‘一杯为品，二杯即是解渴的蠢物，三杯便是饮牛饮骡了’”。

杨戴译："Have you never heard the saying: 'First cup to taste, second to quench a fool's thirst, third to water an ox or donkey' ?"

霍译: You know what they say "One cup for a connoisseur, two for a rustic, and three for a thirsty mule".

乔译：Have you not heard how that the first cup is the 'taste'-cup; the second 'the stupid-thing-for- quenching- one's-thirst,' and the third 'the drink-mule' cup?

邦译："Haven't you heard: 'One cup is a sip. Two cups is a stupid thing quenching its thirst. Three cups is a drinking ass.'"

例 4 原文出自《红楼梦》第四十一回妙玉对饮茶的品论。总体来看，杨戴译本在语义上比较忠实于原文，用"taste（品尝）、quench a fool's thirst（解傻瓜的渴）、water an ox or donkey（饮牛饮骡）"三个动词或动词短语还原了原文所述饮茶的三个层次，但从语用的角度看，"quench a fool's thirst"之类的表达中含有"fool"这种极具贬义的表达，虽然这样使翻译更加口语化，但在情感色彩上似乎有所不妥。从审美的角度看，杨戴译文过于直译，未能充分体现出汉语原文的生动性。相比之下，霍克斯译本虽然对语言的表达形式进行了一些创意性的修改，但整体传达了原文的意图。从语用的角度看，译者创造性地使用"connoisseur""rustic""mule"三个意象，生动地还原了原文对品茶三种境界的理解，较好地展现了原文的审美风格。乔利译本在语言形式上更加忠实于原文，这或许与乔利"用于语言学习的"翻译立场有关。乔利在译文中采用了更加复杂的句式，如"the stupid-thing-for-quenching-one's-thirst"等，这种表达与原文的对应较为机械，且表述啰嗦，不太符合译入语读者的阅读习惯。因此，乔利的译文虽然尝试保留原文表达形式的"异域"性，但这种表达的流畅性和可读性不佳。与乔利的译文相比，邦斯尔的译文非常简洁，也基本传达了原文的意思，但"sip（抿）"只能表达品茶的外在动作，而无法表达品茶的内涵。综上所述，在以上四种翻译中，我们可以看到不同译者如何在忠实、通顺和达意之间取舍。霍译在文学审美和语用方面表现得相对出色，他巧妙地使用英语中的对比来表达原文的意思。而杨戴译则较为忠实于原文，但在语用和文学审美上可能稍显欠缺。乔利译显得较为啰嗦，可读性欠缺。邦斯尔译则采取了简化的策略，但造成了原文深层文化内涵的丢失。

第三，《红楼梦》中对茶的描写也大多为文本叙事服务。曹雪芹通过日常生活中人们饮茶、赠茶等普通行为，引出人物之间的关系，激发戏剧性张力，推动故事情节的发展。因此，对于承担叙事功能的茶文化描述而言，这种叙事功能和效果是否在译文中得到重构是评价翻译质量的重要标准。

例 5：

原文：黛玉因问："这也是旧年的雨水？"妙玉冷笑道："你这么个人，竟是大俗人，连水也尝不出来。这是五年前我在玄墓蟠香寺住着，收的梅花上的雪，共得了那一鬼脸青的花瓮一瓮，总舍不得吃，埋在地下，今年夏天才开了。我只吃过一回，这是第二回了……"

杨戴译："Is this made with last year's rain-water too?" asked Daiyu. Miaoyu smiled disdainfully. "Can you really be so vulgar as not even to tell the difference?" This is snow I gathered from plum-blossom five years ago while staying in Curly Fragrance Nunnery on Mount Xuanmu. managed to fill that whole dark blue porcelain pot, but it seemed too precious to use so I've kept it buried in the earth all these years, not opening it till this summer.

霍译："Is this tea made with last year's rain-water too?" Dai-yu asked her. Adamantina looked scornful. 'Oh! can you really not tell the difference?" I am quite disappointed in you. This is melted snow that I collected from the branches of winter-flowering plum-trees five years ago, when I was living at the Coiled Incense temple on Mt Xuan-mu. I managed to fill the whole of that demon-green glaze water-jar with it.

乔译："Is this rain water from last year?" Tai-yu then inquired. "How is it," smiled Miao Yu sardonically, "that a person like you can be such a boor as not to be able to discriminate water, when you taste it?" This is snow collected from the plum blossom, five years back, when I was in the P'an Hsiang temple at Hsuan Mu. All I got was that flower jar, green as the devil's face, full, and as I couldn't make up my mind to part with it and drink it, I interred it in the ground, and only opened it this summer.

邦译：Tai-yu thereupon asked: "Is that also last year's rainwater?" Miao-yu smiled coldly and said: "You! What a common person you are! You can't even distinguish the taste of water". This is some snow which I gathered on the plum blossom five years ago when I was living at the Black Tomb Wreathing Incense Convent. Altogether I got what filled that hatchet-faced dark coloured flowered jar. I always grudged drinking it and buried it in the earth. This year in the summer I at last opened it.

例 5 原文同样出自《红楼梦》第四十一回，此段文字通过妙玉之口，细致描述了中国传统茶文化中的茶水、茶具等，凸显了妙玉对用茶的讲究，同时也通过妙玉对黛玉不识茶水所表现出的不屑，形成了人物情感的冲突和情节的戏剧性张力。在基本语义的表达上，以上四个译本均完整传达了原文的信息，而霍克斯的译文更加明晰化，如在"这也是旧年的雨水"一句的翻译中，霍克斯添加了"tea"，使得语境的信息更加明确，其他诸如将"梅花上的雪"翻译成"melted snow that I collected from the branches of winter-flowering plum-trees"，将"鬼脸青的花瓮"翻译成"demon-green glaze water-jar"等，也反映了霍克斯对原文隐含信息的凸显，强化了译文描写的丰富性。乔利译本同样注重细节性的表达，例如，乔利将"鬼脸青的花瓮"译为"flower jar, green as the devil's face"，凸显了原文的修辞效果，且更多地将说话者的语气体现在句式上，如用"how is it, a person like you, such, not be able to"等字眼强调妙玉对黛玉不识冲茶之水而表现出的惊讶和一丝轻蔑，此种描写使得该对话更具戏剧性张力。而相较而言，邦斯尔的译本更注重对事实的描述，平铺直叙式的叙事较多，但角色之间的情感冲突体现得不太明显。从用词的情感色彩来看，杨戴译本和乔利译本分别将"俗人"翻译成"vulgar"

和 "boor"，此举不妥。"vulgar（粗俗的、下流的）"和 "boor（乡野的、粗鄙的）" 两词均含有浓重的贬义色彩。从黛玉和妙玉的关系以及妙玉本人的素养来看，妙玉用这样的词汇描述黛玉似乎不符合逻辑。原文中妙玉口中的"大俗人"可能蕴含两种意义，一种是其字面意思，指"庸俗、粗鄙"，在这个意义上它与 "vulgar" 和 "boor" 是对应的。另一种是其语用意义。考虑到妙玉"槛外人"的身份，她口中的"俗人"也可能指与修行之人相对的"世俗之人"，这一释意更符合妙玉的身份。因此，霍克斯对"大俗人"的省译以及邦斯尔的 "common person（普通人、世俗之人）"巧妙地避免了直译所带来的感性色彩的差异，更加符合说话者的身份和意图。综合来看，尽管以上四个译本均传达了原文的语义，但从语义表达效果来看，霍克斯的译本通过细节性的增译强化了译文的美感，且准确传达了原文的情感意义，审美效果更好，乔利译本中角色的情感冲突更为明显，叙事效果更好。

例 6：

原文：警幻道："此茶出在放春山遣香洞，又以仙花灵叶上所带之宿露而烹，此茶名曰'千红一窟'。"

杨戴译："This tea grows in the Grotto of Emanating Fragrance on the Mountain of Expanding Spring," Disenchantment told him. Infused with the night dew from fairy flowers and spiritual leaves, its name is Thousand Red Flowers in One Cavern."

霍译：'The leaves are picked in the Paradise of the Full-blown Flower on the Mountain of Spring Awakening,' Disenchantment informed him. 'It is infused in water collected from the dew that lies on fairy flowers and leaves. The name is "Maiden's Tears".

乔译：upon which the Fairy explained. "This tea," she added, "originates from the Hills of Emitted Spring and the Valley of Drooping Fragrance, and is, besides, brewed in the night dew, found on spiritual plants and divine leaves. The name of this tea is 'one thousand red in one hole'."

邦译：Ching-huan said: "This tea comes from the 'Send Forth Fragrance' cave of the 'Emit Springtime' mountain. And it has been boiled in the dew which collects over night on fairy flowers and supernatural leaves, and is called 'A thousand Reds on one Hole'."

例 6 原文出自《红楼梦》第五回。原文中，警幻仙子端与贾宝玉的"千红一窟"茶与"万艳同杯"酒同理，其名称为虚构。正如前文所述，作者通过这一茶名来预示书中众女子的悲惨结局。而从以上四则译文的处理方式来看，杨戴译本、乔利译本和邦斯尔译本均采用直译的方式，译出原文的字面意思，却没有表现出该茶名的象征意义。而在霍克斯的译文中，译者巧妙地将原文的"宿露"译为"water collected from the dew"，将"千红一窟"译为"Maiden's Tears"，一方面让"water"和"tears"相呼应，前后逻辑连贯，另一方面用"maiden"表达"千红"的象征意义，即"众女子"，用"tears"表达"一窟"的双关意义，即"一哭"，准确地传达了"千红一窟"所蕴含的叙事意义，强化了原文的文学效果。

第三节　物叙事与《红楼梦》物质文化英译

从前文分析可见，《红楼梦》中论及的酒和茶等物质文化在小说文本中并不只是一个简单的物态存在，而是作者用以谋篇的重要手段。这些物质背后所承载的文化因子对小说情节和人物塑造具有重要的推动作用，而作者通过物的叙事来达到文学效果也是小说审美性的一个重要表现。《红楼梦》中这种借物喻事的写作手法可以用最近叙事学中兴起的"物叙事"来解释，同时，从物叙事的视角来研究文学作品的翻译问题也为翻译研究和翻译批评研究提供了新的方法和路径。

一、何谓物叙事

从叙事学的角度看，"物叙事"并不是叙事学中的传统术语。但近年来，随着叙事研究的深入和扩展，研究者开始关注文学、艺术和文化研究领域中的非传统叙事主体。正如尹晓霞、唐伟胜[1] 所言，"当前人文研究领域出现了一个非常明显的'物转向'或'非人转向'"。那么，何为"物叙事"？物叙事有何种功能？物叙事的研究对翻译有何启示？下文将重点解答以上这三个问题。

---

① 尹晓霞，唐伟胜. 文化符号、主体性、实在性：论"物"的三种叙事功能 [J]. 山东外语教学，2019，40（2）：76-84.

传统的叙事研究并不注重"物"的存在，而是仅仅将它们视为事件发生或情节发展的静态背景。而傅修延①认为，文学世界中对物的讲述与文本意义的生成有很大的关系。"物叙事是语言文字之外的另一套话语系统"，人们衣食住行中所涉及的物，以及对这些物的占有、赠与、丢弃、销毁等均具有行为意义，但这些意义需要我们从新的物视角予以挖掘和解读。

目前的叙事学研究并没有给"物叙事"一个明确的概念界定。简单来讲，"物叙事"就是以物为视角的叙事行为，是将物品、事物或非生命体作为叙事的中心或关键元素，它们在故事中拥有自己的"叙事性"。这些物品可能是故事的推动力，或者可能是故事情节的关键因素。在这种叙事方式中，事物不仅仅是背景或辅助元素，而是主动地参与到故事的进程中，与人物互动，甚至影响故事的发展。物叙事让文学研究的聚光灯从"人"转向"物"。"叙事中的物作为一种携带意义的叙事符号……其意义是被人赋予甚至是'设计'出来的。"②也就是说，叙事作品中物的选择、物的陈设、物的重复性出现、物的凸显等，可能均是作者有意为之，其目的是用物服务于自己的叙事目的。而物的这种功能在以往的文学研究中大多被弱化成简单的背景存在。这种对"物"的关注反映了现代社会对物质文化、消费文化的关注，以及对传统叙事方式的反思和创新。此外，物叙事也是一种文化研究方法，关注物体如何与文化、历史和社会互动，并且传达特定的叙事和信息。例如，在一部关于家族传家宝的小说中，这个传家宝可能不仅仅是一个物品，它可能承载着家族的记忆、历史和秘密，成为推动故事发展的关键因素。或者在某些现代艺术作品中，日常物品可能被赋予特殊的叙事性，让观众从不同的角度重新审视它们。同样，如果一篇有关中国古代瓷器的文章描述了瓷器的制作过程、艺术特点，以及它在古代中国文化和社交中的地位，那么，瓷器就不仅是一个物体了，还是一个承载了丰富文化史信息的叙事媒介。从语言细节上看，瓷器可能被描述为"天青色等水，与空气相连"等。这不仅仅是对瓷器颜色的描述，更是对其纯净、高贵特质的赞美。这种描述在中国古代文献中常见，反映了中国人对瓷器的崇尚和珍视，是中国传统文化的集中体现。从本章对《红楼梦》茶文化和

---

① 傅修延.文学是"人学"也是"物学"——物叙事与意义世界的形成 [J].天津社会科学，2021（5）：161-173.

② 同①.

酒文化的描写中可以看到，作者提及茶或酒并不是简单地描写某个物，而是使它们都具有深刻的文化寓意和叙事意义。而且，鉴于中国人传统的"象思维"模式，中国古代文学擅长以物论理、以物论事、以物论人、以物寄思、以物抒情等，通过物衍生出中国文论中特有的意象和意境理论。因此，在分析诸如《红楼梦》这种中国传统小说的翻译时，如果我们不能领会原著中物叙事的意义，那么也就无法做到对小说的深入解读，对于小说翻译质量的评价也就难免有失偏颇。

　　尹晓霞、唐伟胜[①]认为，物在文学叙事中承担三种功能：一是"作为本体存在，超越人类语言和文化的表征，显示本体的物性"，二是"作为具有主体性的行动者，作用于人的行动，并推动叙事进程"，三是"作为文化符号，映射或影响人类文化"。多数情况下，物的这三种叙事功能并非割裂地存在，而是共同发挥作用。以《红楼梦》中的"物叙事"为例，如果从茶和酒的叙事视角铺展开来，就会发现，在《红楼梦》的文本叙事中还有大量以器物、动物、植物、衣物、食物、玩物、景物、建筑、地方等形式存在的物，它们在小说的叙事中不同程度地承担了某些功能。例如，在《红楼梦》第十七回中，作者这样描述贾宝玉的居住场所："四面皆是雕空玲珑木板，或'流云百蝠'，或'岁寒三友'，或山水人物，或翎毛花卉，或集锦，或博古，或万福万寿。各种花样，皆是名手雕镂，五彩销金嵌玉的。一橱一橱，或有贮书处，或有设鼎处，或安置笔砚处，或供花设瓶，安放盆景处。"从物叙事的角度来看，以上对于室内陈设的细致描写不但凸显了物的本体意义，而且对贾宝玉人物角色的塑造起着非常重要的作用。首先，细腻的物品描述展现了主人公的身份和背景。从"雕空玲珑木板"到"销金嵌玉"等，这些精致的物品展现了贾宝玉生活在极为富有的环境中。而这些物品并非随意选择，其中的"流云百蝠""岁寒三友"等都承载了丰富的文化内涵，展现了贾宝玉所身处的文化氛围和教育背景。其次，物品与人的关系揭示了贾宝玉的性格和喜好。书籍、鼎、笔砚、瓶花和盆景，这些物品的分类和安置均体现了贾宝玉的个性，说明他不仅热衷于文学和书法，还对艺术和园艺有所涉猎。这些兴趣爱好为读者揭示了他多才多艺、充满文艺气息的一面。最后，物品的选择传达了时代和社会背景。"博古"这一描述，揭示了当时社会对古物的崇拜；"万福万寿"则

---

① 尹晓霞，唐伟胜. 文化符号、主体性、实在性：论"物"的三种叙事功能 [J]. 山东外语教学，2019，40（2）：76-84.

反映了对富贵长寿的向往和祝愿。这不仅为读者提供了时代的背景，也通过物品展现了那个时代对贵族家庭的期望。综上可以看出，这段物叙事不但呈现了物的本体，更重要的是通过对物的描述，展现了贾宝玉的性格和身份，为贾宝玉这一角色的塑造增加了深度，使其形象更加丰满和立体。此外，物叙事还凸显了贾宝玉与整个家族，甚至与整个时代的关系。物从而成为连接人物与环境、人物与读者之间的纽带。另外一个《红楼梦》物叙事的典型案例可能就是作者对男女主角前世为物的设定。根据方志红（2023）的分析，小说分别借由男主角前身"补天顽石"的属性以及女主角前身"绛珠仙草"的属性来映射男女主角的性格和命运。曹雪芹在引用女娲补天的神话时，将贾宝玉设定为补天时被废弃的顽石，该石化为通灵宝玉，成为贾宝玉的本体之石，在红尘中经历富贵后觉悟梦醒，回归大荒。曹雪芹在文中所设定的这个"石"，并不是一般意义上的"石"，而是具有文化互文性的"石"，"这种弃石形象或许是对前代诗文中弃石形象的继承"[①]。因此，从物叙事的角度看，"石"在中国文化或文学中所携带的"弃石"意义被曹雪芹巧妙地运用于《红楼梦》主要人物的塑造中，"石"成为贾宝玉的根本性特征。贾宝玉认为自己是蠢物，常自怨自艾，对考取功名不感兴趣，这些都与贾宝玉的"弃石"本源相契合。同样，在林黛玉的角色塑造中，绛珠草是重要的物存在。绛珠仙草得神瑛侍者甘露浇之，为报此恩于是下凡为人，并发誓以毕生眼泪偿还此恩情。因此，林黛玉前世仙草的这种物性决定了她多愁多病的人物特征和以还泪为最终结果的人物命运。

二、《红楼梦》物叙事英译研究

由上可见，物叙事的效果和作用是由物的本质属性、文化属性和作者所设定的物的主体性融合而成，文学文本中这种物的描写赋予了文本更深层次的意义和审美效果。由于文化、审美等的差异，中西物叙事的方式也可能会因此存在差异，不同的物具有不同的文化象征意义，自然也就承载着不同的叙事意义，但这种叙事意义往往是隐含在字里行间的，需要译者或读者深入解读。而解读出的意义如何通过译文表达出来？是用物替换的方式，还是用解释的方式？不同的方式接受效果如何？这些都是在物叙事的视角下译者所要面对和解决的问题。例如，以中

---

① 方志红.《红楼梦》物叙事刍议 [J]. 中国文学研究，2023（1）：95-102.

国瓷文化叙事为例，中西瓷文化存在巨大差异，一些中国瓷器的文化和历史背景并不为西方读者所知。在看到问题的同时，我们也要看到，物叙事实际上可以引导文学翻译实践迈向更深的层次，并提高翻译批评的水平。总体来看，我们可以从以下五个角度，或者说五个步骤进一步深化物叙事的翻译研究。第一是物叙事的识别研究，即从原文中识别具有物叙事特点的部分。这包括物体的描述、与人物或情境的关联，以及物体所承载的文化、历史和社会信息。第二是分析物叙事的功能和意涵，即深入理解原文中诸如情节推进、人物描写、主题强化等物叙事功能，以及物叙事所承载的意涵和文化背景。第三是评价翻译中物叙事的传递方式，即分析目标文中物叙事的呈现，比较其与原文的相似性和差异。考察翻译者是否成功地传递了物叙事的功能和意涵，或是否采用了某种策略（如文化替代、省略、添加等）来应对跨文化差异。第四是探讨物叙事翻译策略的选择和效果，即在翻译策略选择分析的基础上，进一步探讨翻译者选择的策略对物叙事传递的影响。例如，翻译者是否选择了某种特定的物体来替代原文中的物体，以更符合目标文化的背景和读者的接受度。第五是评估物叙事翻译的整体效果，即探讨物叙事在翻译中的地位和作用。上述研究视角可以为翻译者和翻译研究者提供关于如何更好地处理物叙事的参考。同时引导研究者对物叙事在翻译批评中的应用进行反思，探讨物叙事潜在的价值和局限性。下面将以《红楼梦》中物文化叙事的翻译研究为例，探讨物文化叙事在翻译研究中的应用。

《红楼梦》中有多处封闭空间内的景物描写，涉及节日、宴会等。这种描写极其细致，凸显了作者的叙述目的，但以往的研究中并没有深究这些景物陈设描写的用意。例如，在《红楼梦》第五十三回元宵夜宴中，作者对贾母花厅陈设的描写极为细腻：

　　每一席旁边设一几，几上设炉瓶三事，焚着御赐百合宫香。又有八寸来长四五寸宽二三寸高的点着山石布满青苔的小盆景，俱是新鲜花卉。又有小洋漆茶盘，内放着旧窑茶杯并十锦小茶吊，里面泡着上等名茶。一色皆是紫檀透雕，嵌着大红纱透绣花卉并草字诗词的璎珞……各色旧窑小瓶中都点缀着"岁寒三友""玉堂富贵"等新鲜花草……东边设一透雕夔龙护屏矮足短榻，靠背引枕皮褥俱全。榻之上一头又设一个极轻巧洋漆描金小几……

上文中从炉瓶到山石点缀的小盆景，再到旧窑小茶杯和各色小瓶，展现出贾府的富贵和雅致。例如，茶杯是"旧窑十锦"，凸显了其珍贵历史；焚烧的是"御赐百合宫香"，则暗示了贾府与皇室之间的关联，侧面反映了贾府地位尊贵。此外，文中提到的"岁寒三友""玉堂富贵"等鲜花都蕴含着深意。岁寒三友代表松、竹、梅，它们在寒冷的冬天仍然坚韧不拔，生机勃勃，受文人的推崇和喜爱，说明了贾府是诗书之家，而"玉堂富贵"则更直接地暗示了贾府的地位与富裕。大纱和"靠背、引枕、皮褥"等都展示了古代中国上层社会的生活品位和文化内涵。特别是紫檀这种昂贵的木材，在当时被视为权贵的象征，通过这样的细节，加强了对贾府的描述，使读者更深入地感受到其奢侈与尊贵。以上分析表明，作者利用物品的价值和文化属性来塑造人物形象或家族形象，实现叙事目的，那么这种叙事效果是否可以移植到译文中呢？下面来看一下上面段话中几个主要的"物"在译文中如何表达。

首先，原文中的"炉瓶三事""岁寒三友""山石盆景"均表现出贾家作为诗礼之家的高雅文人之气。其中，"炉瓶三事"是指焚香用具，包括"香炉、香盒和小瓶"，是明清上层文人流行的桌案风俗。"岁寒三友"是文人喜爱的意象，"山石盆景"代表了中国的景观艺术，而在八寸长、四五寸宽、二三寸高的盆景中点缀山石，又凸显了制作这一盆景精致的手艺和高超的艺术价值。"炉瓶三事"分别被英译为"an incense-burner, an incense box and a vase"（杨戴译）、"a little three-piece incense set（a vase, a cassolette and a tripod, all made on a miniature scale out of metal）"（霍译）、"censers and bottles, three things in all"（乔译）以及"three elegantly shaped censers"（邦译）。在以上四个译文中，杨戴译文最为简洁，直接将"炉瓶三事"概括为"incense-burner（香炉）"，未能反映"炉瓶三事"作为"物"的文化属性和其拥有者的身份地位，弱化了原文物叙事的效果，乔利译文和邦斯尔译文分别用"censers and bottles, three things in all"以及"elegantly shaped"表现出了"炉瓶三事"的组成数量和艺术价值，但仍未表达出原物的物质属性。相较之下，杨戴译文和霍克斯的译文强化了原文蕴含的文化信息，通过将"三事"具体化为"an incense-burner, an incense box, a vase（香炉、香盒和瓶子）"，或添加"set"和"a vase, a cassolette and a tripod, all made on a miniature scale out of metal"等信息，突出了原文中"物"的本质属性和其构成的复杂性，侧面反映了贾家对文化摆件的讲究，一定程度上传达了原文的物叙事效果。"岁寒三友"分别被英译为"The Three Companions of Winter"（杨戴译）、"the three friends winter"（霍译）、"the three friends of winter（pine, bamboo and plum）"（乔译）以及"Year Cold three Friends"（邦译）。在以上四个译文中，杨戴译本、霍克斯译本和邦斯尔译本采用了直译的方式，乔利译本采用了直译加注的方式。"岁寒三友"是中国文学中比较重要的意象。在文人们的笔下，"松、竹、梅"这三种在冬天仍然生长、开放的植物被赋予了一种"不惧严寒、坚忍高洁"的品行，这也是文人常喜以"岁寒三友"为装饰的原因。但以上译文并没有强调这里的文化内涵，乔译本虽然加注了"pine、bamboo and plum（松、竹和梅）"，但英文中这三种植物并不具备其在汉语中的文化属性，因此也就无助于译文中物叙事效果的实现。"八寸来长、四五寸宽、二三寸高、点缀山石布满青苔的小盆景"被分别译为"a miniature garden about eight inches long, four inches wide and two or three inches high, with fresh flowers among small mossy rocks"（杨戴译）、"a porcelain dish, eight inches long, four or five inches wide and two or three inches deep, containing a miniature landscape made out of stones and mosses"（霍译）、"small pots, about eight inches long, four to five inches broad and two or three inches high, adorned with scenery in the shape of rockeries"（乔译）和"there was a small bowl little more than eight inches long and four or five inches wide and two or three inches high, touched up in lifelike fashion to resemble mountain rocks"（邦译）。在对"盆景"物质属性的处理上，以上四位译者意见不同。其中，霍克斯所用"porcelain dish（瓷盘）"，乔利所用"pot（花盆）"以及邦斯尔所用"bowl（碗状物）"均将原文的"盆景"具象化了。实际上，中国文化中的盆景常被视为小型的山水景观，承载景观的容器形状，材质不一。但不管怎样，盆景的重点都在景而不在盆。杨戴译本采用了意象化的处理方式，用"miniature garden"表达"盆景"，语言更加简洁，且更好地保留了原文的叙事审美。

其次，原文中的"御赐百合宫香""小洋漆茶盘""旧窑茶杯并十锦小茶吊""玉堂富贵""雕嬰龙护屏矮足短榻"等物品，或名贵，或稀有。作者选择这些元素加以详述，并不是为了行文的冗长，而是为了凸显贾家的富贵和社会地位。"御赐百合宫香"被分别译为"Palace incense conferred by the Emperor"（杨戴译）、

"Hundred Blend aromatic—a gift from the Palace"（霍译）、"'Pai ho' palace incense, a gift from his Majesty the Emperor"（乔译）以及 "peppermint Palace incense-a gift from the Emperor"（邦译）。清代皇帝往往会赏赐一些香品给臣下。而清宫中调香所用的原料极其奢华，常以名贵的沉香、檀香、麝香、龙涎、香油等制作合香，香气尊贵浓郁，芳香持久。"御赐百合宫香"中的"百合"，应该是一种夸张的用词，指多种原料合制之义，从而侧面展现该香的稀有和珍贵。以上四个译文均使用"palace""emperor"等词来还原原文中物叙事所凸显的尊贵之感。但在"百合"一词的处理上，杨戴译文采用了省译的方式，弱化了原文物叙事所要体现的该香的珍贵。霍克斯使用的"hundred blend aromatic"译出了该香的制作方式，还原了原文的物叙事效果。乔利将"百合"音译为"Pai ho"，未能表达出原文的含义，而邦斯尔将"百合"译为"peppermint（薄荷油）"，与原文基本的物质属性不符。因此，综合而言，霍克斯的译文更加忠实地还原了原文的物叙事效果。

"小洋漆茶盘"被分别译为 "a small tray of Western lacquerware"（杨戴译）、"a small japanned tea-tray"（霍译）、"Small foreign lacquer trays"（乔译）以及 "a small foreign varnished tea-tray"（邦译）。据《红楼梦大辞典》[1]中的说法，这里的"洋漆"是指"洋漆描金，清康乾时期泛指日本黑漆描金工艺或福建仿日本的黑漆描金做法"。虽然以上译文均表达出了"洋漆"的异域性，体现了拥有此类稀有物品的贾府的较高社会地位，但杨戴译本将"洋"理解为"Western（西方）"很明显曲解了原文的物理属性，乔利译本和邦斯尔译本将"洋"泛化为"foreign（国外的）"，语义上无可厚非，但不如霍克斯的"japanned（日本的）"更符合原文的物属性。"旧窑茶杯并十锦小茶吊"被分别译为 "gay little teapots made in previous reign"（杨戴译）、"one of Grandmother Jia's best china teacups and a little individual mille fiori teapot in which choicest tea was brewing"（霍译）、"diminutive painted tea-cups of antique ware"（乔利译）以及 "ten small painted teacups from an old pottery"（邦斯尔译）。中国历代对古瓷器中无法确认朝代或地方的制品，但又能确定是年代久远且名贵珍稀的物品，常称之为"旧窑"，而"十锦"一般指配合成套的器物，这些器物一般在图案或花纹上是成套的。在以上译文中，杨戴译本对"旧窑"的处理相对成功，"made in previous reign（前朝所制）"能够凸显茶

---

① 李希凡，冯其庸.红楼梦大辞典[M].北京：文化艺术出版社，2010.

杯的文化和历史价值。在霍克斯的译文中没有体现"旧窑"的含义，却添加了"one of Grandmother Jia's best china"这一解释性信息来突出茶杯的珍贵，虽然这种译法所达到的叙事效果与原文类似，但在忠实性上大打折扣。乔利使用的"antique（古老的）"一词同样可以反映茶杯的古老特性，但邦斯尔译文中的"old"一词多指老、旧之意，缺少原文的文化内涵。总体而言，杨戴译本对原文物叙事的还原效果最好。

"玉堂富贵"被分别译成"Wealth and Splendour in a Marble Hall"（杨戴译）、"riches in a jade hall"（霍译）、"jade-hall""happiness and honour"（乔译）以及"Jade Hall Health and Rank"（邦译）。"玉堂富贵"由四种花卉组成，分别是玉兰花、海棠花、牡丹花和桂花，从这四种花卉名中各取一字或取其寓意，组成"玉堂富贵"，代表美好的祝福并象征富贵。或许是出于对译文可读性的考虑，四位译者均未在其译文中解释这一名称的由来，而是基本采用了意译的方式。原文取用"玉"字或许是因为"玉"在中国文化中象征高尚纯洁、平安健康之意，但在西方文化中"jade"只是一种石材，并没有类似中国文化中的象征意义，杨戴译本将其转换为"marble"，可以视为一种成功的意象转换，因为"marble"在西方文化中有"纯洁、完美"等寓意。从"富贵"的翻译来看，杨戴所用的"Wealth and Splendour（财富和荣耀）"、霍克斯所用的"riches（富裕）"、乔利所用的"happiness and honour（幸福和荣誉）"以及邦斯尔所用的"Health and Rank（健康和地位）"都传达了原文的祝福之意，但就与"富贵"的匹配度而言，显然杨宪益、戴乃迭的译法更加忠实原文。综上所述，杨宪益、戴乃迭的译文更能传达出原文的物叙事内涵。

"雕夔龙护屏矮足短榻"被分别译成"a carved openwork dragon-screen with below it a low couch"（杨戴译）、"a large, low wooden settle with a carved pierced-work back of interlacing dragons"（霍译）、"a single table. But there as well were placed carved screens, covered with dragons"（乔译）以及"a short couch with short legs protecting screen engraved with K'uei dragons"（邦译）。"雕夔龙护屏矮足短榻"是明清时期的一种榻，短榻是榻中尺寸偏小的一种，明代称'弥勒榻'，清代叫'罗汉床''大烟榻'……。"[1] 相传，"夔龙"是舜时期两位大臣的名称，夔是乐官，龙是谏官，因此，后人用夔龙来比喻辅弼良臣。夔龙成了极致正义、智勇、阳刚

---

[1] 李希凡，冯其庸. 红楼梦大辞典 [M]. 北京：文化艺术出版社，2010.

的代表，是开疆辟土、开创事业所必需的吉祥纹饰代表。夔龙纹最早镌刻于商周时期的青铜器上，代表至高的王权和尊贵。就外形而言，古籍史料所描述的夔或如猴，或如牛，或如龙；或有角，或无角有鳞，或无鳞；或色苍，或色赤，形象不一。一般而言，夔龙纹是由古代龙纹演变而来的，从形态上来说接近蛇，同时外形上有很多龙类的相关因素，有些从侧面呈现的"龙"也被称为"夔龙"。但不管怎样，其象征尊贵是无争议的。此处贾府的短榻上雕有"夔龙纹"，也从侧面表现出贾府作为皇亲国戚的社会地位之高。而杨戴译本、霍克斯译本以及乔利译本均用"dragon"表达"夔龙"，考虑到"dragon"在西方文化中不好的寓意，这里用"Chinese dragon"更能凸显中国龙的尊贵吉祥寓意。邦斯尔将"夔龙"译为"K'uei dragons"，意在区分"夔龙"和"龙"的不同形态。如果用这个注释来交代"夔龙"的象征意义可能更有助于译文读者把握原文的叙事目的。

由以上物叙事的案例分析可以看到，文学文本中描述的物通常蕴含一定的叙事意义，具有特定的叙事功能，实现一定的叙事审美效果。从翻译实践的角度看，物叙事要求译者在处理原文中物的时候，不能将其简单地视为客观的、不变的、语言单一的物质存在，而是应从作者对物的选择、物的陈设、物的特点等描述中，发现作者如何将物编织到文本的叙事中，使物成为推动叙事进程和人物塑造的重要意象。同样，从翻译研究的角度看，研究者在评价译者和译本时，不能囿于物的字面意义，或知识及概念意义的传达，而是要关注更深层次的物叙事效果的传达。翻译研究者可以从叙事学和比较文学的视角出发，研究目标语文化中与原语文化类似的物叙事。例如，就上文中提到的瓷叙事而言，西方文化中可能有与瓷器相似的物品，如陶瓷或玻璃艺术品，也有其独特的叙事和文化意涵。通过对比，可以帮助目标文化的读者更好地理解瓷器在原文化中的地位和意义。译者也可以创造出既保留原文意涵，又能为目标文化读者所接受的翻译方式。

总的来说，从物叙事的角度开展翻译研究和翻译批评研究可以为翻译研究提供一个新的视角，让我们正视并深入探讨翻译过程中跨文化交流的复杂性和多样性。通过对物叙事的细致分析和批评，我们可以更好地理解和评价翻译的成功与失败，并客观对待翻译过程中的创造性与策略性。

第四章 景物文化叙事与英译

本章所探讨的景物文化主要是指具有空间意义的建筑文化、园林文化和地名等。建筑文化主要是指与建筑构成部分、建筑方法、建筑材质、建筑风格等有关的文化因素，如"牌坊""角门""垂花门""游廊""穿堂""夹道""套间""暖阁儿"等，园林文化主要指与园林（大观园）造林、造境有关的史学、美学、建筑学等文化，如"翠嶂""曲径通幽""堆石为垣""编花为门"等。建筑文化和园林文化部分内容重叠，因此，在本章内并称建筑园林文化。地名文化主要是指地名所携带的个性信息、历史文化内涵等。《红楼梦》中各类虚虚实实的地名，如"姑苏""阊门""十里街""仁清巷""大荒山""湖州"等，均具有一定的文化象征意义和叙事意义。下文将以以上三类文化为基础，分析《红楼梦》中的景物文化，并评价其翻译质量。

第一节 园林建筑文化英译

一、《红楼梦》中的园林建筑文化

《红楼梦》中的园林建筑深受中国传统园林文化的影响，不但包括亭、台、楼、阁等固定的建筑物，也包括花草、流水等艺术布景。曹雪芹对园林建筑的描写极为深入细腻，"他在大观园择址、画样、引水、置象布局、功能设备各个方面都是仔细推敲，细致入微，滴水不漏"①。这种细致性甚至让读者有身临其境、读后景现的感觉。在仔细分析《红楼梦》中的园林建筑描写后我们会发现，作者对园林建筑的刻画并不是简单地铺陈背景，而是服务于故事情节的发展、人物性

---

① 胡文彬.红楼梦与中国文化论稿 [M].北京：中国书店，2005.

格的刻画以及家族命运的映射。下文将分别从园林建筑名称、园林建筑景观和园林建筑布局这三个方面分析《红楼梦》中的园林建筑文化。

首先，《红楼梦》中的园林建筑以景命名，诗意化、意象化的程度较高，普遍具有象征性和文化寓意。《红楼梦》中出现的园林建筑名称有上百个，如"大观园""怡红院""悼红轩""兽头大门""荣禧堂""梦坡斋""梨香院""会芳园""天香楼""逗蜂轩""凝曦轩""登仙阁""沁芳桥""潇湘馆""蘅芜苑""缀锦阁""秋爽斋""滴翠亭""栊翠庵""凸碧山庄""梨花春雨""桐剪秋风""荻芦夜雪"等。以上名称按命名方式大致可以分为三类。第一类按客观景物命名，如"滴翠亭"位于大观园"西部荇叶渚一带池中，不远处近山坡……四面俱是曲桥、雕镂窗格的方亭"①。《释名》云："亭者，停也，所以停憩游行也。"由此得名"滴翠亭"。再如，"栊翠庵"是妙玉在大观园中的修行之所，"庵在大观园东部大主山脉向南延伸处……花木繁盛……"②，故名"栊翠庵"。此外，"梨花春雨""桐剪秋风""荻芦夜雪"等景物的匾牌名也多属于这一类。第二类按事件命名，如"梦坡斋"出现在《红楼梦》第八回，是贾政在荣国府的书房。"'梦坡'即梦中会晤苏东坡，以此为贾政书斋命名，或系作者因'歇中觉'而随手拈来，或更有讽刺贾政附庸风雅之义。"③"逗蜂轩"出现在《红楼梦》第十三回，这里是贾珍与太监戴权商议为贾蓉捐官的场所，李希凡、冯其庸④认为这一"奇特的命名可能出于讽刺"。其他像"天香阁""登仙楼"等均属此类命名。第三类按人物命运、性格或故事情节命名，此类数量居多，像大观园中众人的住所名称皆与其主人的性格、命运有极大的关联。例如，贾宝玉在大观园中的住所是"怡红院"，这一命名源于"怡红快绿"的说法。《红楼梦》在第十七回中写道，"一边种着数本芭蕉；那一边乃是一颗西府海棠，其势若伞，丝垂翠缕，葩吐丹砂……这叫作'女儿棠'，乃是外国之种。俗传系出'女儿国'中，云彼国此种最盛……""怡红院"中的"红"源自海棠，海棠又与"女儿"相关，故此命名说明了贾宝玉喜"红"、敬"红"的性格，体现了他与"女儿们"之间的关系。此外，另有两处建筑命名表明了贾宝玉与红色的关系以及红色的女性寓意，一处是贾宝玉的居室名"绛芸轩"。"绛"是红色之

---

① 李希凡，冯其庸．红楼梦大辞典 [M]．北京：文化艺术出版社，2010．

② 同①．

③ 同①．

④ 同①．

意，且作者常在回目名中以"绛芸轩"来代替"怡红院"。另一处是第一回中提到的曹雪芹创作《红楼梦》的地点"悼红轩"，"悼红"仍是哀叹女儿们的悲惨结局，与"怡红"一脉相承。"沁芳桥"为入大观园后的第一座桥，桥上还有沁芳亭。"此桥四通八达，为诸小径之咽喉要路。"[①] 沁芳桥也是《红楼梦》中事件描写最多的地点之一，共约十八处。"沁芳"二字为贾宝玉所取，其景"佳木茏葱，奇花灼，一带清流，从花木深处曲折泻于石隙之下。再进数步，渐向北边，平坦宽豁，两边飞楼插空，雕甍绣槛，皆隐于山坳树杪之间。俯而视之，则青溪泻雪，石磴穿云，白石为栏，环抱池沿，石桥三港，兽面衔吐"。贾宝玉用"绕堤柳借三篙翠，隔岸花分一脉香"来解释"沁芳"二字，说明"沁芳"原是与景相配，其他还有"沁芳闸""沁芳池"等。但在后文的叙事中，"沁芳"二字常出现在重要的事件中，如黛玉葬花中贾宝玉看到的"落红成阵"，"那花瓣浮在水面，飘飘荡荡，竟流出沁芳闸去了"，宝玉为晴雯写的悼文中有"沁芳之水"等，这些均表明了"沁芳"的象征意义。"沁"可以指"沁润、滋养"，"芳"代表大观园中的"群芳（女儿）"，因而"沁芳"也指"滋养大观园中的众女儿"。其他像"潇湘馆""蘅芜苑""秋爽斋"等的命名也属此类。

其次，《红楼梦》可谓是中国园林建筑景观大全，在造景艺术上具有中国园林文化审美特色，这一点在大观园内的建筑景物中表现得尤为突出。例如，大观园的入口处用了"堆石成山"的造景方式，起到了"隔景"的作用[②]。这种堆石成山的山林景色形成了"翠嶂"，并被贾宝玉命名为"曲径通幽"。曲径通幽处"见白石，或如鬼怪，或似猛兽，纵横拱立。上面苔藓斑驳，或藤萝掩映，其中微露羊肠小径"，这种"犹抱琵琶半遮面""欲扬先抑"的园林审美艺术极具中国特色。从文化的角度来看，山石景物之隔表达了中国人传统的含蓄谦逊姿态和与之相应的审美观，它避免景物一览无遗，将更多的峥嵘秀色隐藏于后，这符合园林直白显豁为浅陋，总要曲折婉转，意味连绵不绝才是胜境的审美境界，吸引观者发现更多的趣味。这种"欲说还休"似乎奠定了《红楼梦》隐晦、象征、伏脉式写作的整体基调。再如，"萝薜石洞"也是大观园内类似的造景。在《红楼梦》第十七回中，贾政一行人"忽闻水声潺湲，泻出石洞，上则萝薜倒垂，下则落花浮

① 李希凡，冯其庸. 红楼梦大辞典 [M]. 北京：文化艺术出版社，2010.
② 刘黎琼，黄云皓. 移步红楼：第 2 版 [M]. 北京：生活·读书·新知三联书店，2018.

荡……大家攀藤抚树过去。只见水上落花愈多,其水愈清,溶溶荡荡,曲折萦迂。池边两行垂柳,杂着桃杏,遮天蔽日,真无一些尘土"。此景洞中出溪、山隐水映。就在这虚虚实实、步步惊喜的山水之间,层次感愈加丰富。

最后,《红楼梦》中园林建筑布局处处伏笔,与人物的性格有极大的关联。例如,在描写林黛玉的住所时,作者道,"忽抬头看见前面一带粉垣,里面数楹修舍,有千百竿翠竹遮映……只见入门便是曲折游廊,阶下石子漫成甬路。上面小小两三间房舍,一明两暗,里面都是合着地步打就的床几椅案。从里间房内又得一小门,出去则是后院,有大株梨花兼着芭蕉。又有两间小小退步。后院墙下忽开一隙,得泉一派,开沟仅尺许,灌入墙内,绕阶缘屋至前院,盘旋竹下而出"。从此景布局可以看出,"竹"和"小"是林黛玉住所的关键因素,林黛玉亦称"潇湘妃子",与竹有不解之缘,其住所自然"千百竿翠竹遮映"。此外,竹在中国文化中象征"孤傲、高洁",这与林黛玉的性格有契合之处。而住宅描写中的"小"则暗示着林黛玉在贾府生活的狭促境地。在描写李纨的住所时,作者道,"转过山怀中,隐隐露出一带黄泥筑就矮墙,墙上皆用稻茎掩护。有几百株杏花,如喷火蒸霞一般。里面数楹茅屋。外面却是桑、榆、槿、柘,各色树稚新条,随其曲折,编就两溜青篱。篱外山坡之下,有一土井,旁有桔槔辘轳之属。下面分畦列亩,佳蔬菜花,漫然无际"。这俨然是一副农家景象,连贾政都说有了归农之意。李纨在《红楼梦》中的存在感不高。在其丈夫贾珠去世之后,李纨心态如"槁木死灰一般,古井无波"[①]。她的寡妇身份让她不再在意外在的修饰,清心寡欲地生活,这往往使其成为繁华大观园中被人遗忘的存在。因此,李纨的身份及性格与上文中"稻香村"的特点再契合不过。再如,在描写薛宝钗的住所时,作者道,"因而步入门时,忽迎面突出插天的大玲珑山石来,四面群绕各式石块,竟把里面所有房屋悉皆遮住,而且一株花木也无。只见许多异草:或有牵藤的,或有引蔓的,或垂山巅,或穿石隙,甚至垂檐绕柱,萦砌盘阶,或如翠带飘飘,或如金绳盘屈,或实若丹砂,或花如金桂,味芬气馥,非花香之可比"。此景中的关键元素有"山石""藤蔓""悉皆遮住"与各类香草。刘黎琼、黄云皓[②]认为,山石、藤蔓代表"曹雪芹将其定位于仁者的意图",这种后天修建、富含人工痕迹的景观代表仁者

---

① 刘黎琼,黄云皓.移步红楼:第2版[M].北京:生活·读书·新知三联书店,2018.
② 同①.

多系后天修习而成，所重不在学问才华，而在于情操和道德的完善，这与薛宝钗内敛、持重的性格特征相符。各式石块将所有房屋悉皆遮住，这种藏而不露的造景与薛宝钗藏拙的性格相呼应，而该景中的各式奇异花草，"非花香之可比"，也象征着薛宝钗超凡脱俗的气韵。

由以上分析可见，《红楼梦》中的园林景观是一个博大而又精妙的体系，不但为小说中各种情节的展开提供了自然背景，也从审美、哲学、历史等更深层次凸显了中国传统园林的文化特征。更重要的是，这些园林景观的描写对小说叙事具有重要的推动作用，这种写作手法强化了文本的审美性。但从跨文化的角度来讲，《红楼梦》中的园林建筑所负载的文化思维、历史典故等在英文中多不存在对应项，这些文化因素的不对应势必会影响小说叙事效果的传达。因此，对于《红楼梦》这种以"借景抒情、借景喻事、借景言理"手法见长的小说而言，翻译中面临的两难境地是，要想传达原文深层次的叙事意义、保留原文的叙事效果，译者就需要通过增译、释译等方式传递原文隐含的文化信息和互文信息；就文学文本而言，过多解释又会降低译本的流畅性、可读性。因此，译者的首要任务是做好平衡的艺术。下文中，仍以《红楼梦》杨戴译本、霍克斯译本、乔利译本和邦斯尔译本为基础，分析已有翻译对园林景观文化的再现方式，并评价译本的翻译质量。

二、《红楼梦》建筑园林文化英译研究

本部分仍以园林建筑命名、园林建筑景观以及园林建筑布局的分类为基础，探讨这三类园林建筑文化的翻译问题。

首先，如前文所述，园林建筑命名的方式有三类。

第一类是按客观景物命名。从语言层面讲，此类命名多通过语言的诗性美感来反映景物的美感，那么译文在准确传达原文基本物质属性的基础上，也要尽量展现原文以及原文所反映景物的美感。例如，"滴翠亭"（第二十七回）被分别译为"Dripping Emerald Pavilion"（杨戴译）、"the Raindrop Pavilion"（霍译）、"Ti Ts'ui Pavilion"（乔译）以及"the Dripping Jadeite Pavilion"（邦译）。在以上四个译文中，杨戴译本用"dripping emerald"传达"滴翠"的意象，在保留原文"滴落"与"翠绿"意义的基础上也保留了原文的意象，为英文读者提供了一种中国式意

象的画面感，产生了较好的审美效果和叙事效果。霍克斯的译文选择用"raindrop（雨滴）"的意象来表达"滴翠"，给读者一种清新、宁静、简约的审美感，但并未直接传达"翠"中的绿色或翡翠含义。乔利采用了音译的形式，直接保留了原文的音节，但没有译出具体的意义，对于不了解原文的读者而言，这种译法可能过于平淡，无法展示园林景观的艺术美感。邦斯尔的译文与杨戴译文类似，但邦斯尔选择用"jadeite（玉石）"来表达"翠"的含义。总体来看，杨戴译本和邦斯尔译文均比较忠实地传达了原文语义。两者的差别在于，从文化差异的角度来看，"emerald"一词在西方文化中具有美好的象征意义，寓意再生和爱情，是五月的诞生石，而"jadeite"的词源是"jade"，在中国文化中具有深远的历史和重要的地位。它不仅仅是一个装饰品，还常常与道德、精神和健康相联系，但在西方文化中并无此寓意。因此，"emerald"更加符合译入语读者的审美取向，而"jadeite"更加忠实于原文的美学意象，两个译文不能简单地以翻译质量的优劣为评价标准，而是要考虑到不同的翻译立场。

"栊翠庵"（第四十一回）被分别译为"Green Lattice Nunnery"（杨戴译）、"Green Bower Hermitage"（霍译）、"Lung Ts'ui monastery"（乔译）以及"Lung-ts'ui convent"（邦译）。这里分析一下"庵"的译法。原文中的"庵"是妙玉带发修行之地，为佛教场所。在以上译文中，"monastery"专指男性修士居住的地方，与原文语义不符；"convent"虽然是女修士的居所，但多与罗马天主教有关；"Nunnery"可以指佛教意义上的尼姑修行场所，因此，与原文意义相符；"hermitage"指隐士隐居之所，霍克斯选择的这个词更加强调"庵"这种处所的特征和文化意象，其所体现的叙事效果更加明确，因而不失为一个好的选词。从"栊翠"的译法上看，乔利和邦斯尔均采用了音译的方式，这也是二者在处理多数景观名称时所采用的翻译方法。在文学作品中，音译可以给读者留下理解和阅读原文的空间，但对不熟悉原文的普通读者而言，这种译法难免会降低读者的阅读体验感。杨戴译本和霍克斯译本采用了直译的方式，二者均用"green"来表达"翠"，但在"栊"的译法上不同。"栊"原意指"窗栊、窗格"，"lattice"更加具象地反映了"格架"这一外部形态，而"bower"更加强调"树荫遮蔽之处"，与"hermitage"的隐居之意相呼应。相较而言，杨戴译本更忠实于原文的物质态，而霍克斯译文更侧重原文的意象性，因而美学效果更佳。

"缀锦阁"（第十八回）被分别译为"Variegated Splendour Tower"（杨戴译）、"the Painted Chamber"（霍译）、"the Cho Chin hall"（乔译）、"the Connected Embroidery Hall"（邦译）。在原文中，"缀锦阁"中的"锦"是华丽的丝织品，"缀"是点缀、装饰之意。这里顾名思义就是一个富丽堂皇的场所，且贾母常在此设宴，更凸显了此阁的地位。从语用效果来看，杨戴译本用"Variegated Splendour"保持了原文"缀"与"锦"的寓意。其中，"Variegated"代表多种多样、彩色的，"Splendour"传达华丽、辉煌的感觉，这种空间描写给予读者一个华丽、宏大的期待，使人能够想象成一个充满彩色和辉煌的建筑，且表述比较有诗意感，为叙事增添了层次感和丰富性，使人更期待该场所中事件的发展。霍克斯译本中"painted"一词将读者的注意力吸引至装饰与艺术层次上，强调的是内部装潢的细节与精美，更容易使人联想到一个更为私密、装饰华丽的小空间，更适合私密对话和小范围的聚会。乔利的音译未能给读者足够的背景文化支撑，在此不做赘述。邦斯尔译本传达了"锦"的意境，但总体偏直译，给予读者的联想空间有限。综上所述，杨戴译文在忠实度和叙事效果上最为贴近原文。

"梨花春雨""桐剪秋风""荻芦夜雪"均为大观园中匾额的名字，译者对此类名称的翻译风格也相对一致，因而此处举"桐剪秋风"一例详述。"桐剪秋风"（第十八回）被分别译为"Plane Trees in Autumn Wind"（杨戴译）、"Paulownia leaves in autumn wind"（霍译）、"the autumnal wind prunes the Eloecocca"（乔译）以及"The T'ung tree pruned in the Autumn Wind"（邦译）。在原文中，"桐剪秋风"中的"桐"通常指的是梧桐树。在中国文化中，梧桐树寓意丰富，可象征高洁品格、忠贞爱情，也可象征孤独忧愁和离愁别绪。结合桐剪秋风的"秋爽斋"主人之命运，这里的"桐"显然取第二个寓意。"剪"有修剪、裁剪之意，也有风吹过叶子产生的声音，仿佛是自然界的"剪刀"在作业之意，这里显然是作者的虚写，也是点睛之词。原文的表达充满了季节感和语言的诗意感。再看译文，杨戴译文和霍克斯译文均去掉了原文的动词意象"剪"，这或许是因为英汉语言习惯的差异，英文倾向于用静态性的名词、介词等来表达动态的含义。两个译文都描绘了风中的梧桐树这一基本意象，此外，霍克斯译本添加了"paulownia"一词，更加凸显树叶随风摇曳的画面，以此弥补去掉"剪"之后译文动态性不强的缺陷。总体而言，两个译文都较好地保留了原文的美感，而霍克斯译文更准确地描绘了秋天的风和摇曳的叶子之间的相互作用，因而效果更好。乔利译本和邦斯尔译本均用"prune"一词来保留原文中"剪"的意象，但"prune"一词过于具象，能会引导读者产生关于"修剪"或"整理"之类的预期，其是否能让译文读者产生抽象的审美体验仍是未知数，这种直译式的翻译处理显然不如霍克斯化"剪"意象为"Paulownia"意象来得巧妙。

第二类是按事件命名，这种命名的背后一般有文化典故，通过文化互文性实现一定的叙事目的。在翻译中，文化背景信息的传达对实现原文的叙事效果有重要的辅助作用。下面将根据"梦坡斋""逗蜂轩""天香楼""登仙阁"四个案例来分析不同译本的翻译方法并评价翻译质量。

"梦坡斋"（第八回）被分别译为"Mengpo Studio"（杨戴译）、"Su Dong-po Rooms"（霍译）、"Meng P'o Chai small library"（乔译）以及"the little study in the Dream Verge Retreat"（邦译）。据前文解释，"梦坡斋"中的"坡"是苏东坡，是中国历史上著名的文学大家。作者以"梦坡"讽刺贾政的附庸风雅，因此，"梦坡"的准确翻译对原文叙事的重构来讲非常重要。在以上四个译文中，只有霍克斯译出了苏东坡的典故，虽然没有详述苏东坡的个人信息，但至少给了译文读者一定的想象空间，明白该命名与特殊的典故相关，具有特殊的叙事需求。而其他三位译者或音译（杨戴译本和乔利译本），或将着力点放在"梦"和"斋"的翻译上（乔利译本和邦斯尔译本），均未能凸显原文的深意。这里需要考虑的一点是，《红楼梦》中的文化伏笔、隐喻比比皆是，中国读者阅读《红楼梦》可能都无法完全领会文中的各种伏脉，何况是对中国文化欠缺的国外读者。译者有时将原文中的文化信息简化，这不排除是出于译文读者接受度的考量。此外，原文中的"斋"即"书斋、书房"，是古人用于藏书、读书之地，邦斯尔将"斋"译为"retreat（隐居地）"显然不符合"斋"的内涵，同时也与其主人贾政的人物形象不符。

"逗蜂轩"（第十三回）被分别译为"the Bee-Teasing Pavilion"（杨戴译）、"the Honey Bee Gallery"（霍译）、"the Hall of the Loitering Bees"（乔译）以及"Pavilion of the Inciting Bees"（邦译）。在原文中，"逗蜂轩"是贾珍父子招待内监戴权的场所，"逗"是"挑逗"之意，"蜂"是"蜜蜂"，代表昆虫。可以说，"逗"字是该名称中的题眼。在以上译文中，杨戴译文用"tease（戏弄）"一词准确表达出"逗"的含义，体现了戏谑讽刺的意味。霍克斯译文去掉了"逗"而仅保留"蜜蜂"的意象，原文的叙事意图无从表达。乔利译文中的"loiter（闲逛）"或许从另外一个视角隐喻该处所人物的"无才无用"，但语义上偏离了原文。邦斯尔译文中的"incite（鼓动）"似乎只侧重"煽动"之意，而没有了"逗"的讽刺意味。因此，从叙述效果来看，杨戴译文更胜一筹。

　　"天香楼"（第十一回）被分别译为"the Pavilion of Heavenly Fragrance"（杨戴译）、"Celestial Fragrance Pavilion"（霍译）、"the Tower of Heavenly Fragrance"（乔译）、"the Heavenly Fragrance storeyed building"（邦译）。原文中的"天香楼"是宁国府后花园会芳阁中的阁楼。"天香"原指"祀神之香"，《红楼梦》中使用该名或许是"有意借诸种含义，对宁国府以公欺媳，以臭污香之丑行有所讽刺"[①]。"天香楼"的出现总与秦可卿相关，因此，此名也被赋予了与女子有关的寓意。以上译文均用"fragrance"译出了"香"的含义，为译文读者保留了与原文相似的想象空间。此外，与"天"对应的"heavenly"和"celestial"两个词，似乎反映了作者不同的翻译立场。"heavenly"广泛用于形容与天堂或神有关的事物，也可以形容任何被认为是非常愉悦或特殊的事物，多给人一种温暖、舒适、和平的感觉。而"celestial"通常用来描述与天空或宇宙有关的事物，尤其是星星或其他天体。在宗教背景下，"celestial"代表天堂的最高等级，给人一种高远、遥不可及的感觉，有神圣性的寓意。因此，杨戴译本、乔利译本以及邦斯尔译本选择"heavenly"是为了突出"天香"另一愉悦、美好的一面，与秦可卿的气质相符。而在此美好之地发生了不美好的事情，这种对比使得情节更有戏剧的张力和冲击性。而霍克斯选用的"celestial"一词或许是为了突出"天"的神秘感和高高在上的神圣感，考虑到《红楼梦》全书中隐含的对秦可卿身份、地位的描述，这一点也符合原文的叙事目的。

　　"登仙阁"（第十三回）被分别译为"the Pavilion of Attained Immortality"（杨戴译）、"the Ascension Pavilion"（霍译）、"the Hall of Attained Immortality"（乔译）以及"the Hall of the Ascended Immortals"（邦译）。在原文中，"登仙阁"也是宁国府会芳园的楼阁，是秦可卿死后停灵之处，因此，该处的描写多与葬礼有关。以上杨戴译文和乔利译文均采用了异化的翻译策略，"immortality"是"不灭、永生"的意思，忠实传达了原文的意义。而霍克斯则采用了归化的方法，其

---

① 李希凡，冯其庸．红楼梦大辞典 [M]．北京：文化艺术出版社，2010.

选择使用的"ascension"一词表达了西方文化中"耶稣升天"的宗教意义，与"登仙"在语用功能上有相似性，但本源含义不同。此外，邦斯尔译文选用"ascended immortals"这一搭配，混合了中西两种表达形式，但"ascended"这一修饰语仍倾向西方"升天"式的永生。因此，此处人们倾向于"attained immortality"这种表达形式。

第三类是预示人物命运、性格或情节走向的命名，此类命名常承载较强的叙事功能。可以说叙事功能传达的成功与否决定着译文的成败。在下文中，将以与小说核心情节相关的"悼红轩""绛芸轩""怡红院""潇湘馆""沁芳桥"译文为案例，评价其翻译质量。

"悼红轩"（第一回）被分别译为"Mourning-the-Red Studio"（杨戴译）、"Nostalgia Studio"（霍译）、"Tao Hung study"（乔译）以及"Tao-hung Pavilion"（邦译）。在原文中，"悼红轩"出现在小说的第一回，原文道："后因曹雪芹于悼红轩中披阅十载，增删五次，纂成目录，分出章回，又题曰《金陵十二钗》。"这里的"悼红轩"绝不是一个简单的地点，而是总领全书的主题，预设小说的悲情基调。此外，"悼红轩"的"红"与题目《红楼梦》的"红"、"绛芸轩"的"绛（红）"以及"怡红院"的"红"一脉相承，构成了小说和男主人公的命运主线。因此，"红"就成了一个重要的意象。在中国文化中，红色可以代表富贵，如朱门等，可以寓意女性，可以表达喜庆尊贵，也可以象征青春活力。可以说，上述"红"的文化寓意在《红楼梦》中均有体现。"悼红"表达了对繁华逝去、富贵成空、女儿们悲惨结局的哀叹。在以上译文中，乔利和邦斯尔均采用了音译的方式，但对于"悼红"如此重要的意象而言，音译显然无法表述原文背后的文化象征和叙事意义，因此，极大地削弱了文本的叙事效果和文学性。杨戴译文的"mourning the red"忠实地表达了原文的意思。这里存在争议的地方是"red"这种颜色在西方文化中并不具有与中国文化相似的象征意义，相反，英文中的"red"有"血腥、战争、革命"等负面象征意义，与"红色"在中国文化中的情感色彩亦不相符。但是"红"作为《红楼梦》中的重要意象和文眼，有着不可替代的叙事功能，应当予以保留。再者，文学本身也可以通过提供陌生感的表达来引发读者的兴趣。越是经典文学，表达就越需要含蓄隐喻，越需要读者仔细咀嚼内中深意，而"红色（red）"的文化寓意和叙事深意就是需要保留的那一类。杨戴译本将《红楼梦》译为 "*A Dream of Red Mansions*"，将 "绛芸轩" 译为 "*The red pavilion*"，将 "怡红院" 译为 "Happy Red Court"，均保留了 "red" 这一文眼，通过建筑名称的形式将小说 "红" 的主题串联起来。应该说，不管是在语义上、语用上，还是在文本前后叙事的连贯性上，杨戴译本都是忠实于原文的。下面我们再看一下霍克斯对 "红" 的处理。霍克斯深谙 "红" 在中西文化中的差异，因此，他在处理带 "红" 的建筑名称时常常采用改译的方式，这种改译体现了译者对文化差异的深思。在讨论霍克斯为何将 "悼红" 译为 "nostalgia" 之前，我们或许要从他对《红楼梦》标题的翻译谈起。霍克斯译本使用的题目是 "*The Story of the Stone*（《石头记》）"，从一开始就奠定了 "改红" 的基调。霍克斯在译者序中解释道，原书在不同时期出现过不同书名，主要有 "《石头记》《情僧录》《风月宝鉴》《红楼梦》《金陵十二钗》"。霍克斯认为，之前译本中带有的 "红" 容易误导读者，因为这其中的意象是 "红色屋子里沉睡的人"，令读者 "浮想联翩，充满了魅力与神秘"，但 "这并非中文所指的内容。在古时候的中国，有红色外墙的高楼……是富贵与荣华的象征……但红楼很早就具备另一层更特殊的意思，它被用来特指富家小姐的住所，也可引申为富家小姐本身"。从上面这段话可以看出，霍克斯认识到 "红" 在汉语文化中有特殊的寓意，但直译会误导读者。因此，这也是他选择用《石头记》作为书名的原因："整篇小说其实是在一块神奇的石头上镌刻的长文，由一位云游的出家人抄录下来 '闻世传奇'"。霍克斯改用《石头记》，那么其书中的叙事主线就换成了在 "石头" 视角下的红尘历劫与梦归大荒。"红" 的意象一旦去掉，后面主要表达中的 "红" 自然也要替换，这就是为什么霍克斯用 "nostalgia（乡思）" 凸显 "悼红" 所蕴含的对往日繁华的追忆，这一意境也可以从霍克斯将 "红楼梦曲" 译为 "A Dream of Golden Days（金色年华之梦）" 中窥见一斑。正如译者本人所言，《红楼梦》从某种程度上说是中国的《追忆似水年华》，译者使用的 "nostalgia" 也从一定程度上实现了对 "dream" 的呼应。霍克斯在 "绛芸轩" 的翻译上也深有考究。就 "绛芸轩" 的含义而言，比较一致的看法是 "绛" 反映贾宝玉的尚红，但 "芸" 的含义存在争议，有认为 "芸" 同 "云"，有人物寓意，但并无定论。霍克斯之所以将 "芸" 译为 "Rue"，是因为在《红楼梦》甲戌本第八回中，作者用的是 "紫云轩" 字样，而贾宝玉自幼爱红，曾自号为绛洞花王，所以将自己的住所命名为 "绛芸轩"。而《红楼梦》第十七回写道，"红的自然是紫芸"，霍克斯的译文是"The red flowers are, of course, rue, the 'herb of grace'"，说明了"芸"与"绛"的关联以及"紫芸"代表优雅的象征意义。此译显示出霍克斯深厚的考据功底和译文的前后呼应。而霍克斯最著名的也是最有争议的改译是"改红为绿"。霍克斯本人解释道："我的翻译中丢失的一种意象是这部中文小说中经常出现的'红'……红色作为一种象征，有时代表春天，有时代表青春，有时则代表好运或繁华……遗憾的是，英语里红色除了用于形容年轻人玫瑰花般的面颊和鲜艳的嘴唇，并没有中文里的种种隐含意义，而我发现中文里的红色与英语里的金色或绿色倒是接近（"spring the green spring"以及"golden boys and girls"等）。我知道这样会失去某种东西，却无力改变"。这段话恰好解释了霍克斯将"怡红院"译为"Green Delights"的奇怪做法。这样的改动确实损害了原文的文化特征，却也体现了译者的读者立场。由此也可以看出译者在平衡影响翻译的各种因素时所做的努力。如果我们换一种纵向的思维去看待这种改译，我们或许会发现，霍克斯的"Dream of Golden Days（红楼梦）""Green Delights（怡红院）"以及"Nostalgia Studio（悼红轩）"是围绕"stone（石头）"的视角建构的一套圆融自洽的叙事体系，这正好紧扣小说的题目"The Story of the Stone"。因此，至少在译文的独立体系内，霍克斯的译法是连贯、符合叙事逻辑的。这说明评价小说这种叙事文本的翻译，我们不能仅独立评判"单项"因素的翻译恰当与否，也要将其放入译文的整个体系中来看待，具备译文叙事评价的整体观。

"潇湘馆"（第十八回）被分别译为"Bamboo Lodge"（杨戴译）、"Naiad's House"（霍译）、"Hsiao Hsiang lodge"（乔译）以及"Hsiao-hsiang Hall"（邦译）。"潇湘馆"是林黛玉的住所，林黛玉别称"潇湘妃子"。原文中林黛玉道，"我心里想着潇湘馆好，爱那几竿竹子隐着一道曲栏，比别处更觉幽静"。再者，作者又借探春的话说，"当日娥皇女英洒泪在竹上成斑，故今斑竹又名湘妃竹。如今他住的是潇湘馆，他又爱哭，将来他想林姐夫，那些竹子也是要变成斑竹的。以后都叫他作'潇湘妃子'就完了"。凡此种种描写，将"竹""泪""潇湘妃子""林黛玉"联系了起来。根据探春的调侃，潇湘的典故与竹相关，而且在中国文化中，竹有诸多意象与林黛玉的性格有关。文人墨客赋予竹隐逸孤傲、高洁不阿的象征意义，这种文化隐喻使得作者将林黛玉的住所命名为"潇湘馆"。从这个意义上看，乔利和邦斯尔音译的方式显然降低了原文的叙事美感，此处不再赘述，而是重点讨论杨戴译本和霍克斯译本。在重要意象的翻译上，杨戴译本往往采用归化的方式传达原文的意象，"潇湘馆"的翻译也不例外。译者忠实传达了原文中"bamboo（竹）"的意象，但这里的问题是"bamboo"在英语文化中仅作为客观的植物存在，并不象征人的品格，也就没有了原文的象征意义。从译文读者的角度看，他们获得的信息仅仅是"竹"这种植物。而与之相反的是霍克斯在处理具有重要文化意义的意象时，常考虑译文读者的接受能力而采用归化的方式。霍克斯译文中的"Naiad"是古希腊神话中生活在河流、湖泊、泉水和溪流中的水仙女。她们是水的守护神，被认为是特定水体的化身，与其他神祇一样，她们可以帮助受到伤害的人类。而在文学艺术创作中，Naiads通常象征着纯洁、生育、生命和生命的再生。由于她们与水有关，水是生命的源泉，因此她们也与生命和生育力量相联系。她们的形象常常与青春、美丽和吸引力相提并论。由此可见，"Naiads"虽然也有与水相关的纯洁的女性象征，但与中国文化中竹的意象相差甚远。如此译法难免造成对林黛玉形象的误解。因此，从文化传播的角度看，重要意象的翻译还是要避免过于归化，而异化的方式虽然难以表现原文的深意，但文中其他互文信息可以给读者提供丰富的信息解读线索和想象空间，这在保留原文化意象的同时，还可以增加读者阅读的新奇性和趣味性。

"沁芳桥"（第十七回）被分别译为"Seeping Fragrance Bridge"（杨戴译）、"Drenched Blossoms Bridge"（霍译）、"Hsin Fang bridge"（乔译）以及"Penetrating Fragrance bridge"（邦译）。根据前文解读，"沁芳"是大观园中诸景的核心字眼，有"滋养群芳"的含义。众女子在大观园这一与外面污浊世界隔离的净土中，可以恣意施展各自的才华。从这个意义上看，杨戴译文将"沁"译为"Seeping"，"芳"译为"Fragrance"，较为直接地传达了原文的语义，但从叙事效果来看，此译文成功传达了桥名中"沁"字所带有的缓慢、细微的渗透之意，与"芳香"相结合，使人联想到慢慢渗透的芳香，因而读者可以感受到这座桥附近的环境可能是花香四溢、宜人的，与原文中的情境相符。霍克斯所用"Drenched"有浸湿的意思，因此，该译文更强调了花朵和水的关系，带有一种花朵被雨水浸湿、释放出浓郁芳香的画面。虽然与原文"沁芳"有些许出入，但这种翻译方式在叙事上为读者勾画了一个饱满、丰富的情境。乔利的音译仍延续他一贯的译法，在此不作赘述。

邦斯尔译文中的"penetrate"更强调穿透的力度，强度更大，但美感上不如杨戴译本。因此，综合来看，杨戴译文对原文叙事效果的还原度更高。

其次，《红楼梦》中园林景观多带有中国园林艺术美学特征，并具有含蓄、隐晦、藏拙、朦胧的美学哲思。园林建筑景观的命名方式多紧扣景观特征，因此，从翻译的视角看，译文有没有将原文命名中体现的景观以及景观特征所蕴含的哲思展现给译文读者是评价译文质量的重要尺度。例如，"曲径通幽处"（第十七回）被分别译为"A winding path leads to a secluded retreat"（杨戴译）、"Pathway to Mysteries"（霍译）、"a tortuous path leading to a secluded（nook）"（乔译）以及"The winding path penetrated into the dark places"（邦译）。如前文所述，"曲径通幽"这种"隔景"反映了中国人传统的谦虚姿态和审美观，而西方文化中并不存在这种艺术哲思。因此，如果直译原文的景色，那么译文读者所感悟到的或许只是自然景观，而无法深究背后的中式思维。在原文中，"曲径"表达的是客观景物，即"曲曲折折的小路"，而"通幽"则反映了人的心理偏好，是对该景点艺术性的提升。从整体上看，这个命名旨在通过对一个曲折小径及其通向幽静之地的描述来传达一种远离喧嚣、寻找宁静与神秘的向往和价值。因此，翻译"曲径通幽处"的关键，在于如何准确表达"通幽"的文化象征意义。杨戴译本将"通幽处"译为"secluded retreat（隐匿幽静之地）"，为读者描绘了一个宁静而远离喧嚣的景象，这符合中国园林艺术所体现的文人对"隐世"的向往，而且译文读者可以从这种具体化翻译中领会原文的意指。霍克斯选择"mystery（神秘）"来翻译"通幽"这个关键词，强调的是这个路径的目的地是未知的。这为读者提供了一个更加神秘、充满探索感的情境。它不仅传达了远离喧嚣的寂静感，还强调了未知与探索的诱惑，但与中国园林景观体现的中国式"隐逸"还是略有偏差。乔利的整体译法与杨戴译本相似，用"tortuous"强调小路弯弯曲曲的形态，用"hook"一词表达"僻静处、幽静处"。但相比杨戴译本，乔利的选词比较具象，无法引起读者对中国文人"隐逸"思维的联想。邦斯尔译本中的"penetrate"一词凸显了探索和穿越的动态过程，但"dark places"可能让读者感受到更多的阴暗和神秘，而非原文中的宁静与和谐。此外，"penetrate"可能更多反映的是西式的探索性思维，与原文蕴含的哲思相差较大。

最后，《红楼梦》中无处不在、深入细致的景观布局描写体现了作者高超的空间叙事技巧。原文的每一处景物布局莫不与情节、人物性格或形象有关，是以景写事、以景写人的典型代表。与上文中园林建筑名称、景物描写不同的是，景观布局的描写往往是一个综合体系，这种描写与情节和人物的关系是通过遣词、造句、谋篇等方方面面体现出来的。在有的情况下，读者可能无法从单个的词汇表达中获知特别的叙事信息，但当连词成句、连句成篇之后，读者可能就会发现作者在语言上的深刻用意，而这也往往给译者提出了更高的要求。在下文中，将以《红楼梦》第十七回中林黛玉住所"潇湘馆"的景观布局描写为例，分析不同译文的翻译策略和效果。

原文：于是出亭过池，一山一石，一花一木，莫不着意观览。忽抬头看见前面一带粉垣，里面数楹修舍，有千百竿翠竹遮映……于是大家进入，只见入门便是曲折游廊，阶下石子漫成甬路。上面小小两三间房舍，一明两暗，里面都是合着地步打就的床几椅案。从里间房内又得一小门，出去则是后院，有大株梨花兼着芭蕉。又有两间小小退步。后院墙下忽开一隙，得泉一派，开沟仅尺许，灌入墙内，绕阶缘屋至前院，盘旋竹下而出。

从以上这段描述可以读出，这里是翠竹掩映的静逸空间。众人一路看到的皆是奇山异石、繁花绿树，一个"忽"字将众人引入一个与之前完全不同的世界，这里仅有"一带粉垣""数楹修舍"，却有"千百竿翠竹遮映"，后文中又道，"得泉一派……盘旋竹下而出"。作者虽对"竹"着墨不多，但此处竹子异乎常理的数量无疑给读者带来了视觉上的冲击。由此，我们可以合理地推断，竹就是这里景观布局的核心意象。此外，贾宝玉为此题联为"宝鼎茶闲烟尚绿，幽窗棋罢指犹凉"。庚辰本脂批曰："'尚'字妙极！不必说竹，但恰恰是竹中精舍……'犹'字妙！'尚绿''犹凉'四字，便如置身于森森万竿之中。"[①] 这说明了此处竹子不仅多，而且茂盛，如此一来，竹的意象就与黛玉潜移默化地联系起来了。此处另外一个典型的特征便是"小"，从"小小两三间房舍"到"小门"，再到"小小退步"，从"一隙"再到"尺许"，都显示了林黛玉的居住空间并不大，这也侧面反映了林黛玉在贾府中狭促的生活空间。下面我们看一下不同的英译本是如何还原上述叙事信息的。

杨戴译：They left the pavilion then, crossed the bridge and strolled on, admiring

---

① 孙树勇.《红楼梦》空间意象研究 [D].哈尔滨：哈尔滨师范大学，2017.

each rock, each height, each flower and each tree on the way, until they found themselves before the whotewashed enclosing walls of a fine lodge nestling in a dense glade of fresh green bamboos. With cries of admiration they walked in. From the gate porch a zigzag covered walk with a cobbled path below and parallel to it wound up to a little cottage of three rooms, with the cottage door in the middle one and furniture made to fit the measurements of the rooms. Another small door in the inner room opened on to the back garden with its large pear-tree, broad-leafed plantain and two tiny side courts. Through a foot-wide opening below the back wall flowed a brook which wound past the steps and the lodge to the front court before meandering out through the bamboos.

霍译：They now left the pavilion and crossed to the other side of the pool. For a while they walked on, stopping from time to time to admire the various rocks and flowers and trees which they passed on their way, until suddenly they found themselves at the foot of a range of whitewashed walls enclosing a small retreat almost hidden among the hundreds and hundreds of green bamboos which grew in a dense thicket behind them... With cries of admiration they went inside. A cloister-like covered walk ran round the walls from the entrance to the back of the forecourt and a cobbled pathway led up to the steps of the terrace. The house was a tiny three-frame one, two parts latticed, the third part windowless. The tables, chairs and couches which furnished it seemed to have been specially made to fit the interior. A door in the rear wall opened onto a garden of broad-leaved plantains dominated by a large flowering pear-tree and overlooked on either side by two diminutive lodges built at right angles to the back of the house. A stream gushed through an opening at the foot of the garden wall into a channel barely a foot wide which ran to the foot of the rear terrace and thence round the side of the house to the front, where it meandered through the bamboos of the forecourt before finally disappearing through another opening in the surrounding wall.

乔译：But forthwith they issued from the pavilions, and crossed the pond, contemplating with close attention each elevation, each stone, each flower, or each tree. And as suddenly they raised their heads, they caught sight, in front of them, of a line of white wall, of numbers of columns, and beautiful cottages, where flourished hundreds and thousands of verdant bamboos, which screened off the rays of the sun... Speedily the whole company penetrated inside, perceiving, as soon as they had entered the gate, a zigzag arcade, below the steps of which was a raised pathway, laid promiscuously with stones, and on the furthest part stood a diminutive cottage with three rooms, two with doors leading into them and one without. Everything in the interior, in the shape of beds, teapoys, chairs and tables, were made to harmonise with the space available. Leading out of the inner room of the cottage was a small door from which, as they egressed, they found a back-court with lofty pear trees in blossom and banana trees, as well as two very small retiring back-courts. At the foot of the wall, unexpectedly became visible an aperture where was a spring, for which a channel had been opened scarcely a foot or so wide, to enable it to run inside the wall.

邦译：And so they came out of the pavilion and crossed the pool. Each hill, each rock, each flower, each tree—there was not one which was not carefully examined. Suddenly, lifting up their heads, they saw in front of them a length of whitewashed wall and a lodge built with a number of upright posts. There were hundreds and hundreds of emerald bamboos giving shade from the light... Thereupon they went in. When they entered, they saw a winding corridor and below some steps a far-extending main thoroughfare paved with stone. Above were three small rooms, two light and one dark. Inside, all in their proper positions, were arranged beds, stools, chairs, and desks. From the inmost chamber there was also a small door leading outside to the back garden in which were large pear trees in blossom and broad-leafed plantains. There were also two very small recesses. Beneath the wall of the courtyard at the rear there was a unexpected opening through which a spring of water was obtained for which a channel had been opened no more than a foot wide and which poured in through the entrance in the wall, winding round the steps, following the line of the house, as far as the front courtyard, coiling beneath the bamboos, and so out.

总体来看，以上四个译文对原文中自然景观的还原度均比较完整。此处仅从叙事效果的角度分析上述译文对原文中"竹"和"小"这两个空间主题的处理。在"一带粉垣，数楹修舍，有千百竿翠竹遮映……"的翻译方面，乔利和邦斯尔的译文倾向于写实景，而杨戴译文和霍克斯译文则在写景的同时营造出一种竹文化的氛围。两位译者均用"enclose"来翻译"垣"的含义，凸显了这里是与外界隔开的独立空间。杨戴译文用"nestle"来凸显房舍安全地依偎在竹林中，同时又表明与茂密的竹林相比，房舍的空间并不大。这种选词诗意化地转述了原文"竹"所蕴含的静谧感和空间的精小感。同理，霍克斯译本所选用的"small retreat"以及"hidden"同样营造了一种小而隐于世外的环境氛围。在竹林的翻译上，霍克斯译本、乔利译本和邦斯尔译本更多突出竹子异乎寻常的多和茂密，更加凸显了这里的竹意象，而杨戴译本的用词则比较简洁，只突出了竹林的茂密。之后在表达"盘旋竹下而出"的"盘旋"之意时，杨戴译本和霍克斯译本均选用了"meander"一词，表达出水流绕竹蜿蜒而出，水和竹相互掩映的闲适感，而乔利译本所用的"run"未能表现出因竹林茂密而造成的水流蜿蜒的外形，邦斯尔译本所用的"coil"只是客观表达了水流弯曲的外貌，却无法营造空间意象感。总体而言，杨戴译本和霍克斯译本对原文竹意象的传达更加明显、更加诗意和抽象化。在空间尺寸的表达上，霍尔斯译文和乔利译本强化了原文"小"的意象，如霍克斯译文中与空间封闭、狭小有关的表达有"enclose、small、tiny、diminutive、stream、barely a foot or so"等。其中，有些是直译原文，有些则是原文没有表达，而译者着意凸显的信息，如"enclose、barely"等。同样，除了直译原文中的"小"，乔利的译文中也使用了"available、aperture、scarcely"等强调这种"小"的程度。

第二节　地名文化英译

一、《红楼梦》中的地名文化

本节所论及的地名，包括国家名、城市名、地区名、街名、巷名、寺名等一切与地理标志相关的符号命名。从传统上讲，文学作品中出现的地名常被视为一个客观的地理符号。但随着文化研究的兴起，地名作为地理符号所承载的文化历史意义逐渐受到研究者的重视。胡文彬[①]认为，"地名不是一个简单的地理概念，而是一个文化时空概念"。在文学文本中，作者选择使用哪些地名，不选择哪些

---

① 胡文彬．红楼梦与中国文化论稿[M]．北京：中国书店，2005．

地名，都体现了作者的叙事意图。可以说，每一个地名都是作者构建叙事框架、推动情节发展、塑造人物形象的有效方式。每个地名都可以被视为一个浓缩的叙事因子，"因此，一个名字本身就包含了人物的整个命运或昭示了故事的发展"①。

中国传统小说自古就有运用地名描写来展现时代文化、地域文化和叙事意图的创作说法，而《红楼梦》更是地名运用的集大成者。根据胡文彬②的统计，《红楼梦》"在120回书中写到的重要地名约有101个"。这些地名从来源上大致可以分为三类。

第一类是现实世界中存在的地名。尽管曹雪芹采用了"将真事隐去"，只"存假语"的写作方法，但书中的一些地名还是有据可依的。例如，第一回中出现的"姑苏""阊门"确有其地。"姑苏"是苏州市的古称，"阊门"是苏州八门之一。而且苏州历来都是繁华富贵之地，这与文中对"姑苏"的描述也基本相符。因此，此处的"姑苏""阊门"具有"区别空间的标记功能"③。第二回中的"扬州""维扬"亦为古代行政单位，扬州也是今江苏省扬州市。《尚书·禹贡》篇中有云，'淮海惟扬州'。明初设维扬府，后改为扬州府。"④此外，第一回中的"湖州"是今浙江省湖州市，第二回中提到的"金陵""石头城"是今南京市的旧称，第四十一回中的"六安"是今安徽省六安市。除了中国的地名，国外的地名在《红楼梦》中也被提及，如第十回中的"爪洼国"是"古代南洋群岛上的一个国名，即今印度尼西亚所属的一个地方"⑤。第二十六回中的"暹罗国"是位于今泰国地域的古国名。第六十二回提到的"波斯"是今伊朗地域的古国名。

第二类是作者虚构的地名，这些虚构的地名往往带有"谐音"的特征，以起到讽刺等叙事作用。例如，第一回中，作者以神话叙事开篇，虚构了一个并不存在的神话空间。其中，"大荒山""青埂峰""无稽崖"等均为作者所虚构的地名。再者，第四回中提到的"葫芦庙"，第五十八回中提到的"孝慈县"，第六十六回中提到的"平安州"，以及第一回出现的"十里街""仁清巷"均是作者为了实现叙事目的而虚构的地名，现实中无从考据。

① 王金波，王燕．论《红楼梦》地名人名双关语的翻译 [J]．外语教学，2004（4）：53-57.
② 胡文彬．红楼梦与中国文化论稿 [M]．北京：中国书店，2005.
③ 同②.
④ 同②.
⑤ 同②.

第三类亦是虚构之名,但此类地名多为神话传说中已有之名,有其文化渊源和出处,故按胡文彬①的分类方式,将其单独作一类。例如,第一回中介绍贾宝玉和林黛玉的前世渊源时,作者用了"灵河""三生石畔"的地名,这两个地名均源于佛教。佛教称永不枯竭的河川为灵河,此处作者借用佛语指明"西方灵河"乃是凡界以外的虚空渺茫处。"三生"代表佛教的因果轮回说,因而"三生石"成为爱情的象征。二者与所在的叙事语境均契合。第五回中提到的"太虚幻境"是源自道家的用语。作者借鉴老子形而上的感官式宇宙观,勾勒出一个与现实大观园相对应的虚幻世界,形成了《红楼梦》中"梦"与"现实"交相呼应的两条叙事主线。第五回中提到的"瑶池"是传说中天上王母的住所,第十七回中提到的"武陵源"引据了《桃花源记》中武陵人之典等。这些地名的使用反映了作者引经据典的叙事能力。

综上所述,曹雪芹在《红楼梦》的叙事中嵌入了大量地名文化,这些地名文化在文本中被赋予了不同的功能。有的作为真实的地理标记,强化了小说叙事的真实性和人文地理特征,是读者了解小说所处社会风土人情的窗口。有的服务于作者的叙事目的,带有反讽等叙事功能。有的作为典型的文化历史符号,传达深层次的文化意义。在下文中,将从这三个分类入手,分析《红楼梦》地名的翻译策略和效果。

二、《红楼梦》地名文化翻译研究

首先,要分析的是《红楼梦》中真实地名的英译。这类地名常用于标记小说的地理文化空间,因此,在翻译真实地名时,译者需要根据该地名在文本中承担的叙事功能,或表达其真实的地理概念,或凸显其可能负载的文化信息。例如,原文中"姑苏""阊门""扬州""六安""金陵"地名表达的地理概念,因而译者多音译上述地名。如"姑苏"被分别译为"Gusu"(杨戴译)、"Soochow"(霍译)、"a walled town, Ku-su by name"(乔译)以及"Ku-su"(邦译)。以上除乔利加了"a walled town"的注释信息,其他译本均采用了音译的方式,符合地名翻译的一般规范。但此处需要点出的是,霍克斯的译文指明了"姑苏"和今"苏州"的关系,将原文表达的地理空间实地化,使得小说更加具有历史叙事的厚重感,而其

---

① 胡文彬. 红楼梦与中国文化论稿 [M]. 北京:中国书店,2005.

他音译只是凸显了"姑苏"的地名概念。因此，霍克斯的译法更好一些。此外，《红楼梦》第九十二回中提到，"他原籍是浙江湖州府人，流寓到苏州，甚不得意"。这里有两处需要说明，一是此处作者提到的"苏州"即"姑苏"，但如杨戴译本分别将两处译为"Suzhou"和"Gushu"，如果没有特别的解释，读者可能会认为这是两个地方。二是关于"湖州"一地，此句明确说明"湖州"属浙江，与今浙江湖州一致，是一个真实的地名。而考虑到曹雪芹善用"谐音"，他笔下的"贾雨村"谐音"假语存"，贾雨村为湖州人士，"湖州"又谐音"胡诌"。由此可见，曹雪芹将"湖州"作为贾雨村的原籍，不排除用其谐音来映射贾雨村人物形象的可能。译者在翻译"湖州"时均采用了音译的方式，将其视为一个普通的地理名词，未能表现出谐音的效果。

　　其次，对于作者虚构的地名，翻译时应该注重其"谐音"的特征和反讽的叙事功能。但这种谐音恰好常被视为语言形式上的不可译因素。下面先看一下译者如何翻译这些虚构的地名。

章回	原文	杨戴译本	霍译本	乔译本	邦译本
第八回	大荒山	Great Waste Mountain	Great Fable Mountains	Ta Huang Hills	Mt. Ta-huang
第八回	青埂峰	Blue Ridge Peak	Greensickness Peak	Ch'ing Keng Peak	Ch'ing-keng Peak
第一回	无稽崖	Baseless Cliff	Incredible Crags	Wu Ch'i cave	cliff of Wu-chi
第四回	葫芦庙	Gourd Temple	Gourd Temple	Gourd temple	Gourd Temple
第五十八回	孝慈县	county called Xiaoci	Goodson prefecture	无	sub-prefecture of Hsiao-t'zu
第一回	十里街	Ten-li Street	Worldly Way	Shih-li-chieh (Ten Li street)	Ten Li street
第一回	仁清巷	Lane of Humanity and Purity	Carnal Lane	the Jen Ch'ing lane (Humanity and Purity)	Benevolent Pure Lane

　　我们先来分析一下以上七个虚构地名在原文中可能被作者赋予的叙事意义。"大荒山"与"无稽崖"中的"荒"和"无稽"语义上是一致的，与"满纸荒唐言"对应，意指"荒唐言"和"无稽之谈"。"青梗峰谐'情根'，十里街谐'势利'，仁清巷谐'人情'，葫芦庙谐'糊涂'。"[①]"孝慈县"虽没有谐音，但"贾家不慈不

---

① 胡文彬.红楼梦与中国文化论稿 [M].北京：中国书店，2005.

孝"[1]，亦有反讽之意。由以上分析可见，除了"仁清巷"和"葫芦庙"，其他地名在乔利和邦斯尔的译本中均为音译。也就是说，这两位译者将上述虚构地名视为普通的地理名词，并没有着意展现它们的叙事意义。相较而言，杨戴译本和霍克斯译本更加强调这些地名的叙事意义。而在这两位译者中，霍克斯的译本似乎又更接近原作的意图。例如，在"大荒山"的翻译方面，杨戴译本将"荒"直译为"waste"，取"荒地"之意，译出了"荒"的字面意思，而霍克斯将"荒"意译为"fable"，取"谎言"之意，更加贴近原文的叙事意图。在"无稽崖"的翻译方面，两位译者选用的"baseless"和"incredible"均能表达原文的"无稽之谈"之意。在"青埂峰"的翻译方面，杨戴译本的"blue ridge"表现的是"青埂"外在的景观特征，而霍克斯译本用的"greensickness"一词极为精妙。一方面，该词中的"green"还原了原词中"青"的外在景观特征；另一方面，"greensickness"作为一个古老的文学术语，最初用于描述青春期少女的一种常见病症，即铁缺乏性贫血。这种症状可能会导致皮肤苍白、疲劳和其他相关症状。这个词的起源与"green"（青色）有关，因为在当时，人们认为受此病症影响的少女皮肤会呈现出一种不健康的青色。因而在一些文学作品中，"greensickness"也成了一个象征或隐喻，用来描述青春期少女的某些情感经历，如爱情、渴望和失落。而"greensickness"的这种象征意义与"青埂"蕴含的"情根"之意契合。从这个意义上看，"greensickness"恰好表达了"青埂"的谐音双关意义。再者，霍克斯对"孝慈县""十里街""仁清巷"的翻译也比较特别。与杨戴译本大多使用音译和直译不同的是，霍克斯依然延续了其意译的做法，凸显原文的叙事意图。霍克斯用"Goodson"表达"孝慈"的含义，"孝慈"这种伦理概念被泛化为"good（好品德）"，"son"又将作为伦理载体的明晰化，这种处理使得对"不慈不孝"贾家人的讽刺更加明显。在翻译"十里街"时，霍克斯用"worldly"来表达"十里"的概念。"Worldly"除了有"俗世"的意思，还有"世故的"等引申义，恰当地表达了"十里"的谐音意义"势利"。同样，霍克斯用"carnal"来表达"仁清巷"中的"仁清"一词，是因为"carnal"在很多西方宗教文化和哲学中，常常被视为与"灵魂"或"灵性"相对立的"肉体"欲望。在这种对立中，"carnal"往往带有贬义，表示低级、世俗或者道德败坏。因此，"carnal"的语用意义与"仁清"的谐音意义"人

---

① 胡文彬.红楼梦与中国文化论稿 [M].北京：中国书店，2005.

情"相符。综上所述，在以上虚构地名的翻译上，霍克斯的译文在忠于原文语义的同时，最大限度地传达了更深层的叙事意义，因而在叙事效果上更为成功。

最后，对于有确切文化来源的虚构地名，翻译时要注重两方面的问题：一是文化内涵的传达；二是这些地名既然有文化渊源，那么它们在特定文化或文学中一般存在固定的名称，而且人们对这些名称已形成固定的认知。就这种情况而言，译者最好选择已有的、认知程度高的译名，才能使译文读者获得最大的文化关联语境。参考上述两个方面，我们下面将以"灵河"和"太虚幻境"为例，分析不同译本是如何翻译具有文化渊源的虚构地名的。"灵河"被分别译为"Sacred River"（杨戴译）、"Magic River"（霍译）、"Ling（spiritual）river"（乔译）、"Spiritual River"（邦译）。原文借用"灵河"的宗教特质凸显该地理空间的仙性和缥缈性。在这四个英译文中，杨戴所译"Sacred"营造了神圣的宗教感或神话氛围，这种译法能引起读者对河流的尊敬和崇拜之情，同时传达出这条河对当地人民有着特殊的意义和地位。霍克斯所用"magic"一词强调有魔法、神奇的含义，这种译法凸显了河流拥有某种超自然的力量或特性，同时也为河流赋予了一种神秘感。乔利采用音译加注的方式，试图保留原词"灵"的多重含义，邦斯尔直接选择了"Spiritual"来表达一种宗教和信仰层面上的含义。从原文作者的叙事意图来看，本身蕴含宗教神秘色彩的"sacred"和"spiritual"更能体现原文的文化叙事效果。此外，"太虚幻境"分别被译为"Illusory Land of Great Void"（杨戴译）、"Land of Illusion"（霍译）、"The Visionary limits of the Great Void"（乔译）以及"Land of Illusion"（邦译）。从上文的分析来看，"太虚幻境"也是一个极富宗教色彩的地名表达。"太虚"是指无垠的宇宙，反映了道家的宇宙观。《庄子·知北游》曰："是以不过乎昆仑，不游乎太虚。"从这个视角看，"太虚"代表的是一种空寂玄奥之境。"幻境"则表达了这里的世界是虚幻的，与现实世界相对。在"幻境"的翻译方面，杨戴译本、霍克斯译本以及邦斯尔译本选择的"illusion"或"illusory"均能表达原文虚幻的含义。乔利译本所用的"visionary"虽然也能表达幻觉之意，但这种幻觉一般与视觉、梦境或超自然现象有关。而且从语用的角度看，"visionary"常蕴含积极的感情色彩，这一点与"illusory"反映的消极的、与现实不符的含义恰好相反。因此，不管是语义还是语用上，"illusory"更符合原文中"幻境"的含义。而对于"太虚"这一极具中国道家意味的用词而言，霍克斯和邦斯尔译本均选择省译，这或许是考虑到译文读者对中国宗教元素的接受度。杨戴译本和乔利译本选择用"Great Void"表达"太虚"。"void"可以指东方宗教文化中一种超越世俗的存在，代表万物的无常、无我和无固定性，因此，这里的"void"在表达原文的空幻感的同时，又给叙事增加了宗教的色彩，比较忠实地传达了原文的叙事效果。

第三节　空间叙事与景物文化翻译

20世纪中后期，人文社会科学领域出现了空间转向，即"空间"与社会、文化、精神、意识形态等相关联，"空间"意义经历了从具象到抽象、从客体到主体、从物质到精神的充盈过程。在文学领域中，文学呈现的"同在性（simultaneity）"和"并置性（juxtaposition）"不断被提及，开拓出文学文本意义构建和解读的新视角。

作为"叙事学"和"空间"研究的交叉地带，"空间叙事"成为近年来国内外相关研究领域的热门话题①，研究内容主要包括空间叙事学的建构、空间叙事的表征形式、基于文本结构、社会、文化、哲学等的"空间"意义解读等。其中，以中国古典小说为代表的中国传统叙事文本中的"空间叙事"，受到很多国内学者的关注，学者②③④⑤⑥通过解读相关文本发现，中国古代叙事文本常带有某种"空间性"特征，常常利用"中国套盒"等特定的空间构建形式和"叠加、反复、反差、位移"等空间描写手段来表达抽象的叙事意义。因此，空间在中国古典小说叙事中具有至关重要的地位和功能。

那么，空间叙事能为翻译研究提供怎样的借鉴？翻译视域下文学叙事的空间意义如何界定与解读？空间的叙事意义和叙事功能如何重构与再现？以上均为本

① 陈丽. 空间 [M]. 北京：外语教学与研究出版社，2020.

② 张世君.《红楼梦》的空间叙事 [M]. 北京：中国社会科学出版社，1999.

③ 黄霖，李桂奎，韩晓，等. 中国古代小说叙事三维论 [M]. 上海：上海世纪出版集团，2009.

④ 龙迪勇. 空间叙事研究 [M]. 北京：三联书店，2014.

⑤ 王瑛. 空间叙事：中国叙事学学科建构的逻辑基点 [J]. 华南农业大学学报（社会科学版），2016，15（3）：121-129.

⑥ 孙树勇.《红楼梦》空间意象研究 [D]. 哈尔滨：哈尔滨师范大学，2017.

节重点探讨的问题。本部分旨在以中国古典小说的巅峰之作——《红楼梦》中的空间叙事为范本，分析不同英译本中空间叙事的建构和表征手法，探讨空间叙事对于文学翻译忠实性和审美性研究的重要意义。

一、何为"空间叙事"

有关"空间"和"叙事"关系的表述众多，容易混淆的主要有"空间形式、叙事空间、空间叙事"，三者概念部分相通但侧重点不同，因此，需要在梳理、辨别相关概念的基础上界定本文所涉及的"空间叙事"。

作为空间叙事的载体，"空间形式"这一概念很早就出现了，以描述文本中的物象借以生成意义，读者通过"反应参照"感知意义的"并置"结构；巴什拉[①]强调空间形式的意象性，普赖斯认为"空间形式注重的是对称、对仗、层次、重复关系等"，赫尔曼等主编的《劳特里奇叙事理论百科全书》将空间形式定义为"主题次序原则优先于时间性和因果性次序原则的叙事结构"。从以上表述可以看出，空间形式的核心要素是关联性、主题性、感悟性和象征性，是空间叙事的表现方式。

《劳特里奇叙事理论百科全书》中"narrative space（叙事空间）"的基本层面为"故事角色移动和生活的环境"，"叙事空间"是"叙事作品中通过语言所建构的文本化空间"，这种空间存在于"文本和读者的阅读体验中"[②]。"空间叙事"这一表述多来自国内学者。在实践层面上，黄霖等[③]、王彬[④]分析了《红楼梦》等中国古代小说中的叠加、人物聚焦、空间转换、空间诗学等空间叙事形式。在理论层面上，黄霖等[⑤]认为小说的空间叙事"主要包括了作家创作的空间意识与空间化的思维方式，作家在创作中对空间元素的处理和运用，作品所营造的艺术世界中空间元素的主要内容和组合形式等"。龙迪勇[⑥]认为空间叙事学应该关注叙事

---

① 加斯东·巴什拉. 空间的诗学 [M]. 张逸婧，译. 上海：上海译文出版社，2009.

② 陈丽. 空间 [M]. 北京：外语教学与研究出版社，2020.

③ 黄霖，李桂奎，韩晓，等. 中国古代小说叙事三维论 [M]. 上海：上海世纪出版集团，2009.

④ 王彬. 《红楼梦》叙事 [M]. 北京：人民出版社，2014.

⑤ 黄霖，李桂奎，韩晓，等. 中国古代小说叙事三维论 [M]. 上海：上海世纪出版集团，2009.

⑥ 龙迪勇. 空间叙事研究 [M]. 北京：三联书店，2014.

文本中的空间形式以及空间是如何推动叙事进程的，方英[①]将空间形态、空间关系、空间意义等组织、表达和完成的模式视为狭义的空间叙事，陈丽[②]继而建议在这一狭义范畴内使用"空间叙事"。由此看来，叙事空间和空间叙事都是实体空间和感悟空间的融合。而与偏静态构成的叙事空间相比，空间叙事更侧重空间意义和功能的动态生成。因此，本部分所指的空间叙事是文本层面上空间意义的生成。

二、"空间叙事"中的意义生成

如前所述，"空间叙事"是意义生成的重要途径，具体方式大致有两种：因"关系"而生成的静态意义和因"移动"而生成的动态意义。

因"关系"而生成的意义主要来自空间元素的关联。当具有空间特性的地点、物象因关联而产生了特定主题和意义，这种叙事就成了空间叙事。如物象在文本不同部分反复出现会生成空间意象。这种关联可以是局部的，也可以是整体的；可以是文本内因素之间的关联，也可以是文本内因素和文本外因素的关联；因关联产生的空间意义可以是物质的、心理的或是社会的。此外，文化或文本的互文关系而赋予特定空间的意义也属于"关系"生成的意义。

因"移动"而生成的意义主要来自空间的改变。这种改变可以是实体场景的改变，如人物的空间位移、戏剧式的场景转换等，也可以是因主体感知变化而产生的空间转变，如不同人物视角下空间聚焦的改变、人物思想意念中的空间切换（精神空间）等。总之，这种"围绕人物和情节产生的空间流动"[③]是推动叙事的重要因素。例如，叙事中物体的真实移动、叙述者或人物视角的变化、思绪从一个物体到另一个物体的转移等都会产生不同的叙事意义。

综上所述，当"空间"从叙事的背景成为叙事的"前景"，空间叙事的意义就会油然而生。从生成意义的方式来看，"关系"和"移动"是叙事文本中空间意义生成的主要途径；从生成意义的性质来看，空间叙事意义可以是静态的，也可以是动态的；从生成意义的空间因素层次来看，空间叙事意义主要有微观空间

① 方英. 绘制空间性：空间叙事与空间批评 [J]. 外国文学研究，2018，40（5）：114-124.

② 陈丽. 空间 [M]. 北京：外语教学与研究出版社，2020.

③ 孙树勇.《红楼梦》空间意象研究 [D]. 哈尔滨：哈尔滨师范大学，2017.

叙事、宏观空间叙事和社会空间叙事三个层次。下文将结合空间叙事意义的性质和生成方式，具体分析《红楼梦》中的微观空间叙事、宏观空间叙事和社会空间叙事。

三、《红楼梦》中的空间叙事

中国人不但重时间的抽象性，更"重空间的感悟性"①②③。这种空间性、感悟性思维在以《红楼梦》为代表的中国传统小说创作中体现得尤为突出，使得空间叙事成为揭示《红楼梦》文本深层意义和美学功能的重要砝码。《红楼梦》中空间构成要素多样，人物、景物、地域、社会多方组构，形成静止与流动、真实与虚幻、开放与统一的空间特征，同时也围绕小说建构了静态空间叙事和动态空间叙事。静态空间叙事主要是由特定空间内物的相对关系来生成空间意义，动态空间叙事主要是由特定空间内物与物之间的关系以及人与物之间关系的变化来生成空间意义。而不管是静态空间叙事还是动态空间叙事，又都可以包括微观空间叙事、宏观空间叙事和社会空间叙事三种形式。

第一，微观空间叙事是指因文本内空间元素的"关联"或"移动"而生成局部性主题意义。这种叙事以片段式的场景化叙事为主要方式，以场景为"情节表达的主要形态"，以"景物风貌、人物肖像和人物言行等"为主要内容④。《红楼梦》中以特定自然场景、建筑、节俗、事件等为背景依托的空间叙事均可产生局部的空间叙事意义。例如，在《红楼梦》第四十五回"探春起诗社"的情节中，作者叠加使用十九个"笑道"来描述探春、李纨、王熙凤和平儿之间的对话，呈现出了戏剧场景式的对话空间，言语内容的针锋相对和表面维持的笑形成了强烈对比，使得该空间所蕴含的意义从实体场面延伸到人物性格和人际关系等。再如，《红楼梦》对主要人物住所的描写并不是简单的背景铺陈，而是绘室如绘人。怡红院的尚红、潇湘馆的喜竹、蘅芜苑的素淡、秋爽斋的阔朗都是具有人物象征性的微观空间叙事。

① 浦安迪.中国叙事学[M].北京：北京大学出版社，2018.
② 黄霖，李桂奎，韩晓，等.中国古代小说叙事三维论[M].上海：上海世纪出版集团，2009.
③ 龙迪勇.空间叙事研究[M].北京：三联书店，2014.
④ 黄霖，李桂奎，韩晓，等.中国古代小说叙事三维论[M].上海：上海世纪出版集团，2009.

第二，宏观空间叙事是指因文本内空间元素的"关联"或"移动"而生成宏观性主题意义。散落在叙事文本不同章节中的空间元素围绕一个主题呈"橘瓣"样排列，呈现出独特的空间特征。从读者接受的角度看，读者需要通过"反应参照"、不断"重读"才能将碎片化的空间信息联系起来，感悟空间象征。《红楼梦》中的这种空间叙事在刻画主要人物、生成重要意象方面体现得淋漓尽致。例如，《红楼梦》中"大观园"的空间叙事就是基于各章节中以大观园为依托的建筑、景观、人物和情节等展开的。读者通过这些碎片化的信息所感悟到的不只是实体的园林，而是与贾府现实空间相对的"理想空间"、与太虚幻境相呼应的"梦幻空间"、与贾府男权世界相对的"女儿空间"以及与人物心性启悟相关的"成长空间"等 [1][2][3]。而在人物刻画方面，文中基于特定人物的肖像描写、住宅描写、言行描写，以及具有谶言性质的诗词、戏曲、谜语、酒令描写等，建构起立体、丰满的人物"空间"。

第三，社会空间叙事是指文本内的空间因素与文本外的社会文化因素相关联而生成社会性主题意义。文学作品源于现实，必然会有现实社会的痕迹。承载社会制度、意识形态、法律礼规、民俗文化等社会因素的物象是社会空间叙事的重要构件，同时，这些社会因素也赋予空间力量和意义。例如，《红楼梦》第十八回"元春省亲"的叙事中，有关人物服饰的描写具有不同的象征意义。不同人物所穿服饰的繁简、样式、颜色和种类等象征着人物不同的社会等级和身份，反映了社会礼制和人际关系的社会空间意义。再如，《红楼梦》第三回和第六回中分别描写了林黛玉和刘姥姥视角下贾府的"门"。其中，"门"的数量、类别（大门、正门、东西角门）、与各色人物的关系（如大门前有华冠丽服之人、大门前簇簇的轿马、刘姥姥蹭到角门、林黛玉由西角门入贾府）等，反映了封建礼教下"门"所承载的社会文化信息。不同人物视角下对"门"的不同聚焦，凸显了人物不同的身份和社会地位以及当时的封建礼制，构建起了"门"的社会空间。

以上通过空间叙事所生成的文本意义主要担负着两重功能：叙事功能和美学功能。叙事功能主要体现在对叙事进程的贡献上，这种贡献主要包括对人物形象的

① 余英时.红楼梦的两个世界 [M].上海：上海社会科学院出版社，2002.

② 李丽.英语世界的《红楼梦》研究——以成长、大观园、女性话题为例 [D].北京：北京外国语大学，2014.

③ 冯文丽.大观园："新关系"的空间 [J].红楼梦学刊，2015，（3）：175-198.

主题性塑造以及对叙事情节的推动。从人物形象的塑造来看，形象和叙事互为表里。空间叙事是人物性格、命运、关系等人物形象塑造的重要方式。《红楼梦》中人物形象的形成并不是单维度、平面、瞬时的，而是多维度、立体、渐进的空间建构过程，是由自然景观、建筑、言行、诗词、节日等多维书写交织而成的。从对情节的推动来看，按照以往研究，情节的展开是一种侧重"顺序"的时间性的表现，但按时间而言，《红楼梦》也表现出典型的"空间"特征。总体而言，《红楼梦》中的时间概念是模糊的，多数叙述是靠场景或人物聚焦的切换来推动的。不管是对贾府的多视角、重复性叙述，对节俗场景中的布局、人物言行等细致入微的刻画，还是对人物聚焦转移和空间切换的精心设计，都直接或间接地推动了情节的铺展。

美学功能主要体现在意象性表征上。杨义[1]认为，意象这种诗学手段可以"增强叙事过程中的诗化程度"。在中国式叙事中，"意象"是由"表象"叠加而成，存在于"关系"之中，具有"多构性"特征。如此看来，意象本身就是空间性的。意象的叠加可以是共时叠加，也可以是历时叠加。共时叠加是指文本结构中"表象"因关联而生成的意象，在文章中起着"贯通、伏脉和结穴"[2]一类的功能，类似"文本空间"。历时叠加是"表象"社会文化意义的互文层积，类似列斐伏尔的"社会空间"。但不同之处在于，不管是何种意象，可感悟性和象征性都是核心要素。"意"和"象"虚实相生，触动读者的联想和感悟，赋予文本意义"丰富的可解释性"[3]。例如，《红楼梦》中"悼花、葬花"等空间叙事周而复始地出现，引发了读者对生命流逝的感悟，是对其美学功能的体现。

空间叙事的叙事功能和审美功能往往相互交织、互为表里。就文学作品而言，叙事情节的表达是基础，而通过空间元素的特殊布局所营造出的读者感悟空间、文本耐读性和美学效果是文学作品更深层价值的体现，也是评价文学翻译优劣的重要维度。

四、空间叙事视角下《红楼梦》英译评析

空间叙事通过空间因素的"关联"或"移动"生成意义，以达到叙事和审美

---

[1] 杨义. 中国叙事学 [M]. 北京：人民出版社，2009.

[2] 同[1].

[3] 同[1].

效果，这对目前的文学翻译研究有重要的启示。首先是文本解读的整体性。空间叙事侧重意义的"关联性"生成和"整体性"建构。在空间叙事中，空间因素的重复性出现并不是文本创作上的贫瘠，而是作者用以隐喻或象征特定意义和情感的手段，翻译中只有尽量保留这种创作手段，才能再现原文的意蕴。但部分译者倾向于在译文中用多样化的表达来替换这种局部的所谓单一化的表达，"这种局部的变通处理似乎使译文更美，却对整体的审美效果产生了负面影响"①。其次是审美的主体性。空间叙事是形成文学文本美学效果的重要方式，但"文学作品中的美只有与特定的审美主体相结合，才能具有意义"②。相应地，由空间叙事生成的高度感悟性、象征性的意义只有依赖于翻译主体的解读才得以存在。因此，译者不但要跨越语言和文化差异，还要运用高超的文学鉴赏能力感悟原文，再现原文叙事的魅力。下面将以《红楼梦》基于上述静态空间叙事和动态空间叙事两个维度，从微观空间、宏观空间和社会空间三个方面评析《红楼梦》四个英译本对原文空间叙事的表征方式和效果。

第一，微观空间叙事多属于具体空间，是《红楼梦》空间叙事典型的特征。与后结构主义的空间叙事不同，这种空间聚焦场景化叙事不但包括静态的物体和关系，也包括静态物体的移动和变化，如物体的真实移动、视角的变化、主体思绪在物体间的转移等。本部分将重点探讨三种微观空间叙事，即空间填充、空间位移和视角切换。

空间填充主要涉及静态的空间叙事。《叙述学：叙事理论导论》③一书中指出，物体具有空间状态。它们以其形状、大小、颜色确定房间的空间效果。一个杂乱无章的房间总是显得小一些，而一间空房间显得比它实际的面积大一些。所以说，空间的填充效果是由空间内所填充的物体属性以及物体的陈列方式所决定的，往往不是一个简单的环境铺垫，而是辅助于情节的发展和对人物形象的塑造。在《红楼梦》等中国古典小说中，这样的空间填充描写比比皆是。例如：

例1：

原文：只见这几间房收拾的与别处不同，竟分不出间隔来。原来四面皆是雕空玲珑木板，或"流云百蝠"，或"岁寒三友"，或山水人物，或翎毛花卉，或集锦，

① 刘云虹.中国文学外译批评的审美维度 [J].外语教学，2021，42（4）：76-82.

② 同①.

③ 米克·巴尔.叙述：叙事理论导论 [M].谭君强，译.北京：北京师范大学出版社，2015.

或博古，或万福万寿，各种花样，皆是名手雕镂，五彩销金嵌宝的。一槅一槅，或有贮书处，或有设鼎处，或安置笔砚处，或供花设瓶，安放盆景处。其槅各式各样，或天圆地方，或葵花蕉叶，或连环半壁，真是花团锦簇，剔透玲珑。倏尔五色纱糊就，竟系小窗；倏尔彩绫轻覆，竟系幽户。且满墙满壁，皆系随依古董玩器之形抠成的槽子，诸如琴、剑、悬瓶、桌屏之类，虽悬于壁，却都是与壁相平的。

上文是《红楼梦》第十七回中对贾宝玉住所空间的描写。在中国文学的传统叙事中，一个人的住所不仅反映其经济和社会地位，还反映其品位、兴趣和性格。从贾宝玉住处的物品属性来看，"雕空玲珑木板""名手雕镂五彩""销金嵌玉""翎毛花卉""集锦""博古""花团锦簇""剔透玲珑"等物品及物品修饰语首先给读者展现了一个细致雕琢、精美至极、数量丰富的富贵空间，这种空间属性彰显了贾宝玉在贾府的高贵身份和地位。其次，墙上所雕刻的"流云百蝠""岁寒三友""山水人物""翎毛花卉"等，既有天文、地理的意象，也有历史、文学的引申，这都表明了贾宝玉深厚的文化底蕴和雅好。同时，书房中陈设的琴、剑、悬瓶等古董玩器，也凸显了居住者对艺术的追求。最后，书房的设计风格和空间布局与贾宝玉的个性和命运相关联。《红楼梦》采用了"梦"与"现实"、"假"与"真"的两条叙事主线，而在现实中，贾宝玉住所的"迷幻性"也是连接这两条叙事主线的桥梁。这种"迷幻性"非常明显地体现在其住所的布局上。例如，贾宝玉的书房与别处不同，不划分明确的空间间隔，通过镂空的木板或博古架来分隔空间，这难免给人虚虚实实的感觉。此外，此段描写中反复使用的语气词，如"竟、倏尔"等，也反映了贾宝玉住所空间布局的不合常理和出乎意料，进一步凸显了它的迷幻性。由以上分析可知，曹雪芹有意识地利用空间填充凸显了人物的身份、地位和性格特征，达到了微观空间叙事效果，那么已有英译文是否保留或传达了这种效果？以下将分析四个《红楼梦》代表性英译本对上述空间叙事的处理方式：

杨戴译：It was unusually set out with no clear-cut divisions between the different rooms. There were only partitions formed of shelves for books, bronze tripods, stationery, flower vases and miniature gardens, some round, some square, some shaped like sunflowers, plantain leaves or intersecting arcs. They were beautifully carved with the motifs "clouds and a hundred bats" or the "three companions of winter" — pine, plum and bamboo — as well as landscapes and figures, birds and flowers, scrollwork, imitation curios and symbols of good fortune or long life. All executed by the finest craftsmen, they were brilliantly coloured and inlaid with gold or precious stones. The effect was splendid, the workmanship exquisite. Here a strip of coloured gauze concealed a small window, there a gorgeous curtain hid a door. There were also niches on the walls to fit antiques, lyres, swords, vases or other ornaments, which hung level with the surface of the wall.

从以上的用词可以看出，杨戴译本突出了原文的富贵空间。例如，译者用"beautifully、brilliantly、precious、splendid、exquisite"等词凸显贾宝玉住所空间内物品的精美，用"the finest"这一最高级形式增强了原文中"名手"的程度，表现出物品的稀有和珍贵。这些用词方式都是为了服务于原文富贵空间的叙事重构。在原文艺术空间的再现方面，杨戴译本将"岁寒三友"的三个具体意象明晰化，将中国文人墨客推崇的山水人物画直译为"landscapes and figures"，保留了原文的文化意象。但杨戴译本省译了原文中的"书、笔砚"等物品，在空间氛围的文艺感上较原文稍逊色。杨戴译本基本还原了原文的迷幻空间。例如，译者使用"unusually、only"强调此处空间隔断的与众不同，用"here、conceal、there、hide"等凸显空间布局的不合常规，总体效果上中规中矩。

霍译：Its interior turned out to be all corridors and alcoves and galleries, so that properly speaking it could hardly have been said to have rooms at all. The partition walls which made these divisions were of wooden panelling exquisitely carved in a wide variety of motifs: bats in clouds, the 'three friends of winter' — pine, plum and bamboo, little figures in landscapes, birds and flowers, scrollwork, antique bronze shapes, 'good luck' and 'long life' characters, and many others. The carvings, all of them the work of master craftsmen, were beautified with inlays of gold, mother-o'-pearl and semi-precious stones. In addition to being panelled, the partitions were pierced by numerous apertures, some round, some square, some sunflower-shaped, some shaped like a fleur-de-lis, some cusped, some fan-shaped. Shelving was concealed in the double thickness of the partition at the base of these apertures, making it possible to use them for storing books and writing materials and for the display of antique bronzes, vases of flowers, miniature tray-gardens and the like. The overall effect was at once richly colourful and, because of the many apertures, airy and graceful. The trompe-l'oeil effect of these ingenious partitions had been further enhanced by inserting false windows and doors in them, the former covered in various pastel shades of gauze, the latter hung with richly-patterned damask portieres. The main walls were pierced with window-like perforations in the shape of zithers, swords, vases and other objects of virtu.

　　相比杨戴译本，霍克斯译本对空间叙事效果的渲染要更加突出。在富贵空间的翻译上，霍克斯使用了"exquisitely、a wide variety of、master、be beautified with、numerous、richly、many、airy and graceful、ingenious、richly-patterned"等词。由此可见，霍克斯使用的物品修饰语数量远超原文，这些词不但反映了空间内陈设物品的精美和上乘的质量，也凸显了这些珍贵物品的数量多，更进一步映射出该住所居住者不同常人的身份和地位。相较之下，霍克斯并没有着意突出原文的艺术空间，只是较为忠实地传达了原文中"岁寒三友（pine, plum and bamboo）""山水人物（little figures in landscapes）""书（books）"等意象。而迷幻空间的叙事效果是霍克斯着意突出的，这一点从"turn out to be、it could hardly have been said to have rooms at all、trompe-l'oeil、false"等选词上可见一斑。这些词均强调与主体设想或现实不符的一种虚幻感，是对原文所隐含叙事内涵的明晰化，体现了译者对原文空间叙事意义的精准把握。

　　乔译：...where they noticed that the internal arrangements effected differed from those in other places, as no partitions could, in fact, be discerned. Indeed, the four sides were all alike covered with boards carved hollow with fretwork, (in designs consisting) either of rolling clouds and hundreds of bats; or of the three friends of the cold season of the year, (fir, bamboo and almond); of scenery and human beings, or of birds or flowers; either of clusters of decoration, or of relics of olden times; either of ten thousand characters of happiness or of ten thousand characters of longevity. The various kinds of designs had been all carved by renowned hands, in variegated colours, inlaid with gold, and studded with precious gems; while on shelf upon shelf were either arranged collections of books, or tripods were laid out; either pens and inkslabs were distributed about, or vases with flowers set out, or figured pots were placed about; the designs of the shelves being either round or square; or similar to sunflowers or banana leaves; or like links, half overlapping each other. And in very truth they resembled bouquets of flowers or clusters of tapestry, with all their fretwork so transparent. Suddenly（the eye was struck）by variegated gauzes pasted（on the wood-work）, actually forming small windows; and of a sudden by fine thin silks lightly overshadowing（the fretwork）just as if there were, after all, secret doors. The whole walls were in addition traced, with no regard to symmetry, with outlines of the shapes of curios and nick- nacks in imitation of lutes, double-edged swords, hanging bottles and the like, the whole number of which, though（apparently）suspended on the walls, were all however on a same level with the surface of the partition walls.

总体而言，乔利译本倾向于直译，因而基本还原了原文空间中的物品和其陈设方式，这与其将《红楼梦》作为"语言学习材料"的翻译立场是一致的。在富贵空间和艺术空间的翻译方面，乔利译本并没有使用大量的修饰语来凸显物品的精致和稀有，而是采用了直译物品属性的方式。此处唯一需要探讨的是，乔利将"岁寒三友"中的"松"译为"fir"。"fir"是水杉，尽管其在英语文化中也有"坚韧"等象征意义，但在物质属性上毕竟与原文的"松"存在差异，不如"pine"一词更为准确。在迷幻空间的翻译方面，乔利选用了"differ、no parition、in fact、indeed、actually、suddenly、of a sudden、apparently"等词来表达空间的虚幻性，与原文中的用词基本匹配，因此，在叙事效果的实现程度上并没有与原文存在太大出入。

邦译：They saw that inside it was arranged differently from the other places. It was not divided into separate rooms. In fact on all four sides there were elegant wooden boards with open carving, either a hundred bats in the drifting clouds. Or the Three Friends of the Cold of the year, or mountains and streams, men and things, or painted flowering plants, or blended embroidery, or antiques, or 'ten thousands of happiness, ten thousands of old age'—every kind of ornamentation. All had been carved by famous craftsmen in five colours with melted gold and inlaid jade, shelf after shelf, either for storing books, or for standing tripods, or for resting pens and ink-slabs, or stands for cases of flowers, or for setting out enamel basins. The shapes of the shelves were round or square or like sunflowers and plantain leaves, or joined together over half the wall. It was indeed all very well worked out ornamentation, thoroughly picked out in elegant fashion. Here was five-coloured silk pasted on to a small window. There was variegated damask lightly thrown over, like a secluded door. Moreover, all the walls were full of insets which had been cut out in the shapes of all sorts of antiques, and curios, such as lutes, swords, and hanging vases-all suspended on the walls and get level with them.

邦斯尔译本对原文空间叙事的重构与乔利译本相似，即采用了还原空间物品陈设的方式。译者用"elegant、every kind of、famous、indeed、very well、thoroughly、elegant"等词凸显原文中物品的属性和精美程度，用"differently、not divided into separate rooms、here、there、be full of"等来表达空间给人带来的异质感和迷幻性。总体来看，此段译文对原文空间描写的传达是忠实的，并没有着意明晰原文隐含的叙事意图。

综合以上分析，这四个译本均忠实再现了原文的物质空间。乔利译本和邦斯尔译本更偏向于直译，没有着意强化原文中的某种叙事意图或叙事效果，总体上是将空间作为客观的场所进行描述。相比之下，杨戴译本和霍克斯译本对原文的空间叙事效果均有所强化。杨戴译本强化的是原文的富贵空间，而霍克斯译本强化的是原文的富贵空间和迷幻空间，且用词较准确，使读者更容易感受到空间的视觉冲击力。

例2：

原文：说着，进入石洞来。只见佳木茏葱，奇花炳灼，一带清流，从花木深处曲折泻于石隙之下。再进数步，渐向北边，平坦宽豁，两边飞楼插空，雕甍绣槛，皆隐于山坳树杪之间。俯而视之，则清溪泻雪，石磴穿云，白石为栏，环抱池沿，石桥三港，兽面衔吐。

杨戴译：They walked on through a tunnel into a ravine green with magnificent trees and ablaze with rare flowers. A clear stream welling up where the trees were thickest wound its way through clefts in the rocks. Some paces further north, on both sides of a level clearing, rose towering pavilions whose carved rafters and splendid balustrades were half hidden by the trees on the slopes. Looking downwards, they saw a crystal stream cascading as white as snow and stone steps going down through the mist to a pool. This was enclosed by marble balustrades and spanned by a stone bridge ornamented with the heads of beasts with gaping jaws.

霍译：As he spoke, they passed through a tunnel of rock in the mountain's shoulder into an artificial ravine ablaze with the vari-coloured flowers and foliage of many varieties of tree and shrub which grew there in great profusion. Down below, where the trees were thickest, a clear stream gushed between the rocks. After they had advanced a few paces in a somewhat northerly direction, the ravine broadened into a little flat-bottomed valley and the stream widened out to form a pool. Gaily painted and carved pavilions rose from the slopes on either side, their lower halves concealed amidst the trees, their tops reaching into the blue. In the midst of the prospect below them was a handsome bridge. In a green ravine, A jade stream sped. A stair of stone Plunged to the brink. where the water widened To a placid pool, A marble baluster Ran round about. A marble bridge crossed it With triple span, And a marble lion's maw Crowned each of the arches.

乔译：As he spoke, he entered the cave, where he perceived beautiful trees with thick foliage, quaint flowers in lustrous bloom, while a line of limpid stream emanated out of a deep recess among the flowers and trees, and oozed down through the crevice of the rock. Progressing several steps further in, they gradually faced the northern side, where a stretch of level ground extended far and wide, on each side of which soared lofty buildings, intruding themselves into the skies, whose carved rafters and engraved balustrades nestled entirely among the depressions of the hills and the tops of the trees. They lowered their eyes and looked, and beheld a pure stream flowing like jade, stone steps traversing the clouds, a balustrade of white marble encircling the pond in its embrace, and a stone bridge with three archways, the animals upon which had faces disgorging water from their mouths.

邦译：As he was speaking they entered a rock cavern where they saw fine trees, marshy plants with reddish leaves and flowers, bulbous plants, and wonderful flower all over the place and a stream of clear running water issuing from the recesses among the flowers and trees under the cracks in the rock. Advancing a few steps further they came gradually towards the northern edge where it was level and open. On two sides towers stuck up high into the sky. Their carved roof-beams and ornamental railings were all hidden in the dips of the hills and the branches of the trees. When they looked down from above, all they could see were clear streams like flowing gems, stone steps going through the clouds, railings of white stone encircling pools and ponds, a stone bridge over three lagoons and animal faces spouting out water.

从例 2 原文的空间描写来看，作者主要是通过"进入、只见、再进、渐向、俯而视之、但见"等人的视角来呈现一种由近及远、由南到北的动态空间。这种空间描写以空间物象的堆叠为主要手段，通过人物的位移为读者逐渐打开空间的画卷，具有极强的画面感。从以上四个译文的空间处理来看，杨戴译本和霍克斯译本对石洞内景象的勾画更加清晰，且更加突出环境美的一面，给予读者明确的空间轮廓。例如，杨戴译本使用 "magnificent、ablaze、clear、towering、carved、splendid、crystal" 等词汇渲染原文环境的美丽壮观，用 "the mist" 点出了原文"云"所蕴含的水汽缭绕的仙境感。在杨戴译本中，空间被切分成二处，一处是众人进入洞内后看到的景色，译者将原文中"只见"的人物视角直接转化成物的视角，将"再进、渐向"这种人的空间位移转化成 "Some paces further north" 的空间静态描述，重在众人眼前呈现出静态景观。另一处是众人俯身看到的景色，译者通过 "this、enclosed by、spanned by、ornamented with" 等了解了不同景物之间的位置关系，将原文的主题结构转化为英文的主语结构，清晰呈现了前后、上下的空间切分。需要特别指出的是，杨戴译本考虑到"玉"在中西文化中不同的象征意义，将原文中的"玉"意象改为英文中的 "snow（雪）"意象，但这与原文中的色彩存在出入。霍克斯译本对景观的描写同样细致，"ablaze、vari-coloured、many varieties、profusion、clear、gaily、handsome" 等词凸显了空间景物的繁茂与精美。从空间布局和空间切分来看，霍克斯译本总体呈现从狭窄到宽广，从上到下的空间过渡。译者通过 "the mountain's shoulder、down below、below them" 等，明确了从上到下的景观观赏视角，通过 "their lower halves、their tops" 厘清景物的结构与自然背景之间的关系，并通过 "broaden、wide" 等词勾勒出逐渐开阔的视觉轮廓。相比原文，霍克斯对空间布局的刻画更具逻辑性，景物和景物之间的关系也更加清楚明晰。乔利译本和邦斯尔译本均保留了原文中人的视角，通过人物的空间位移来展现空间画面，还原了原文的动态空间。相比之下，乔利选择的修饰语，如 "beautiful、quaint、lustrous、limpid、lofty、pure" 等更加具体化，此类表述赋予了空间一定的奇幻色彩，能够吸引读者探索这个空间。在邦斯尔的用词中除了"fine、wonderful、clear"等修饰语略显笼统，"reddish、bulbous"也与原文"奇花烂漫"的表意存在差异，且邦斯尔的译文侧重对花木、水流等特定元素的描述，整体的空间布局略显模糊。

综上所述，不同的译者从自身视角出发，对原文中的空间结构和布局进行了重构。其中，杨戴译本、霍克斯译本和乔利译本均能通过精准的修饰词体现原文园林空间的艺术性，给读者良好的体验感，而相比之下，邦斯尔译本呈现的空间布局略显模糊，且个别用词偏离原文的空间特征。

例3：

原文：一面引人出来，转过山坡，穿花度柳，抚石依泉，过了荼蘼架，再入木香棚，越牡丹亭，度芍药圃，入蔷薇院，出芭蕉坞，盘旋曲折。忽闻水声潺潺，泻出石洞，上则萝薜倒垂，下则落花浮荡。

以上出自《红楼梦》第十七回，原文通过人的视角展开空间叙事，通过人的位移呈现了景物的动态空间。文中"转过、穿、度、抚、依、过了、入、越、度、到、傍、忽闻"等一连贯动词表现出空间景物的紧凑和布置的精巧，展现了大观园的锦绣池阁、山情水致，以及景物布局的巧思和出其不意，从而侧面刻画了贾府的奢华。下面是《红楼梦》四个英译本对以上原文空间叙事的重构。

杨戴译：as he led the company out. The path now curved around a slope, past flowers and willows, rocks and springs, a trellis of yellow roses, an arbour of white ones, a tree-peony pavilion, a white peony plot, a court of rambler roses and a bank of plantains. Suddenly they heard the plash of a spring gushing from a cave overhung by vines, and saw fallen blossoms floating on the water below.

杨戴译本清晰地展示了从山坡到不同类型的花圃和庭院，突出了"山坡""花和柳""石头和泉水"等具体的物元素，并用"突然"引入"石洞"和"水声"等新的空间元素，还原了原文空间设置的出其不意。但同时我们也可以明显地看到，杨戴译本对原文的叙事视角进行了转化。该译本以"the path"为视点展开叙述，将原文中涉及的景物一一铺开，将人的视角转化为物的视角，这样一来，原文中如"抚石依泉"与"度芍药圃"等具有较强感性和触觉质地的表达没有在译文中得到体现，因此，原文中景观布置的巧思给人的触感和冲击力未能充分表达出来。此外，杨戴译本对原文中"上则萝薜倒垂，下则落花浮荡"这种上下空间关系的细致描绘也相对简单。

霍译：He led them out of the "village" and round the foot of the hill: through flowers and foliage, by rock and rivulet, past rose-crowned pergolas and rose-twined trellises, through small pavilions embowered in peonies, where scent of sweet-briers stole, or pliant plantains waved –until they came to a place where a musical murmur of water issued from a cave in the rock. The cave was half-veiled by a green curtain of creeper, and the water below was starred with bobbing blossoms.

霍克斯译本的特点主要体现在两个方面。首先，该译本保留了原文的人物视角，从"he led them"出发，通过"through、by、past、through"等一系列用词还原了原文中的人物位移。因此，相比杨戴译本，霍克斯译本中空间的动态感更强，更能体现人物在繁多的景观中穿梭的画面感，同时也反映了园内景物布局的紧凑和精致。其次，霍译本在选词方面更加突出意象性。例如，霍译本将"柳"译为"foliage"，突出的是下垂的枝叶抚身而过的意象，而不是拘泥于植物的种属；将"荼蘼架"译为"rose-crowned pergolas and rose-twined trellises"，形象地还原了这一景观玫瑰攀延、繁花锦簇的外观；将"牡丹亭"译为"small pavilions embowered in peonies"，表现出该亭牡丹环绕的表象。以上描写呈现出茂密、繁盛的景物外貌，观者在穿越这具有遮蔽性的景观之后，才能"忽闻"水声，看见石洞。这使得前后空间的关系更具有逻辑性。

乔译：but as he reproved him, he led the company outside, and winding past the mound, they penetrated among flowers, and wending their steps by the willows, they touched the rocks and lingered by the stream. Passing under the trellis with yellow roses, they went into the shed with white roses; they crossed by the pavilion with peonies, and walked through the garden, where the white peony grew; and entering the court with the cinnamon roses, they reached the island of bananas. As they meandered and zigzagged, suddenly they heard the rustling sound of the water, as it came out from a stone cave, from the top of which grew parasitic plants drooping downwards, while at its bottom floated the fallen flowers.

与霍克斯译本相似，乔利译本保留了原文的人物视角和空间表达的动态性，但其选词比霍克斯更加形象。例如，乔利通过"wind past、penetrate、wend their steps、went into、cross by、walk through"等一系列动词，凸显了园内景观的曲折蜿蜒、茂密繁盛，通过"touch、linger by"表达出人物主体对景观的反应以及景观对人物的吸引力。此外，译者还通过添加"meander（漫步）"和"zigzag（曲折前进）"将上述主题明晰化。如此一来，"suddenly"一词才显得合情合理。

邦译：They went round the slope of the hill, in and out among the flowers and passing by the willow trees, rubbing against the rocks, and following the spring. They went past the frames on which the T'u-Mi climbed, entered the putchuck booth, crossed the peony pavilion, traversed the water-chestnut garden, arrived at the cinnamon-rose courtyard, passed by the side of the plantain bank, proceeding on their winding way, when suddenly they heard the sound of sunning water issuing from a cave in the rocks. Above, creepers were hanging down. Below, fallen flowers were floating hither and thither.

邦斯尔译本同样保留了原文的人物视角，但与乔利译本相比，邦斯尔在选词上过于拘泥原文的语言形式，因而从总体来看，邦斯尔译本在空间传达的效果上并不如乔利译本和霍克斯译本生动。例如，原文中的"度柳"应该与"穿花"表达类似的意象，旨在通过"度"一词凸显柳枝下垂如帘，因而人可以穿柳而过，这同时也符合中国园林"犹抱琵琶半遮面"式的布景风格，而邦斯尔使用的"pass by"在一定程度上削弱了原文的这种意象感。再如，"抚石"是指众人游览观赏之时以手触石，而"rub against"这种摩擦有刻意之嫌，与原文的表意略有出入。

因此，综上所述，翻译例3的关键是把握原文的两个关键性空间意象。一是原文对空间布局的刻画，凸显了空间布局的紧凑精巧；二是从人的视角对空间景物进行描述，使得峰回路转的空间设计理念更为明显。以这两个标准来衡量，霍克斯和乔利的译本更好地实现了原文的空间叙事效果。二者均保留了原文人的视角，呈现了原文的动态空间，并在选词上侧重原文景物曲折、繁茂意象的传达。

第二，《红楼梦》中的宏观空间叙事主要是通过散布在不同章节中的同一主题或意象叙事，来获得特定的叙事效果。例如黄云皓（2006：100）认为"怡红院最突出的是一个'幻'字"。《红楼梦》的一个叙事主线是顽石历世。作为历世的神瑛侍者，贾宝玉在凡间的住所怡红院被作者描述成一个"迷幻"之地，以凸显"神人交通的连贯性"（孙树勇，2017：90）。这种"迷幻"正是通过宏观空间叙事建构起来的。《红楼梦》中对怡红院的细节性描写主要有两处，分别是第十七回的众人游大观园以及第四十一回的刘姥姥醉卧怡红院。另外，在第二十七回、三十六回、五十六回等也有从贾芸、宝钗等视角对怡红院的描写。总体来看，有关怡红院的空间叙事包含两类要素：物象描写和人物位移。物象描写突出了式样繁多且镂空的隔断（花罩、隔架、隔扇）、碧纱橱、穿衣镜，通过同类物象并置凸显空间的迷幻性；人物位移的描写突出了"迷、隔、挡、阻、忽见、却、竟、原来、不意、碰、撞、摸、找、掩"等字眼，主要是借助贾政、刘姥姥、贾芸等不同人物的聚焦，建构起"不合常规、不可预判"的迷幻性空间叙事意义。可以说，有关怡红院的空间元素是围绕"迷幻"这一主题意蕴呈橘瓣样排列的，是一种宏观空间叙事。那么在翻译中，译者应该借助整体性思维捕捉这种意蕴，并运用恰当的策略和方法使其在译文中重现。因篇幅有限，下文特选《红楼梦》第十七回和第四十一回中两段有关怡红院的描写加以评析。

例4：

原文：原来贾政等走了进来，未进两层，便都迷了旧路，左瞧也有门可通，右瞧又有窗暂隔，及到了跟前，又被一架书挡住。回头再走，又有窗纱明透，门径可行；及至门前，忽见迎面也进来了一群人，都与自己形相一样，——却是一架玻璃大镜相照。及转过镜去，益发见门子多了……说着，忽见大山阻路。众人都道："迷了路了。"

例4原文是《红楼梦》第十七回中贾政等人视角下的怡红院。原文主要借助人物位移，通过"迷、隔、挡、阻"等表达建筑空间的迷幻性，以及"未进……便都、也有……又有及到……又被、再……又有、及至……忽见……却是及……益发……多了"等表达人的"迷茫"感，打造了"迷幻"主题。

杨戴译：After passing two partitions Jia Zheng and his party lost their way. To their left they saw a door, to their right a window; but when they went forward their passage was blocked by a bookshelf. Turning back they glimpsed the way through another window; but on reaching the door they suddenly saw a party just like their own confronting them — they were looking at a big mirror. Passing round this they came to more doorways...Now another hill barred their way and they no longer had any sense of direction;

总体来看，杨戴译本更偏写实，注重的是与原文语义层面的对应，语气上多为陈述式。虽然"but、glimpse the way、blocked、suddenly、pass round、bar、no longer had any sense of direction"等表达还原了原文空间的迷幻性，但这种迷幻性在译文中略有减弱。例如，原文"左瞧也有门可通，右瞧又有窗暂隔"通过两个"又有"表现出人物视角下的空间不确定性，而在译文中，这一表意并没有被表达出来。

霍译：Jia Zheng, after taking no more than a couple of turns inside this confusing interior, was already lost. To the left of him was what appeared to be a door. To the right was a wall with a window in it. But on raising its portiere he discovered the door to be a bookcase; and when, looking back, he observed— what he had not noticed before— that the light coming in through the silk gauze of the window illuminated a passage-way leading to an open doorway, and began walking towards it, a party of gentlemen similar to his own came advancing to meet him, and he realized that he was walking towards a large mirror. They were able to circumvent the mirror, but only to find an even more bewildering choice of doorways on the other side...but soon found themselves at the foot of a tall 'mountain'. 'Follow me!' said Cousin Zhen, amused at the bewilderment of the others, who were now completely at sea as to their whereabouts.

霍克斯的译文更偏意象化，将原文语言形式所蕴含的空间意象明晰化，因而读者更容易领悟原文的空间叙事意图。例如，译者使用"appeared/discovered to be、what he had not noticed before、realized、only to find、found themselves"等表达建筑布局给人物带来的迷茫感，添加"confusing、bewilderment"等词强调迷惑感。在选词方面，使用"illuminate"凸显光线给空间造成的虚幻性，使用"circumvent"比使用"pass round"更能体现空间的阻隔性。总而言之，霍译本中"迷幻"性的表达更为丰富，更好地传达了原文的空间主题意蕴。

乔译：Chia Cheng had actually stepped in; but scarcely had they reached the second stage, before the whole party readily lost sight of the way by which they had come in. They glanced on the left, and there stood a door, through which they could go. They cast their eyes on the right, and there was a window which suddenly impeded their progress. They went forward, but there again they were obstructed by a bookcase. They turned their heads round, and there too stood windows pasted with transparent gauze and available door-ways: but the moment they came face to face with the door, they unexpectedly perceived that a whole company of people had likewise walked in, just in front of them, whose appearance resembled their own in every respect. But it was only a mirror. And when they rounded the mirror, they detected a still larger number of doors... but, as they uttered these words, they unawares realised that a lofty hill obstructed any further progress. The whole party felt very hazy about the right road.

乔利注重语言形式上的忠实，意在还原原文的空间景物和布局，用"scarcely、lose sight of the way、suddenly、unexpectedly hazy about"等表达空间布局的出其不意，用"impede、obstruct"等表达原文空间的阻隔性。但乔利译本并没有着力渲染原文的空间意象，只是还原原文的客观景物。

邦译：As a matter of fact, when Chia Chêng walked in, before he had got to the second suite, he was uncertain about the way by which he had come. When he looked to the left there was a door through which he could go. When he looked to the right there was a window which interrupted his passages. When he went straight on in front, he was obstructed by a case of books. When he turned his head there was a window of silk which looked clearly through to a path leading to a door. When he came in front of the door he suddenly saw that right facing him was a group of men coming towards him whose appearance was the same as theirs. It was a big glass mirror. When he turned and went past the mirror, at one and the same time he saw that there were many doors.

邦斯尔译本注重的是自然空间。译者从人物视角出发，用"uncertain、interrupt、obstruct、suddenly"等表达人物在空间中的迷失感，其对空间迷幻性的渲染程度比乔利译本略低。

综上所述，在对原文迷幻空间的传达方面，霍克斯译本采用了明晰化的方式，将隐含于原文语言形式之下的空间迷幻性凸显了出来，更有利于读者领会原文的叙事效果。因此，从空间意象传达的明晰化程度来看，霍克斯译本最强，杨戴译本和乔利译本次之，邦斯尔译本最弱。

例5：

原文：抬头一看，只见四面墙壁玲珑剔透，琴剑瓶炉皆贴在墙上，锦笼纱罩，金彩珠光，连地下踩的砖，皆是碧绿凿花，竟越发把眼花了，找门出去，那里有门？左一架书，右一架屏……原是西洋机括，可以开合。不意刘姥姥乱摸之间，其力巧合，便撞开消息，掩过镜子，露出门来。

例5原文出自《红楼梦》第四十一回"刘姥姥醉卧怡红院"，作者通过刘姥姥醉酒后误入怡红院一系列误打误撞的经历，侧面刻画了怡红院空间的奇幻性，与第十七回中对怡红院空间布局的正面描写相呼应。可以看出，作者在不同的章节中，通过不同人物的视角不断地展现怡红院空间布局的迷幻性，从而在宏观上生成了怡红院的迷幻意象。鉴于怡红院是贾宝玉的住所，这种迷幻性又与全书的"梦"意象紧密勾连，突出了虚幻和现实交织在一起的叙事主线。从这个意义上看，译者在传达原文的景物描写时，不能单纯地将其视为故事背景，而是要凸显原文字里行间、景物设置中所暗含的叙事意图。以此为标准，我们来看一下四个英译本对以上空间叙事的还原度。

杨戴译：She lifted this, stepped through and looked around. The four walls here were paneled with cunningly carved shelves on which were displayed lyres, swords, vases and incense-burners. They were hung moreover with embroidered curtains and gauze glittering with gold and pearls. Even the green glazed floor-tiles had floral designs. More dazzled than ever, she turned to leave — but where was the door?" To her left was a bookcase, to her right a screen... For this mirror had western-style hinges enabling it to open or shut, and she had accidentally pressed the spring which made it swing back, revealing a doorway.

杨戴译本对此处空间的描写基本忠实于原文。例如，原文"玲珑剔透、锦笼纱罩、金彩珠光、碧绿凿花"等用词不只是描写物品的属性，还凸显了怡红院内陈设的精致和富贵。杨戴译本用"cunningly carved、embroidered、glittering、glazed"，基本表达出原文空间装饰光彩炫目的感觉，这与后面"dazzled（目眩的）"形成合理的逻辑闭环。之后的"accidentally、revealing"也忠实地传达了原文中刘姥姥误打误撞找到出路的含义，但"乱摸之间，其力巧合"这一描述空间亦真亦幻的表达在译文中并未体现，这在一定程度上降低了原文中的空间叙事效果。

霍译：In the room she now entered, everything, from the top of the surrounding walls, delicately incised with shapes of swords, vases, musical instruments, incense-burners and the like, to the lavish furnishing below, in which the weaver's glowing art combined with gleam of gold and orient pearl, and thence down to the very floor of brilliantly patterned green glazed tiles beneath her feet, was such as to make even more dazzled the eyes of an already intoxicated old woman. She looked for the way out - but where was it?" To the left of her there was a bookcase, to the right a screen... The mirror was in fact a kind of door. It had a West Ocean mechanism by which it could be opened or closed, and Grannie Liu, in feeling around it, had accidentally touched the spring which had made the mirror slide back into the panelling, revealing the doorway underneath.

　　霍克斯译本充分考虑了译文读者的接受能力，因而对原文的空间进行更加明确的切分，并将原文的叙事意图进一步细化。例如，在空间布局的部分，霍克斯用 "everything" 一词统领下文，明确主题；使用 "from the top of、below、thence down to" 三个表达指明了空间内上、中、下的空间切割；使用 "delicately、lavish、glowing、gleam、brilliantly、glazed" 等来描述空间物品的炫目。因此，相比杨戴译本，霍克斯译本在空间描述上更加细腻，更能凸显了空间布局的华贵和精致，从而使原文的叙事主题更加清晰。在本段的后半部分，作者通过刘姥姥的一系列动作刻画了空间的迷幻性，对于熟悉中国式建筑风格的读者来讲，从原文的空间布局中领会作者的叙事意图或许并不难，但对于西方读者来讲，他们读到的可能仅仅是室内陈设。因此，霍克斯通过添加 "the mirror was in fact a kind of door（这面镜子实际上是一种门）" 来明晰这里的空间布局。从阅读体验感来看，提前明确机关设置反而会使原文丧失神秘感，降低读者的阅读兴趣，因此，此句并无添加的必要。之后，霍克斯选用的 "feel around、accidentally touch、reveal" 等词，形象地还原了原文中刘姥姥在陌生的空间中误打误撞、找到出路的场景，侧面凸显了此处空间的迷幻性。

　　乔译：Upon raising her head, and casting a glance round, she saw the walls, artistically carved in fretwork. On all four sides, lutes, double-edged swords, vases and censers were stuck everywhere over the walls; and embroidered covers and gauze nets, glistened as brightly as gold, and shed a lustre vying with that of pearls. Even the bricks, on the ground, on which she trod, were jadelike green, inlaid with designs, so that her eyes got more and more dazzled. She tried to discover an exit, but where could she find a doorway? On the left, was a bookcase. On the right, a screen... This mirror was, in fact, provided with some western mechanism, which enabled it to open and shut, so while goody Liu inadvertently passed her hands, quite at random over its surface, the pressure happily fell on the right spot, and opening the contrivance, the mirror flung round, exposing a door to view.

乔利译本有两处比较特别，第一处是对"金彩珠光"的理解。杨戴译本、霍译本和邦译本均将其理解成真正的金子和珍珠，而乔利则将其理解成"glistened as brightly as gold, and shed a lustre vying with that of pearls（散发着金子和珍珠一样的光芒）"。原文中的"金彩珠光"具体指什么尚未有权威考据，因而两种理解皆有可能。乔利的这种理解，与后文中的"jadelike"一起，突出了空间装饰的光感。第二处是对刘姥姥一系列动作的描述。乔利译本对刘姥姥动作的刻画更加细腻，通过"inadvertently、quite at random、happily fell on the right spot"表达了刘姥姥误入怡红院后行为的无目的性和找到出路的巧合性，而"the contrivance、exposing"则表现出空间设置的迷幻性。从这个方面看，乔利的译文忠实地传达了原文的迷幻空间叙事效果。

邦译: She saw that the walls on the four sides were very elegantly ornamented. Lutes, swords, vases, censers, were all stuck on the walls. There were brocaded baskets and gauze covers, the brilliance of gold and the brightness of pearls. Even the bricks of the floor on which she trod were jade green chiseled with flowers. Altogether they made her eyes more blurred than ever. She searched for the door to go out. But where was there a door? On the left a case of books. On the right the frame of a screen... As a matter of fact it was an ingenious mechanism from over the western ocean which could open and shut. Without intending to do so, while old Mrs Liu was feeling about at random, her strength was just right and by her touch she set the mechanism off which closed the mirror and revealed a door.

邦斯尔译本对空间设置的描述基本忠实于原文。例如，邦斯尔用"very elegantly ornamented"来表达这里的富贵空间，之后选用"brilliance、brightness"表达室内装饰的绚丽，用"even、jade"表达不可思议的奢华，这些基本表达了原文的叙事意图。但邦斯尔用"blurred"一词表达"眼花"，这值得商榷。原文中描写刘姥姥眼花不单是为了说明刘姥姥醉酒后视线模糊不清的状态，更是为了说明空间装饰的绚丽给人带来的目眩感，而"blurred"似乎无法表达这种"目眩"的含义。此外，邦斯尔描写刘姥姥的动作部分时使用"as a matter of fact、ingenious"，表达出原文虚虚实实的迷幻性，通过"without intending to do so、feel about at random、reveal"表达刘姥姥行为的无主性，从而侧面反映了人物所处空间的迷幻特征。

综上所述，例 5 原文对怡红院空间的侧面刻画与例 4 原文对怡红院空间的正面刻画一脉相承。作者通过散布在不同章节的空间叙事，围绕一个"迷幻"主题来凸显文本的叙事意图，对这种宏观空间叙事效果的把握需要译者具备全局观，从作者零散的叙事中抽出主线，并在译文中表达出来。同时，考虑到中西文化和叙事方式的差异性，个别情况下译者可能需要采用明晰化的翻译方法来凸显原文的空间叙事意图。从以上四个译文来看，霍克斯译本对原文空间的"迷幻"性特征表达得最为明显，该译本能够解读出隐含在空间物品描写中的原文叙事意图，并通过增词、释译等将其在译本中凸显出来。相比之下，杨戴译本和邦斯尔译本对原文空间精致性和炫目性的刻画较为突出，而乔利译本和霍克斯译本对原文中刘姥姥视角下的空间迷幻性描写比较细腻。

第三，社会空间叙事。如果说微观空间叙事和宏观空间叙事多是文本内因素参与空间建构，而社会空间叙事通常是将文本外的社会文化因素纳入叙事中来，使其成为文本空间建构的一部分。通常来讲，读者要想解读社会空间叙事，就必须了解与叙事相关的社会文化信息。《红楼梦》中的诸多因素具有社会空间叙事意义，如服饰、建筑所蕴含的社会等级意义，竹、梅等蕴含的社会文化意义，以及各类地名所隐含的地理空间意义等。由于中西社会文化的差异，《红楼梦》中大部分空间叙事所负载的社会文化意义在英语文化中常是缺省的状态，直译可能会造成原文叙事效果的丢失，因此，译者常需要采取一定的补偿和变通策略。且看以下译例：

例 6：

原文：又行了半日，忽见街北蹲着两个大石狮子，三间兽头大门，门前列坐着十来个华冠丽服之人。正门却不开，只有东西两角门有人出入。

例 6 出自《红楼梦》第三回林黛玉初入贾府时看到的场景。在原文中，"大石狮子，兽头大门"在中国建筑文化中均是权贵的象征，预示了贾府极高的社会等级。以上空间叙事社会象征意义如何传通到译文中是一个难题。

杨戴译：After what seemed a long time they came to a street with two huge stone lions crouching on the north side, flanking a great triple gate with beast-head knockers, in front of which ten or more men in smart livery were sitting. The central gate was shut, but people were passing in and out of the smaller side gates.

霍译：After being carried for what seemed a very great length of time, she saw, on the north front of the east-west street through which they were passing, two great stone lions crouched one on each side of a triple gateway whose doors were embellished with animal-heads. In front of the gateway ten or so splendidly dressed flunkeys sat in a row. The centre of the three gates was closed, but people were going in and out of the two side ones.

乔译：After they had also been a considerable time on the way, she suddenly caught sight, at the northern end of the street, of two huge squatting lions of marble and of three lofty gates with（knockers representing）the heads of animals. In front of these gates, sat, in a row, about ten men in coloured hats and fine attire. The main gate was not open. It was only through the side gates, on the east and west, that people went in and came out.

邦译：When she had been on the way long time she suddenly saw on the North of the street two huge squatting stone lions and three great doorways with figures of animals at the ends of the roof ridge. In front of the door ten or twenty men with ornamented hats and fine attire were sitting on other side. The main door was not open, but at two side-doors on the East and West there were men going in and out.

首先，我们看一下"石狮子"的译法。在中国文化中，宅邸门前的石狮子象征着权势、地位，而英文中的"lion"同样具有"权力、权威、尊贵"等象征意义。因此，四个译本将"狮子"直译为"lion"，能够表达原文的空间象征意义。其次，"兽头大门"是指大门上的拉手，形如兽头，有辟邪的寓意。而"三间兽头大门"在清代则是二品以上的官员才具有的建筑形制，象征着社会地位和官员的品阶，此处作者提到"三间兽头大门"，无疑是侧面衬托贾府的权贵地位。从文化寓意来看，杨戴译本将"兽头"译为"beast"。虽然没有直译汉语文化中"兽"的形状，但表达了"驱邪"的文化功能，比其他三个译本使用的"animal"一词更能体现原文的意图。从社会功能看，"三间兽头大门"在中国文化中寓意等级的功能在英语文化中是缺失的，因而译者需要采用补偿手法，通过突出门的规格来凸显贾家的社会地位。邦斯尔将"大门"译为"doorway"显然不如其他三位译者的"gate"或"gateway"更能表达这一功能，且杨戴译本使用的"great triple gate"以及"lofty gates"更能体现门的巍峨雄伟。此外，从门的物质属性来看，霍克斯译本的"triple gateway whose doors were embellished with animal-heads（兽头装饰的三重门）"以及邦斯尔译本的"three great doorways with figures of animals at the ends of the roof ridge（屋脊上有动物塑像的三重门）"与原文的意思存在出入。原文中的"正门"和"角门"也是区分人物身份的建筑形制。身份尊贵者出入"正门"，身份略逊者出入"角门"。从这个意义上看，杨戴译本用增译的方式将"角门"译为"the smaller side gates"，通过建筑外形尺寸的大小来区分身份等级，同时将"正门"译为"central gate"，传达了中国文化以"中"为上的理念，一定程度上传达了原文建筑的社会功能。

由上可见，空间叙事为文学文本意义的建构和阐释提供了新途径。在《红楼梦》的小说叙事中，空间元素众多，且对故事情节的发展和人物形象的塑造起着重要的推动作用，这种空间叙事是文本意义和美学功能的重要实现形式。空间叙事意义的生成方式众多，它可以生成于微观的场景化描写，也可以生成于宏观的语篇重复性叙事，同时，空间元素的社会功能也赋予了空间特定的社会叙事意义。

第五章　民俗文化叙事与英译

按照刘宓庆的文化分类[①]，民俗文化是"习俗和文化行为"，属于"行为文化"范畴。这里谈到的"习俗行为"是"一种历时性社会约定行为"，"常与某一社区、集体、氏族、群落或民族行之远古的规约和体制有关，与人们的传统观念有关"[②]。由此可见，民俗文化是特定区域或特定种群关系的人所共享的文化，更多地体现为一种约定俗成的文化规约。民俗文化的这种特定性也是翻译中的难点，因此，本章将以《红楼梦》为例，重点分析民俗文化的概念内涵、类别、特点以及文学作品中民俗文化的英译问题。

第一节　何为民俗文化

一、民俗文化

民俗是近年来文化研究和翻译研究的热点。那么，何为民俗？钟敬文[③]认为，"民俗是人类每个社会群体所共同具有的人文现象"；陈华文[④]认为，"民俗"是一种自在的存在，在其表象之后，是民俗学家正在揭示的深刻的文化意象，即"一种民族的、区域的集体无意识"。陈华文进一步指出，"民俗是在历史过程中创造，在现实生活中不断重复，并得到民众（特定区域、国家、民族）认同的，成为群体文化标志的独特的生活方式"。由以上"民俗"的定义可以看出，民俗主要有三个方面的特点：一是群体普遍性，即民俗是某个特定群体内的主体共有行为，

① 刘宓庆.文化翻译论纲 [M].北京：中译出版社，2016.

② 同①.

③ 钟敬文.民俗文化学：梗概与兴起 [M].北京：中华书局，1996.

④ 陈华文.民俗文化学 [M].杭州：浙江工商大学出版社，2014.

是了解该群体最重要的窗口；二是独特性，即民俗只存在特定的群体内部，在其他社会群体中不存在或较少存在；三是传承性，即民俗具有相对固定的社会文化内涵，是特定群体的文化记忆，在群体的内部代代相传。

民俗文化就是文化视角下的民俗。杨实和[①]认为，"民俗文化是一个民族内部长期形成的有别于其他民族的生活习惯、行为定式和文明范式"。钟敬文[②]认为民俗文化是"世间广泛流传的各种风俗习尚的总称"。陈华文[③]认为民俗文化就是从文化角度研究民俗学，将民俗作为文化背景下的内容考察，重新定义民俗的价值、作用、意义。由以上论述可以看出，不同的学者对民俗文化概念的侧重不同，且在民俗所涉及的群体范围和层级方面也存在不同意见。例如，钟敬文对民俗文化的定义侧重民俗本身，而陈华文则凸显民俗的文化内涵、文化价值、文化功能、文化意义。从民俗涉及的群体来看，陈华文认为民俗所涉及的群体包括特定区域、国家和民族群体，而钟敬文认为民俗涉及的群体包括民族的或区域的，杨实和认为民俗是民族的。此外，从民俗所涉及的群体层次来看，钟敬文[④]认为"中国内部有着文化层次的区别，中下层文化（包括民俗）是其基础部分"。钟敬文进一步指出"民俗不是靠文字传承的，是民众后天习得的知识、行为的一部分，虽然发生和传播不靠文字，但记录需要文字"。由此可见，钟敬文认为"民俗"主要指文化的中下层部分，即庶民、百姓或民众的群体生活方式。而陈华文与杨实和对民俗的表述并没有作层级的区分。

综上所述，民俗文化不应该狭义地以民族为区分标准，也不应该有群体层次的区分。民俗文化应该是在特定区域、国家或民族群体内部长期形成、不断传承且被群体内成员所认同和共享的、具有群体独特性的生活行为。民俗文化具有重要的功能和价值，是"民族文化的基础部分"[⑤]，是一个文化群体特有的生活方式、观念习俗、行为规约等的集中体现，具有"集体性、类型性（模式性）、传承性、相对稳定性与变革性、规范性与服务性"特性[⑥]。由此可见，民俗文化是一个复杂

---

① 杨实和.红楼梦文化论 [M].郑州：河南人民出版社，2019.

② 钟敬文.民俗文化学：梗概与兴起 [M].北京：中华书局，1996.

③ 陈华文.民俗文化学 [M].杭州：浙江工商大学出版社，2014.

④ 同②.

⑤ 同②.

⑥ 同②.

的系统，既包括民俗物质生产文化，也包括民俗精神文化，不同类型的民俗文化在翻译中的侧重也有所不同。因此，在讨论民俗文化的翻译之前，我们需要明确民俗文化的分类。

二、民俗文化分类

钟敬文[①]认为民俗文化包括物质生产民俗、物质生活民俗、社会组织民俗、岁时节日民俗、人生礼仪、民俗信仰、民间科学技术、民间口头文学、民间语言、民间艺术、民间游戏娱乐等，陈华文[②]将民俗文化分为物质民俗文化、社会民俗文化、精神民俗文化和娱乐民俗文化。综合以上分类方式，本文将民俗文化按照形态归纳为物质民俗文化、社会民俗文化、精神民俗文化、娱乐民俗文化和文学语言民俗文化五类。

物质民俗文化主要指物质财富以及用于消费物质财富的方式，包括与特定群体的衣、食、住、行等相关的文化习俗等。物质民俗文化涉及的内容广泛，与物质生产和物质消费均有关联，涵盖"生产民俗中的农、牧、渔、猎民俗文化，匠作建筑民俗、交易商贸民俗和生活民俗中的饮食民俗、服饰民俗、居住民俗以及为了人们生活得更舒适的用具民俗等"[③]。在《红楼梦》中，此类物质民俗文化比比皆是。如袍子、剑袖、对襟、厚底镶鞋、凤冠霞帔等各类民俗服饰，念珠、香袋、玉玦、包头、观音兜等各类民俗配饰，合欢花酒、吉祥果、如意糕等民俗饮食，压岁钱、纸钱、隐身符、寿木、长生牌位、羊酒等民俗物件，以及室内梅、兰、竹、蝙蝠等各种建筑装饰，这些都是当时物质民俗文化的真实反映。

社会民俗文化主要指与家庭、宗族等有关的民俗文化，具体指与人相关的礼俗以及延伸出的家庭、家族、乡里的民俗文化，还包括与人的诞生、婚姻、丧葬、节日、社会组织规约等有关的各类习俗。例如，《红楼梦》中与生辰、成长有关的民俗包括抓取（抓周）、戴寄名锁、留头等，与丧葬有关的民俗包括浇浆饭、举旗幡、守制、斋戒、殉葬、起经、发引、前亡后化、捽丧、出殡、送殡、打祭、路祭、道恼等，与婚礼嫁娶有关的民俗包括递庚帖、备羊酒、吃交杯盏、三媒六

---

① 钟敬文.民俗文化学：梗概与兴起 [M].北京：中华书局，1996.
② 陈华文.民俗文化学 [M].杭州：浙江工商大学出版社，2014.
③ 同②.

聘、门当户对、和婚、放定、过礼、拜堂、坐床撒帐、拜天地、入洞房、揭盖头、回九等，与年节祭祀有关的民俗包括糊门神、祭扫、拜影、门礼、请神主、备表礼等，与节日有关的民俗包括放年学、忌针线、虎符系臂、吃粽子、乞巧、祭宗祠、办年事等，与宗族礼制有关的民俗包括嫡妻、老爷、孺人、堂族、西宾、同宗、内兄等宗亲称谓。

精神民俗文化以信仰为主要内容，以超自然崇拜、宗教观念等民间信仰为基本表现形式。精神民俗文化包括对天、地、江、河、湖、泊等自然物的崇拜，对祖先的崇拜等。例如，《红楼梦》中提到的投胎入世，包括焚香、献礼、献帛、献爵等重要年节的祭祀行为，此外，积功德、还愿、随喜、超度、修斋、斋戒、布施等都与人的超自然崇拜和宗教信仰有关，反映了中国特有的精神民俗文化。

娱乐民俗文化主要包括让生活充满快乐和色彩的民俗文化样式，具体表现为竞技、杂耍、节日活动和日常娱乐等。娱乐民俗文化的功能不在"娱乐游戏"，它的"深层目的是通过娱乐，达到人神和谐的境地，从而使生产、生活或社会平安、吉祥、有序发展"①。《红楼梦》中的娱乐民俗文化形式主要有放晦气、斗草、过会、观社火、猜酒令、猜灯谜、摸骨牌、击鼓传梅等。

文学语言民俗文化主要指反映在书面或口头语言形式中的民俗表达形式，如谚语、俗语、俚语等。民俗语言是民俗文化的重要表现形式，是民间思想、观念、行为、惯例、规约等的语言凝练，具有重要的民俗文化价值。《红楼梦》中亦不乏丰富的文学语言民俗形式，如"百足之虫，死而不僵""夯雀儿先飞""表壮不如里壮""病来如山倒，病去如抽丝""朝廷还有三门子穷亲戚"等。这些语言民俗文化不但展示了特定群体的独有文化观念，也塑造了说话者生动、鲜明的人物形象，丰富了小说的故事情节。

由上可见，民俗文化本身涉及一个庞大的体系，它既包含物质形态，也包含精神形态，具有多层次性。因此，探讨民俗文化翻译的问题需要将民俗文化分层看待，针对不同的民俗文化形态确定翻译的侧重点，从而在翻译实践中作出恰当的取舍或补偿。

---

① 陈华文. 民俗文化学 [M]. 杭州：浙江工商大学出版社，2014.

三、民俗文化翻译

在中国传统文论中，"意象"是一个重要的概念术语。"意"是审美主体的意志、心智、情意、旨趣等心理内涵，表现于艺术作品则指思想含义、情理内容、精神境界；"象"来自于物，又不是单纯的物，是形象和想象的共鸣，"有关的感受和知觉的经验（象）在头脑中的重现、重组、概括和提升，最终达到艺术的境界（意）"①。文化意象由物象（physical image）和寓意（Connotation）两部分组成，物象是一种感性经验，寓意是抽象的思想或情感。文化意象是具有相对固定、独特的文化涵义的文化符号，具有互文性的本质②。由此可见，民俗文化意象基本由两部分组成：一是民俗文化事项，包括有形的物和行为；二是民俗文化寓意，包括文化所赋予事项的社会功能、思想、情感等额外涵义。文化意象的传达不但涉及意义，还关乎审美。

以文学文本为载体讨论民俗文化的翻译，就必然要涉及文化性和文学性的平衡问题，不能一味地为了追求文化的忠实而牺牲文本的可读性、审美性等文学特征，也不能一味地为了追求文学价值而扭曲或遮蔽文化因素的传达。例如，《红楼梦》属于小说，小说中使用民俗文化因素一是为故事情节做背景铺垫，二是承担一定的叙事功能，服务于人物形象的塑造并推动小说叙事的发展。因此，民俗文化翻译的忠实性不是一个绝对的概念，而是涉及实现程度的问题。译者需要在具体的文本语境内判断民俗文化因素所承担的各类功能，以达到有限的忠实度。而译者的取舍往往受翻译目的、翻译定位、出版要求等诸多外部因素的影响，因此，需要综合各类因素来评价民俗文化的翻译效果。以下试举《红楼梦》中有关民俗文化物项和事项的几例予以分析：

首先，《红楼梦》第三章中提到贾宝玉随身佩戴的"寄名锁""护身符"等民俗文化物项。"寄名锁"源于旧时迷信，"因怕幼儿夭亡，将其寄于他人或寺庙名下做干儿干女或弟子，谓之'寄名'"，被寄名方给幼儿金属锁状物，使其戴在脖颈上，就是"寄名锁"③。由此可见，"寄名锁"有为佩戴者祈福免灾的文化功能。

① 王天越.古诗词中文化意象的"不可译"现象——兼谈文化意象的解读与审美 [J]. 同济大学学报（社会科学版），2001（4）：72-76.
② 顾建敏.关联理论视域下的文化意象互文性及其翻译 [J]. 外语教学，2011，32（5）：110-113.
③ 李希凡，冯其庸.红楼梦大辞典 [M]. 北京：文化艺术出版社，2010.

同样,"护身符"是在宗教文化中,人将"经典、神像、符咒"等佩戴于身上,以辟邪免灾^①。不论是从物质形态还是精神形态上,"寄名锁"和"护身符"在英文中都没有完全对应的表达。下面我们看一下不同英译本是如何翻译这两个物项的。"寄名锁"被分别译为"a lock-shaped amulet containing his Buddhistic name(杨戴译本)""a padlock-shaped amulet(霍译本)""amulet of Recorded Name(乔译本)""a clasp inscribed with his name(邦译本)"。"寄名锁"作为一个物项,其构词方式是"文化功能+物质属性"。在原文语境中,"寄名锁"是贾宝玉佩戴的一系列配饰之一,且原作者并没有特别描述这一物项。因此,考虑到文本的可读性,此处"寄名锁"宜保留原文的这种构词模式,避免长篇的增译或释译。在以上四个译文中,邦译本使用的"clasp"只表示可以扣住的物体,并不能表达"锁"的外形,因此,在物质属性上与原文不符。乔译本表达出"amulet(护身符)"的功能和"Recorded Name(记录名字)"的使用方式,但丢掉了"锁"的基本属性,因而忠实度不够。相较而言,杨戴译本和霍译本更准确地表达了原文的功能和属性。其中,杨戴译本用"lock-shaped"表达物质形态,用"amulet"表达"寄名锁"用以辟邪的文化功能,用"containing his Buddistic name"表达"寄名锁"的基本内涵和宗教属性,偏向于传达原文的文化内涵。霍译本用"padlocked-shaped"更进一步阐明该锁是可悬挂的锁,用"amulet"表达"寄名锁"的文化功能,其译文比杨戴译文简洁,可读性较强,偏向于迎合译入语读者的阅读审美。"护身符"被分别译为"lucky charm(杨戴译本和霍译本)""phylacteries(乔译本)""charm to protect him from danger(邦译本)"。与"寄名锁"相似,"护身符"也是"文化功能+物质属性"的构词结构。在以上译文中,乔译本选用的"phylacteries"一词源于犹太文化,常被用来保存摩西五经的经文,通常被放置在犹太人祷告时的前额和左臂上,以求庇护,之后引申出护身符、辟邪符等象征意义。由此可见,该词在文化功能上与中国的"护身符"相仿,但在物质属性和文化渊源上并不能表达原文的含义,因而有文化格义之嫌。杨戴译本和霍译本将"符"译为"lucky charm","charm"意为随身佩戴的小饰物,有驱邪功能,因而与原文"符"的内涵对应,同时,两个译本以"lucky"为修饰语,突出了"护身符"的祈福功能,传达了原文的含义。相比之下,邦译本用"protect him from danger"表达"护身"

---

① 李希凡,冯其庸.红楼梦大辞典[M].北京:文化艺术出版社,2010.

的含义，表达的是护身符"趋利避害"的文化功能，同样传达了原文的含义。

其次，在《红楼梦》中有多处对中国丧葬民俗文化进行的细节化描写，比较典型的有第十三回、十四回中对秦可卿葬礼的描写，其中提及诸多丧葬民俗物项，以下将对这些民俗文化物项的翻译进行评析：

"彩棚"是旧时的丧葬用品，是为举行丧祭而搭建的棚，也称丧棚。清代"《都门汇纂·时尚·棚匠》：'京师搭盖丧棚，工细绝伦，点缀有花木鸟兽之形；起脊大棚有瓦垅、柁头、稳兽、螭头之别，以及照墙、辕门、钟鼓楼，高插云霄'"①。可见，"彩棚"是具有鲜明民俗色彩的文化事项，且其搭建工艺和裱饰也存在差异，不同规格的彩棚也可以反映葬礼的规格以及主家的社会地位。《红楼梦》第十四回中写道，"走不多时，路旁彩棚高搭，设席张筵，和音奏乐，俱是各家路祭：第一座是东平王府祭棚，第二座是南安郡王祭棚，第三座是西宁郡王，第四座是北静郡王的"。这段话不但交代了"彩棚"在葬礼中的使用方式，也侧面反映了秦可卿葬礼异乎寻常的隆重和奢华。以上"彩棚"的文化内涵在英文中并没有对应项，我们且看几个译文对"彩棚"的翻译方式。"彩棚"被分别译为"stands with coloured silk awnings（杨戴译本）""decorated funeral bowers（霍译本）""variegated sheds（乔译本）""lofty ornamented booths（邦译本）"。杨戴译本用"stands"表达"彩棚"容纳宾客的功能，用"awnings"表达出"棚"的含义，用"colored silk"表达出"彩棚"的外观以及所用材质的珍贵，基本传达了原文的物质属性，但没有凸显"彩棚"作为丧葬民俗物项的核心特征。霍译本用"decorated、bower"表达"棚"的物质属性，强调"彩棚"像"凉亭"一样的外观和装饰性特征，用"funeral"点出"彩棚"的丧葬用品属性。但美中不足之处在于，霍译本没有强调"彩棚"的高规格，使原文的叙事效果有所减损。乔译本使用的"variegated"强调的是各种颜色混杂在一起形成的斑驳感，这与"彩棚"鲜明、绚丽的色彩意象不符，"sheds"为棚屋，能够表达"彩棚"的物质属性。邦译本用"lofty"表现出"彩棚"的高大，体现了原文突出逝者身份和葬礼规模的叙事意义，"ornamented"表达了"彩棚"的装饰性外观，而"booth"用以表达"棚"的概念。但"booth"常指容量较小的电话亭、岗亭等，这与原文"棚"的含义存在出入。综上所述，以上四个译本从各自的理解出发，凸显了"彩棚"的某一个层面，同时也存在一

---

① 李希凡，冯其庸. 红楼梦大辞典 [M]. 北京：文化艺术出版社，2010.

些欠缺。如果融合以上译本的优点，我们或许可以得到一个可以兼顾原文语义和语用的译法，如将其译为"lofty funeral stands with decorated awnings"。

"铭旌"与"彩棚"类似，也是旧时的丧葬用品，"以绛帛为铭旌、广终幅，长短历代依官职品位不同而有异，上书死者姓名、官衔，用竹竿挑起，竖在灵柩或灵堂之右"①。可见，"铭旌"在礼俗上也与人的等级、身份有关。《红楼梦》第十四回写道："一夜中灯明火彩，客送官迎，那百般热闹，自不用说的。至天明，吉时已到，一般六十四名青衣请灵，前面铭旌上大书……"从前面热闹、宏大背景的描述到"铭旌上大书"这一表达，我们可以看出秦可卿葬礼使用的"铭旌"规格颇高。"铭旌"被分别英译为"great funeral banner"（杨戴译本和霍译本）、"streamer"（乔译本）和"flag"（邦译本）。"banner""streamer""flag"均可表达"可以书写标语的旗帜"这一含义，但原文的"铭旌"既有作为丧葬用品的民俗文化含义，又有凸显逝者以及主家地位的社会叙事意义，从这个意义上看，乔译本和邦译本将"铭旌"译成了普通名词，丢失了原文的文化意义。相比之下，杨戴译本和霍译本用"great"表现出"铭旌"的高规格，用"funeral"表达了"铭旌"的丧葬用品属性，比较忠实地再现了"铭旌"这一民俗文化意象。

"守节"是具有鲜明民俗特色的事项。旧时妇女丈夫去世后不再嫁便被称为"守节"，是旧时封建社会对妇女道德的一种不公平的评价标准。《红楼梦》第四十九回说道，"贾母和王夫人因素喜李纨贤惠，且年轻守节，令人敬伏，今见他寡婶来了，便不肯令他外头去住"，这里表明在封建社会的长辈眼中，李纨的年轻守节是一种优秀的品德。以上语境中的"守节"被分别译为"admirable conduct since her husband's untimely death"（杨戴译本）、"virtuous young woman who, having lost her husband at an early age, bore widowhood with fortitude and restraint"（霍译本）、"her continence in remaining a widow at her tender age"（乔译本）和"in her youth she had elected to remain single"（邦译本）。在以上译文中，杨戴译本出于文化自觉，弱化了"守节"的文化意象，用"admirable conduct（令人钦佩的行为）"避开了"守节"一词中的文化内涵，是一种有意识的文化译出行为。相比之下，其他三个译本均表达了"守节"所蕴含的"丈夫去世后不再嫁"的文化含义。其中，霍译本和乔译本分别用"fortitude and restraint"以及"continence"突出了"守节"，

---

① 李希凡，冯其庸. 红楼梦大辞典 [M]. 北京：文化艺术出版社，2010.

这可以让西方读者从西方禁欲主义的角度来理解"守节"的含义，带有文化归化的意味。而邦译本则去掉了丈夫去世这一前提，没有表达出"守节"的准确内涵。综上可见，文化翻译受到诸多因素的影响，文化差异、译者身份、翻译动机、出版目的等都会影响到译者的翻译选择。我们在评价译本的翻译质量时，只有将上述外在因素考虑在内才能做到客观公正的评价。例如，如果只考虑译文的忠实度，那么杨戴译文肯定算不上优秀的译文。但如果从译者的文化身份和文化立场来看，我们就可以发现，杨戴译本从传播中国文化的角度出发，巧妙地去掉了对原文理解不起关键作用的、负面的文化信息，这是一种文化意识的体现。而从文化传播和接受的角度看，霍译本和乔译本均采用释译的方式，解释了"守节"的基本内涵，并通过添加"fortitude、restraint、continence"等关键词，为译文读者提供了理解原文化的最佳关联信息，其文化传播和效果俱佳。所以，民俗文化，尤其是民俗文化事项的翻译往往牵扯诸多因素，因而其评价标准不应该是单一文本层面的，而应该是多元的。

综上可见，民俗文化物项不但表达了其物质形态的含义，还蕴含了民俗文化意象，并在文本中承担了一定的叙事意义。民俗文化的翻译批评需要综合考虑文本内和文本外的因素，在具体的语境中判定其最突出的语义和最重要的功能，并以此为评价标准。鉴于民俗文化包罗万象，层次多样，类别多样，本章将从服饰文化、节日文化和颜色文化三个方面对民俗文化的翻译作具体分析。

第二节 服饰文化叙事与英译

一、何为服饰文化

从民俗文化的形态来看，服饰文化应该属于民俗文化的物质形态。不同文化因其所在地域以及所属种群的不同，在服饰的质地、款式、做工、色彩等方面也千差万别。可以说，服饰是人类文明的标志，标志着人类从自然生物转向文明生物。从文化的角度看，服饰文化是服饰所承载的物质文化和精神文化的双重意义，是社会文明、特定的群体观念以及个体偏好的集中体现。

二、《红楼梦》中的服饰文化

中国传统文学作品中一向存在服饰描写的偏好，这些文学文字记录了中国服饰的发展轨迹，是我们了解中国服饰民俗及其演变的窗口。正如胡文彬[①]所言，文学作品"原生态意义的服饰描写，形象而生动地反映了不同历史时期、不同民族风格的服饰样态以及人们的审美情趣，填补了历史阙失和空白"。由此可见，文学作品对服饰文化的描述，对中国服饰史的研究作出了重要的贡献。服饰文化作为民俗文化的一部分，可以反映群体或个体的价值观念、行为方式、社会规约和身份地位等，这些因素借用到文学作品的创作中，通过作者的精心编排而实现一定的文学目的，如推动情节发展、塑造人物形象、营造审美氛围和效果等，这对文本文学性的实现起到了重要的推动作用。由此可见，服饰文化和文学作品是相辅相成的互助关系。在文学作品中讨论服饰文化，就必须了解文本和文化的这种勾连。

中国的服饰历史悠久、品式繁多，而《红楼梦》更是当时中国服饰文化大观。据沈炜艳[②]统计，《红楼梦》全书共有 51 回写到服饰，涉及词语共 211 条，"其中第三回（20 条）、第六回（6 条）、第八回（9 条）、第四十九回（22 条）、第五十一回（6 条）、第五十二回（12 条）、第六十三回（9 条）、第七十回（6 条）写到的服饰数量最多，且具有意义"。

《红楼梦》中的服饰描写不但涉及满、汉等不同民族，也涉及王公贵族、世家公子、下等仆人等不同等级，僧侣、尼姑、俗人、商人等不同身份的人。因此，服饰不但展示出中国传统、悠久、高超的服饰做工技艺，也彰显了与之相关的人物身份、地位和所处社会环境等。例如，《红楼梦》第三回中对贾宝玉出场时的服饰描写涉及"束发嵌宝紫金冠""二龙抢珠金抹额""二色金百蝶穿花大红箭袖""五彩丝攒花结长穗宫绦""石青起花八团倭缎排穗褂""青缎粉底小朝靴"等。以上服饰无论是从质地还是从设计来看，均体现了中国古代服饰的精美和工艺的高超，同时也体现了穿衣者的地位。例如，"嵌宝紫金冠"兼有宝石和紫金，紫金为"紫磨金，一种精美的金子……古云半两钱，即紫金。今人用赤铜和黄金

① 胡文彬.红楼梦与中国文化论稿 [M].北京：中国书店，2005.
② 沈炜艳.《红楼梦》服饰文化翻译研究 [M].上海：中西书局，2011.

为之"①。"金抹额"用料为金线。"二色金"花纹"全部用金、银两种线织出。一般以金线为主，少部分花纹用银线装饰"②。"石青"是蓝铜矿一般的蓝色，"清代衣面除黄色，以石青色最为贵重"③。"倭缎"是"福建、漳州等地仿日本织法织成的缎子"（同上）。以上材质，连同"百蝶穿花、攒花结、二龙抢珠"等图案或服饰样式，均彰显了服饰用料的贵重和稀有，并侧面反映了穿衣者的高贵身份。再如，曹雪芹对《红楼梦》中"北静王"这位身份神秘且高贵的人物的刻画也多通过服饰。第十五回中写道："话说宝玉举目见北静王水溶头上戴着洁白簪缨银翅王帽，穿着江牙海水五爪龙白蟒袍，系着碧玉鞓带，面如美玉，目似明星，真好秀丽人物。"其中，"洁白簪缨银翅王帽""江牙海水五爪龙白蟒袍""碧玉红带"侧面刻画了北静王的身份。"簪缨"是"古代官吏的冠饰，因以喻显贵"，王帽又称堂帽，具有金底，帽上铸有金龙，"缀黄色绒珠，后有朝天翅两根，两耳垂黄丝穗，为戏曲中皇帝所戴盔帽"④。"江牙海水"一般为龙袍或蟒袍下端的图饰，有"一统山河，万世升平"之意。"蟒袍"也称为"花衣"，是"清代皇子、亲王、郡王以下，文武八、九品官以上，凡遇典礼，皆穿蟒袍"。"玉带"为镶玉的皮革带，"明制帝、后、亲王、郡王用镶玉鞓带，凡内阁大臣未晋位至公、侯者，不敢用玉带，因而玉带极为尊贵"⑤。由此可见，以上服饰的制式描写无不透露着北静王与皇家的关系。此外，曹雪芹对妙玉服饰的描写也颇具深意。妙玉是"金陵十二钗"之一，是带发修行之人。在《红楼梦》第一百零九回中，作者这样描写妙玉的服饰："只见妙玉头带妙常髻，身上穿一件月白素绸袄儿，外罩一件水田青缎镶边长背心，拴着秋香色的丝绦，腰下系一条淡墨画的白绫裙，手执麈尾念珠，跟着一个侍儿，飘飘拽拽的走来。"这里谈及的妙玉服饰包括"妙常冠""月白素绸袄儿""水田青缎镶边长背心""秋香色的丝绦""淡墨画的白绫裙"，与以上贾宝玉和北静王的服饰相比，妙玉的服饰自然素淡了许多。这里的"妙常冠"也称"妙常巾"，为带发修行的尼姑所戴，巾顶由两块梯形缎料拼缝而成。两侧有飘带一副，上绣若干"佛"字。帽后连缀六片扁圆形布片，中间也各绣一"佛"字，这一装束表

---

① 李希凡，冯其庸.红楼梦大辞典[M].北京：文化艺术出版社，2010.

② 同①.

③ 同①.

④ 同①.

⑤ 同①.

明了妙玉修行之人的身份，之后的"月白素绸袄儿""水田青缎""白绫裙"等组成了妙玉衣着"白""青"两色的素色主调，与其人素洁的性格相呼应。其中，"水田"是古代服装的一种制式，各色碎布拼接而成即为"水田衣"，这种制式与"袈裟"相仿，也是"袈裟"的别名，这无疑与妙玉佛门中人的身份进一步呼应。

由上可见，《红楼梦》中的服饰描写与故事情节和人物塑造有千丝万缕的联系。沈炜艳[①] 在其《〈红楼梦〉服饰文化翻译》一书所引用脂评本中的一段话形象地说明了《红楼梦》中服饰描写的细致与精彩，以及服饰和人物之间的关系："宝琴翠羽斗篷，贾母所赐，言其亲也。宝玉红猩猩毡斗篷，为后雪披一衬也。黛玉白狐皮斗篷，明其弱也。李宫裁斗篷是多啰呢，昭其质也。宝钗斗篷是莲青斗纹锦，致其文也。贾母是大斗篷，尊之词也。凤姐是披着斗篷，恰似掌家人也……只一斗篷，写得前后照耀声色。"[②] 这说明，服饰在曹雪芹的构思中具有重要的叙事功能。同一服饰与不同人物的搭配，以及不同服饰与同一人物的搭配，往往与特定的场景、特定的故事情节以及人物的特定身份有关。正如在上例中，人物的性格、身份、关系等均通过对一个斗篷的描写体现出来。

目前对《红楼梦》中服饰文化的研究逊于饮食、建筑、医药等其他类文化的研究。已有研究主要集中在以下三个主题：一是《红楼梦》中服饰制式的考证，二是《红楼梦》中服饰的叙事功能，三是《红楼梦》中服饰的翻译研究。

第一，对《红楼梦》服饰的考证主要涉及服饰的朝代、时期、民族，以及服饰的实写或虚写等问题。例如华梅[③] 认为个别《红楼梦》的服饰沿用了汉代服饰。郭若愚[④] 认为《红楼梦》反映了清代初期的服饰。启功[⑤] 则认为《红楼梦》中的服饰既有实写也有虚写，其中涉及男性的多为虚写，涉及女性的多为实写，涉及年轻女性的多为实写，涉及年老女性的多为虚写。

第二，对《红楼梦》中服饰叙事功能的研究，主要包括服饰描写对小说情节的推动以及对人物形象的塑造等功能。例如，朱琴[⑥] 分析了《红楼梦》中的服饰

① 沈炜艳.《红楼梦》服饰文化翻译研究 [M]. 上海：中西书局，2011.

② 同①.

③ 华梅. 华梅谈服饰文化 [M]. 北京：新华出版社，2001.

④ 郭若愚.《红楼梦》风物考 [M]. 西安：陕西人民出版社，1996.

⑤ 启功. 启功给你讲红楼 [M]. 北京：中华书局，2006.

⑥ 朱琴.《红楼梦》中服饰风格与人物整体形象设计的研究 [J]. 名作欣赏，2011（36）：183-184.

风格与人物整体形象之间的关系，认为社会地位、环境氛围和个体差异等是造成服饰风格差异的原因，而这种差异又体现了不同的人物性格特征，如贾宝玉服饰的华贵和女性化描写、王熙凤服饰的高贵与奢华、薛宝钗服饰的朴素淡雅以及史湘云着衣风格的洒脱与男子气概等。梁琨[①]认为《红楼梦》中的服饰具有叙事意义和文化功能，服饰描写促进了作品的空间流动、空间聚焦、节奏推动和形象塑造，同时也是对《红楼梦》作者及成书时间考证的重要依据。《红楼梦》中斗篷、披风、裤子、绣花鞋、簪子、玉、寄名符等服饰的重复出现，反映了作者的叙事意图，突出了相关人物的形象。

　　第三，《红楼梦》服饰翻译研究主要涉及服饰的考证及其翻译，服饰中所蕴含的文化意义、文化意象的翻译等。例如，张慧琴、徐珺[②]从文化协调的视角对比了《红楼梦》杨宪益、戴乃迭译本和霍克斯、闵福德译本对王熙凤服饰的翻译，认为《红楼梦》中的服饰文化具有鲜明的地域性和民族性特征，在社会需求、读者需求、舆论导向等各种因素的影响下，译者需要寻找文化共核、协调文化差异，实现不同程度的文化再现。黄彩霞、王升远[③]分析了《红楼梦》首个日语全译本《国译红楼梦》对服饰文化的解读及翻译，认为该译本在对服饰文化的注释上存在不少误读，反映了中国服饰文化的独特性给译者带来的难题。沈炜艳[④]结合定性和定量分析方法，以《红楼梦》前80回中的173条服饰描写词语为基本语料，以杨宪益、戴乃迭译本和霍克斯、闵福德译本为基础，系统、全面地分析了《红楼梦》服饰文化的翻译，论及内容具体涉及人物服饰的描写与翻译，官服、僧服等典型服饰的描写与翻译，服饰色彩的描写与翻译以及服饰文化翻译策略的对比等。值得注意的是，沈炜艳的研究虽然论及了服饰描写与人物形象的关系，但在文化翻译策略的分析中并没有着重阐释这种叙事在译文中的呈现效果，而更多是从文化翻译的视角去分析服饰文化在译文中的解读与翻译。

　　综上所述，已有研究在《红楼梦》服饰文化的考证，服饰文化描写与小说的社会背景、人物关系、人物性格、情节设置等之间的关系，以及服饰文化的解读

---

① 梁琨.《红楼梦》中服饰描写的叙事意义及文化功能 [J]. 红楼梦学刊，2020（4）：121-139.

② 张慧琴，徐珺.《红楼梦》服饰文化英译策略探索 [J]. 中国翻译，2014, 35（2）：111-115.

③ 黄彩霞，王升远. 日译《红楼梦》对中国文化的解读与翻译——以《国译红楼梦》的注解问题为视角 [J]. 红楼梦学刊，2017（6）：296-313.

④ 沈炜艳.《红楼梦》服饰文化翻译研究 [M]. 上海：中西书局，2011.

和翻译传播等方面取得了一定的研究成果，为本研究奠定了良好的理论和语料基础。《红楼梦》的服饰文化是作者用以建构自己小说世界的重要工具，对推动小说的叙事起着举足轻重的作用，而在翻译视角下对《红楼梦》服饰文化叙事的分析还有待进一步拓展。因此，下文将以《红楼梦》中典型的服饰文化叙事为典型案例，以杨宪益、戴乃迭译本，霍克斯、闵福德译本为基础，对比分析不同译者的服饰文化翻译策略。

三、《红楼梦》服饰文化的英译分析

如前文所述，从本质上看，服饰文化属于文化的物质态，因此，物质属性的准确传达是服饰文化翻译的基本标准。在物质形态的基础上，服饰文化又兼具精神态。服饰的材质、样式等往往与特定的社会文化、人物身份等相关。在小说等叙事文本中，作者常常利用服饰的这种精神态达到其叙事效果和叙事目的。由于中西文化的差异，因此在翻译中往往需要在服饰文化的物质态和精神态，以及文本的可读性之间作出取舍，那么文本的叙事语境和叙事意图就成为译者选择的重要参考。以下我们通过几个典型案例来看一下服饰在《红楼梦》叙事中的解读与翻译：

例1：

原文：头上戴着束发嵌宝紫金冠，齐眉勒着二龙抢珠金抹额；穿一件二色金百蝶穿花大红箭袖，束着五彩丝攒花结长穗宫绦，外罩石青起花八团倭缎排穗褂；登着青缎粉底小朝靴。

例1原文描写的是《红楼梦》第三回中贾宝玉初次登场时的装束，上文已对其中的服饰内涵略作分析，以下是四个英译本对其服饰文化的翻译和叙事效果的重构：

杨戴译：He had on a golden coronet studded with jewels and a golden chaplet in the form of two dragons fighting for a pearl. His red archer's jacket, embroidered with golden butterflies and flowers, was tied with a coloured tasselled palace sash. Over this he wore a turquoise fringed coat of Japanese satin with a raised pattern of flowers in eight bunches. His court boots were of black satin with white soles.

　　杨戴译本对原文服饰因素的还原度较高。如在"青缎粉底小朝靴"中，青缎是"黑缎"，粉底是"白色鞋底"，杨戴译本将其直译为"court boots were of black satin with white soles"，忠实地表达了原文的含义。从文化叙事的层面看，杨戴译本在选词上并不拘泥于对服饰细节的描述，而是通过使用上义词的方式，避免服饰在西方文化中的缺省给翻译带来问题，并在选词上注重对原文叙事效果的传达。例如，在"紫金冠"的翻译上，译者并没有具体翻译"紫金"这一材料属性，而是简单地用"golden"表达其基本质地和外在视角上的光感，并用"coronet（王子、贵族等戴的小冕冠）"一词突出原文"冠"所隐含的佩戴者的社会地位。与此类似的还有"石青"的译文"turquoise"。"石青"是中国社会中贵族才能使用的颜色，有象征高贵的文化寓意。同样，"turquoise"是一种蓝绿色的宝石，在英语文化中被视为一种高贵、优雅、豪华的颜色，常被用于高档的服饰和装饰中，且有辟邪之文化功能。因此，"turquoise"能够凸显着衣者的身份，保留原文的叙事效果。但不可否认的是，由于服饰在英语文化中的缺省问题，很多服饰样式无法在英文中找到对应的表达，因而难免出现译文与原文存在偏差的情况。例如，"抹额"这一配饰在西方文化中并不存在，因此，无法在英文中找到与其对应的表达。杨戴译本使用的"chaplet"一词一般指用花、叶或珠宝编成的可以佩戴于头上的花冠，其装饰功能与"抹额"相似，但文化内涵存在很大差异。"抹额"上常绣有代表吉祥、祝福的图案和字样，反映了人们对美好生活的祈望。同时，抹额在冬天还有保暖的功效。可见，抹额所负载的诸多文化寓意和文化功能是"chaplet"无法表达的，译者此处或许是考虑到译本的可读性，从而采用了归化的翻译策略。像"紫金""二色金"等服饰材料的翻译，杨戴译本一律采用了简化的方式，突出"golden（金）"的成分，以渲染服饰的华贵。此外，杨戴译本将"箭袖"也简化为"archer's jacket（弓箭手的衣服）"，但这种译法值得商榷。原文中的"箭袖"是一种袖制，一般为窄袖，前窄后宽，多为胡服制式，利于射箭和保暖，并不单纯是弓箭手穿的服装。且原文对贾宝玉服饰的描述有偏女性化的一面，而"archer's jacket"则凸显硬朗的男子气概，与原文的服饰叙事意图不符。

　　霍译：The young gentleman who entered in answer to her unspoken question had a small jewel-encrusted gold coronet on the top of his head and a golden headband low down over his brow in the form of two dragons playing with a large pearl. He was wearing a narrow-sleeved, full-skirted robe of dark red material with a pattern of flowers and butterflies in two shades of gold. It was confined at the waist with a court girdle of coloured silks braided at regular intervals into elaborate clusters of knotwork and terminating in long tassels. Over the upper part of his robe he wore a jacket of slate-blue Japanese silk damask with a raised pattern of eight large medallions on the front and with tasselled borders. On his feet he had half-length dress boots of black satin with thick white soles.

霍克斯的译文更加注重对服饰制式和材质的细节性传达。这里需要指出的是，霍译本使用的《红楼梦》底本与杨戴译本不同，其中，"束发紫金冠"在霍译本所使用的底本中是"束发嵌宝紫金冠"，在杨戴译本使用的底本中是"束发紫金冠"，因而霍译本比杨戴译本多了"jewel-encrusted（镶满珠宝的）"这一表达。霍译本对原文叙事效果的还原主要体现在典型服饰的用词以及细节化的翻译方式上。从用词的角度看，霍译本用"gold"表达紫金的含义，直接将"紫金"等同于"金"，目的是去掉不必要的文化理解障碍，凸显服饰的华贵性，以实现原文的叙事意义。在"二色金"的翻译上，霍译本通过"two shades of gold（两种不同色度的金色）"表达原文"二色金"中金、银二色交织的刺绣工艺，突出了衣服的精美和手工刺绣技艺的高超。在"大红"色的翻译方式上，霍克斯对"红"和"大红"进行了色度的区别，将大红译为"dark red"，这种译法同样表明了穿衣者的身份和地位，因为在中国文化中，"红色"具有丰富的象征意义，可以彰显地位、表达喜庆、凸显青春活力。因此，霍克斯用"dark red"一词保留了中国颜色文化的这种含义，也侧面反映了贾宝玉的地位。但在"石青"色的翻译上，霍译本使用的"slate-blue"一词要逊于杨戴译本的"turquoise"，因为"slate-blue"仅仅表达浅蓝色，常用于描述石头、纸张或其他类似材料的颜色，在英文中没有文化象征意义。此外，对服饰文化的细节性处理是霍克斯译本的一大特点。例如，在"抹额"的翻译方面，显然霍译本使用的"headband"一词比杨戴译本的"chaplet"更准确地描述了"抹额"的材质和样式。同样，在"箭袖"的翻译方面，霍译本依旧秉持了文化异化的观念，用释译的方式传达了"箭袖"服所具有的"narrow-sleeved（窄袖的）""full-skirted（下摆宽松的）"特征，避免了文化的格义。在"束着五彩丝攒花结长穗宫绦"的翻译中，霍克斯用了"court girdle of coloured silks braided at regular intervals into elaborate clusters of knotwork and terminating in long tassels"，这更为详尽地传达了中国古装的精致和复杂，达到了体现人物身份的叙事效果。读者可能会认为这会增加阅读时的认知负担，但除专家学者，中国普通读者在阅读原文繁多的服饰样式等，也会有认知的负担，但正是对服饰的细腻刻画，才能反映出贾宝玉高贵的身份。经典文学作品不同于速食小说，它里面的叙事深意需要读者仔细、多次品读后才能发觉，这也有助于经典小说文学审美性的实现。在"青缎粉底小朝靴"的翻译上，霍克斯将"小"翻译为"half-length（半高的）"，将"朝靴"翻译为"boots... with thick white soles"。在中国文化中，鞋或靴底的厚薄通常与人的身份相关，靴底越厚，代表人的身份越高。霍克斯此译或许是想通过"厚底"的表达来凸显原文中"朝靴"的文化意义和叙事意义，但这里需要指出的是，"厚底"象征高贵身份的文化含义在西方是不存在的，那么在不加注释的情况下如此意译是否能让译文读者领会原文的文化象征意义也值得商榷。不过总体而言，霍克斯对服饰文化如此细腻的刻画反映了他对中国服饰文化的深入了解。可以说，霍克斯更加详细、精准地表达了原文服饰的物质态，而这种细节性的刻画又表现出以上服饰工艺的复杂，侧面反映了该服饰的精美以及穿衣者身份的高贵。

乔译：He was, in fact, a young man of tender years, wearing on his head, to hold his hair together, a cap of gold of purplish tinge, inlaid with precious gems. Parallel with his eyebrows was attached a circlet, embroidered with gold, and representing two dragons snatching a pearl. He wore an archery-sleeved deep red jacket, with hundreds of butterflies worked in gold of two different shades, interspersed with flowers; and was girded with a sash of variegated silk, with clusters of designs, to which was attached long tassels; a kind of sash worn in the palace. Over all, he had a slate-blue fringed coat of Japanese brocaded satin, with eight bunches of flowers in relief; and wore a pair of light blue satin white-soled, half-dress court-shoes.

乔译本对原文服饰描写的传达更侧重于语言表达形式的对应，但过于机械的语言对应导致译者对服饰的文化层面和叙事层面关注不足，从而导致了文化误译。例如，"紫金冠"的"冠"是中国古人用来束发的一种饰品，与"cap（帽子）"是完全不同的两种物件。在"抹额"的翻译方面，"circlet"在英语中一般指的是小型的冠状头饰，通常由布料、丝绸或金属制成，形状像一个小皇冠。它的高度通常较低，而且不会覆盖整个头部。因此，"circlet"与"抹额"在形状和功用上有所不同，不能直接对应。此外，乔利对"二龙戏珠"的翻译也值得商榷。相比，杨戴译本用"fight"凸显二龙"抢"珠的激烈感以及霍译本用"play"表达"戏"的表演性，乔利使用的"snatch"一词通常表达一种强烈的渴望或迫切的需求，通常带有一些紧迫感或焦虑，可以用于描述人们争夺某种资源或机会，或者在某种竞争或冲突中争夺胜利，但"snatch"这种带有焦虑感的抢在感情色彩上与原文不符。不过乔利译本中也不乏忠实于原文服饰文化物质态的案例，例如，将"紫金"译为"gold of purplish tinge"，将"宫绦"译为"a kind of sash worn in the palace"，将"大红箭袖"译为"archery-sleeved"等，以上均相对准确地传达了原文的服饰内涵。

邦译：On his head he wore a gold cap inlaid with gems to bind his hair. Level with his eyebrows was tied a metal forehead-band in the form of two dragons playing with a pearl. He had a robe with deep-red narrow sleeves ornamented with a hundred butterflies among flowers of gold and silver, bound with a Palace girdle of five-colors silk flowers collected into clusters, and tied with long tassels and, outside, a dark green jacket made with eight large round designs of flowers made of Japanese silk and edged with a fringe. He was shod with green satin small court boots with powdered soles.

邦译本中与以上译本中相似的译例不再赘述，此处仅举两处服饰文化误译的例子予以探讨。首先，在"二龙抢珠金抹额"的翻译方面，邦斯尔将抹额的材质译为"metal（金属）"不符合事实，因为抹额一般由貂皮、布、帛等所制。由此，邦斯尔将"二龙抢珠"翻译为"in the form of two dragons playing with a pearl（两条龙戏珠的形式）"会让读者误解为"二龙抢珠"是金属质地的立体形状，而实际上，"二龙抢珠"是"金抹额上的纹饰"（李希凡、冯其庸，2010：47）。其次，邦斯尔将"青缎粉底小朝靴"译为"green satin small court boots with powdered soles"也略有不妥。在颜色的选择上错误地将"青"理解为"green（绿色）"。但相比之前三个译本，邦斯尔译本对某些文化细节的把握比较准确，例如，邦斯尔将"二色金"译为"gold and silver"是一种比较写实的译法，因为，"二色金"

确实是指由金、银二色线织成的花纹。总体来看，邦斯尔比较注重对原文服饰物质态的传达，但对原文叙事效果的关注不够。

综上所述，杨戴译本和霍克斯译本整体上更加忠实于原文的服饰文化内涵和服饰叙事功能，但因为译者的翻译目的和风格不同，所以译者的选择和取舍也有所不同。可以说，就此段话的翻译而言，杨戴译本更加简洁，侧重对原文叙事意图的传达，总体上偏文化归化，而霍克斯译本对服饰的描写相对详细，兼顾了原文服饰文化和叙事效果的传达，总体上偏文化异化。

例 2：

原文：话说宝玉举目见北静王水溶头上戴着洁白簪缨银翅王帽，穿着江牙海水五爪坐龙白蟒袍，系着碧玉红鞓带，面如美玉，目似明星，真好秀丽人物。

例 2 原文描写的是第十五回在秦可卿的葬礼上，贾宝玉眼中的北静王形象。如前文所述，曹雪芹在《红楼梦》中没有明确说明北静王的身份，但从其出场不多的几次人物对话、服饰举止描写中可以看出，北静王身份高贵，与皇家关系密切，且与贾家也保持着良好的关系。因此，对于北静王这个出场不多的人物来讲，有关他的外貌、服饰等描写是了解其人性格、身份等的重要途径，下面且看不同英译文对例 2 原文的翻译。

杨戴译：Looking up, Baoyu saw that the Prince of Beijing had on a princely silver-winged cap with white tassels, a white robe embroidered with zigzag wave patterns and five-clawed dragons, and a red leather belt studded with green jade. With his face fair as jade, his eyes bright as stars, he was truly a handsome figure.

在原文的服饰描述中，"王帽""五爪龙""蟒袍""红鞓带"均具有社会文化象征意义，反映了北静王身份的尊贵。杨戴译本除了用"princely cap"表达北静王可能是亲王或郡王身份，其他地方均没有体现北静王的皇家身份，如"五爪龙"直译为"five-clawed dragons"，其内涵的身份象征意义在翻译中丢失，"蟒袍"被意译为"robe"，其内涵的权势意义荡然无存，在"江牙海水"中，"牙"又作"涯"，"蟒袍下端的弯曲线条称'水脚'，水脚之上有波涛翻滚的水浪，水浪之上又立有山石宝物，俗称为'江牙海水'"[①]。江牙海水有吉祥、统一的美好寓意，而杨戴译本将其意译为"zigzag wave patterns"，只是传达了海浪的形状，海浪的波涛起伏

---

① 李希凡，冯其庸.红楼梦大辞典 [M].北京：文化艺术出版社，2010.

及其文化寓意并没有被展现出来。因此可以看出，杨戴译本只是基本译出了原文服饰的外观，对服饰文化象征意义和叙事意义的凸显不够明确。

霍译：Looking up, Bao-yu saw that Shui Rong's princely headgear was embellished by way of mourning with white bands, a white hatpin, and filigree silver 'wings'. As a further token of mourning his robe, though heavily bordered with a 'tooth and wave' design of rainbow-coloured stripes and gold-emblazoned with the royal five-clawed dragon, was of a white material. It was confined at the waist by a red leather belt, studded with green jade. The splendid costume, the luminous eyes, the finely chiselled features really did make him an arrestingly handsome young man.

相比杨戴译本，霍克斯译本有意识地通过增词的方式突出原文服饰的文化象征意义，以反映北静王的人物形象和身份。例如，霍克斯将"五爪龙"翻译为"royal five-clawed dragon"。"龙"在中国文化中是尊贵的象征，"五爪龙蟒袍"是郡王级别的服饰规制，但"龙"的这种象征意义在英文中并不存在，因此，如果直译的话，原文的文化内涵就会丢失，叙事效果会减弱。因此，霍克斯增译的"royal"一词简洁准确地表达了"五爪龙"象征皇家权势的文化功能，保留了原文的叙事效果。此外，在服饰文化意义的传达方面，霍克斯对"白色"的处理也值得一提。"白色"在中国文化中是丧葬仪式的主要色彩，常与"哀悼"之意相关。但在英语文化中，白色则是婚礼的常用颜色，具有纯洁、神圣的文化象征意义。在例2原文中，北静王参加秦可卿的葬礼，其着装中的"净白"和"白蟒袍"体现了得体的举止和良好的修养，但英文中的"white"一词没有任何与丧葬关联的含义。因此，霍克斯增译了"mourning"一词，降低了译文读者的认知难度。霍克斯的译本总体上能够体现原文的文化内涵和叙事意图，但在一些小的细节方面对原文的语义把握不太准确。例如，如前文所述，"江牙海水"中的"牙"同"涯"，指水浪之上的山石宝物，霍克斯将其译为"tooth"似有不妥。

乔译：When Pao-yu raised his eyes, he noticed that Shih Jung, Prince of Pei Ching, wore on his head a princely cap with pure white tassels and silvery feathers, that he was appareled in a white ceremonial robe, (with a pattern representing) the toothlike ripple of a river and the waters of the sea, embroidered with five-clawed dragons; and that he was girded with a red leather belt, inlaid with white jade. That his face was like a beauteous gem; that his eyes were like sparkling stars; and that he was, in very truth, a human being full of graceful charms.

乔译本对原文中隐含的某些文化信息作了凸显，如将"白蟒袍"译为"white ceremonial robe"，突出了白色在中国葬礼中的运用；将"碧玉"译为"white jade"，使其与"white ceremonial robe"中的"white"相呼应，体现出白色代表丧葬的文化内涵。但除此之外，乔译本并没有特别关注服饰描写的叙事功能，且个别地方存在误译。例如，"簪"是固定发髻或冠的长针，"缨"是结冠的带子，系于颌下。乔利将其合译为"tassels（流苏）"，与原文不符。"银翅"是饰银的帽翅，而乔译本中的"silver feathers（银色羽毛）"显然不能表达这一含义。此外，乔译本将"江牙海水"直译为"toothlike ripple of a river and the waters of the sea（牙齿形状的河海波涛）"有机械对应原文语言形式之嫌，并没有表达出"江牙海水"的内涵。由此可见，由于乔利译本成书较早，可以参考的资料有限，且囿于译者语言学习式的翻译定位，因此一些深层次的文化因素和叙事意图在乔利的译本中并没有体现出来。

邦译：The story tells that Pao-yu lifted up his eyes and saw that Shih-jung the Prince of Pei-ching was wearing on his head a pure white royal hat with red tassels fastened to it and silver wings. He was attired in a white ceremonial robe, adorned with five-clawed dragons from the waters of the Chiang-ya sea, fastened with a girdle with a green jade and a red leather sheath. His face was like fine jade. His eyes were like bright stars. He was truly a handsome specimen of a man.

邦译本的翻译同样注重服饰物质态的表达，且在语义上基本忠实于原文。但正是这种语义上的机械对应导致了个别地方的文化翻译出现错误。例如，在颜色的选择上，邦斯尔将"簪缨"译为"red tassels（红色的流苏）"令人费解，且"簪缨"与"流苏"并非同一物品。"江牙海水"被译为"waters of the Chiang-ya sea"，说明译者囿于翻译条件，并没有对"江牙海水"的纹样、文化功能和寓意等进行深入的考证。

综上可见，无论从物质属性，还是文化象征、文学叙事的角度，霍克斯的译本整体上更忠实于原文。该译本不但通过全息式的翻译策略，再现原文服饰的物质形态，同时通过增词等方式，突出服饰的文化寓意，如其在译文中对"white"

与"mourning"相关联。更重要的是,霍克斯通过增加"royal"等词汇,将服饰代表的社会等级意义以及服饰描写与北静王之间的关系明晰化,一定程度上达到了原文的叙事效果。

例3:

原文:头上戴着金丝八宝攒珠髻,绾着朝阳五凤挂珠钗;项上带着赤金盘螭璎珞圈;身上穿着缕金百蝶穿花大红云缎窄裉袄,外罩五彩刻丝石青银鼠褂;下着翡翠撒花洋绉裙。

例3原文是《红楼梦》第三回王熙凤出场时的着装,可以说,作者此处对王熙凤着装的刻画是详细且密集的,说明了王熙凤在全书中的重要地位。王熙凤的服饰中有与贾宝玉服饰相似的因素,如"白蝶穿花"图案、"大红""石青"的色系等无不彰显着人物身份的尊贵。除此之外,"金丝八宝攒珠髻""朝阳五凤挂珠钗""赤金盘螭璎珞圈"等华贵的配饰,也与王熙凤泼辣、外放的性格相呼应。下文将分析《红楼梦》四个英译本对以上服饰文化叙事的重构情况。

杨戴译: Her gold-filigree tiara was set with jewels and pearls. Her hair-clasps, in the form of five phoenixes facing the sun, had pendants of pearls. Her necklet, of red gold, was in the form of a coiled dragon studded with gems. She had double red jade pendants with pea-green tassels attached to her skirt. Her close-fitting red satin jacket was embroidered with gold butterflies and flowers. Her turquoise cape, lined with white squirrel, was inset with designs in coloured silk. Her skirt of kingfisher-blue crepe was patterned with flowers.

杨戴译文从可读性和叙事效果考虑,将原文繁琐的服饰制作工艺进行了简化。例如,"金丝八宝攒珠髻"中的"八宝"是指各色的珠宝,"攒珠"是用金、银丝把珍珠串扭成各种花样。杨戴译本并没有纠结于对该配饰外观的描述,而是提炼出"gold-filigree(金银丝线)""珠宝(jewels)""pearls(珍珠)"等几个关键性的因素,突出配饰的珠光宝气。同时,杨戴译本将原文配饰元素之间的位置和搭配关系用各种逻辑词凸显出来,为读者呈现了配饰的立体画面。例如,杨戴译本将"朝阳五凤挂珠钗"译为"hair-clasps, in the form of five phoenixes facing the sun, had pendants of pearls",通过添加"in the form of"明确了"朝阳五凤"的立体制式。"赤金盘螭璎珞圈"被译为"necklet, of red gold, was in the form of a coiled dragon studded with gems"，同样通过添加 "in the form of, studded with" 呈现了璎珞圈的外形。但杨戴译文中原文一些文化因素的丢失也值得关注。例如，"盘螭"是"盘绕的螭"。在中国文化中，"螭"与"龙"略有不同，螭是一种无角的龙，最早出现在青铜器上，一般被认为是女性的象征，如"螭虎"就被用来形容女性的刚猛、英俊、亮丽。而"龙"是一种至高无上的象征。在古代，龙是皇权的象征，只有帝王才能使用龙的形象。由此可见，"螭"的这种文化象征与王熙凤英气漂亮的外貌以及精明能干、善于管理的男子性格十分契合。但遗憾的是，杨戴译本将"螭"译为"dragon"模糊了"螭"与"龙"的文化差异，可能会让读者产生对王熙凤身为女子却能戴"龙"的疑惑。同样，"凤"在中国古代文化中也象征着权势和地位。王熙凤能够佩戴"朝阳五凤"的头饰，说明她在贾府非同一般的地位。而英文中的"phoenix"多寓意再生、不朽和复兴，与人的身份地位无关。因此，将"凤"译为"phoenix"导致了原文文化意义的部分丢失，同时也削弱了叙事效果。

霍译：Her chignon was enclosed in a circlet of gold filigree and clustered pearls. It was fastened with a pin embellished with flying phoenixes, from whose beaks pearls were suspended on tiny chains. Her necklet was of red gold in the form of a coiling dragon. Her dress had a fitted bodice and was made of dark red silk damask with a pattern of flowers and butterflies in raised gold thread. Her jacket was lined with ermine. It was of a slate-blue stuff with woven insets in coloured silks. Her under-skirt was of a turquoise-coloured imported silk crepe embroidered with flowers.

霍译本的总体风格是对王熙凤服饰的细节性刻画。译者秉持其一贯的全译风格，尽可能地译出原文所有信息。例如，霍克斯将"朝阳五凤挂珠钗"译为"a pin embellished with flying phoenixes, from whose beaks pearls were suspended on tiny chains"。其中，霍克斯用"flying"表达"五凤"的形态。相比杨戴译本写实的译法，霍克斯的译法更偏向于写意，突出了凤生机盎然的姿态，同时也反映了王熙凤性格中的活力。在翻译"挂珠"时，霍克斯添加了"from whose beaks... on tiny chains"的信息，准确地描述了"珠链"是从凤凰的喙中挂出的外观。再如，霍克斯将"缕金百蝶穿花大红云缎窄裉袄"译为"dress had a fitted bodice and was made of dark red silk damask with a pattern of flowers and butterflies in raised gold thread"。其中，"窄褙袄"被译为"dress had a fitted bodice（合身的连衣裙上身）"。这里的"窄"并不是狭窄、尺码小的意思，而是剪裁合身的意思，与宽松的版式形成对比。因此，霍克斯将其翻译为"fitted"非常准确，而"bodice"一词也表达出该服饰的制式，即"旧时衣裙的上半身"。而在"袄"的翻译上，译者似乎是为了降低读者的阅读负担，将其概译为"dress"，这对原文文化和叙事意义的传达并无太大损伤。在翻译其他服饰因素时，霍克斯基本上都采用了直译的方式，将"大红"译为"dark red"，将其与"red（红）"这一色系作谨慎区分；将"云缎"译为"silk damask"，这一用词非常精准，因为"云缎"本身是指一种质地较厚、平滑有光彩的丝织品，恰好"damask"能够表达质地较硬的丝织品这一含义；"缕金"被译为"raised gold thread"也非常精准。"缕金"是将金线穿插到丝线中的刺绣工艺，通过金线的凸起形成色彩上的光感，霍克斯使用的"raised"一词表达出"缕金"工艺的外观。由以上两个服饰的翻译可见，霍克斯对服饰的考据深入且细致，反映了他扎实的红学功底。而在细节化的翻译中，霍克斯对文化因素的处理也尽量与原文的叙事意图相契合。例如，霍克斯将"银鼠褂"译为"jacket was lined with ermine"，"ermine"是一种上等的皮料，符合王熙凤的身份。此外，霍克斯将"翡翠撒花洋绉裙"中的"翡翠"译为"turquoise-coloured"，用"turquoise"在西方文化中的贵重寓意对应"翡翠"在中国文化中的尊贵，同样凸显了着衣者的地位。而在"螭""凤"等重要文化意象的翻译上，霍克斯的译法与杨戴译本相同，反映出翻译中不得不面对的文化流失。

乔译：In her coiffure, she had a band of gold filigree work, representing the eight precious things, inlaid with pearls; and wore pins, at the head of each of which were five phoenixes in a rampant position, with pendants of pearls. On her neck, she had a reddish gold necklet, like coiled dragons, with a fringe of tassels. On her person, she wore a tight-sleeved jacket, of dark red flowered satin, covered with hundreds of butterflies, embroidered in gold, interspersed with flowers. Over all, she had a variegated stiff-silk pelisse, lined with slate-blue ermine; while her nether garments consisted of a jupe of kingfisher-colour foreign crepe, brocaded with flowers.

乔译本对服饰的翻译比较写实，注重服饰实物的传达。以"金丝八宝攒珠髻"的翻译为例，乔利将"金丝"译为"gold filigree（金银丝线）"，与霍克斯的译法相同。经考证，"攒珠"的金线确实是"金、银丝"[①]。八宝被译为"eight precious things"而不是"eight gems/jewels"，说明译者不了解八宝的具体所指，因为也有说法称，八宝指藏传佛教中的八种祥瑞之物，包括宝瓶、宝盖、双鱼、莲花、右旋螺、吉祥结、尊胜幢和法轮。明清的服饰中常见此类纹样。从叙事的角度看，不管是立体的珠宝，还是代表吉祥的图案纹样，作者都是在表达华贵的意思，因此，乔利将其泛化为"precious things"，突出珍贵的含义，既传达了原物的含义，也保留了原文的叙事效果。与其他译者相比，乔利尤其注重对原文数量的传达。如"八宝"中的"八（eight）"，"五凤"中的"五（five）"，"白蝶穿花"中的"百（hundreds of）"，均在乔利的译本中得到体现。乔利译本倾向于写实，但并非说明他不注重叙事意义的表达。从个别的选词中，我们也可以看到乔利解读并表达文化叙事意义的努力。例如，乔利将"朝阳五凤"译为"five phoenixes in a rampant position"。这里，"rampant"被用于表达"五凤"的姿势。"rampant"可以表达"跃立"的姿态，但该词常蕴含恣意、猖獗等贬义的感情色彩，而考虑到王熙凤性格中飞扬跋扈的一面，"rampant"无论是从语义还是从情感色彩的角度讲都能反映穿衣者的人物形象。不过，乔利过于写实的翻译风格以及其所追求的语言形式与原文存在出入，导致其译本在个别文化因素和叙事效果的传达上出现问题。例如，乔利将"朝阳五凤挂珠钗"译为"pins, at the head of each of which were five phoenixes in a rampant position, with pendants of pearls"，其中，"pins"这一复数形式表明钗的数量是多个的，但原文中是一只钗，上面饰有五凤，译者似乎曲解了原文的意思。另外，"窄裉袄"是剪裁合身的袄，并不是紧袖的袄，因此，乔利将"窄裉袄"译为"tight-sleeved jacket"也似有不妥。

邦译：She wore a head-dress with the eight jewels and clustered pearls strung on golden thread, bound with a Chao-yang. Five phoenix hairpin hung with pearls. She had a golden necklace of the coiling dragons pattern fringed with tassels. She was dressed in a tightly fitting coat of deep-red puffed silk with all kinds of gold thread butterflies flitting among flowers on it, over which she wore a dark-green ermine jacket with five-colored silk woven into a gauze ground, and below it a skirt of foreign bluish-green crepe embroidered with flower designs.

---

① 李希凡，冯其庸．红楼梦大辞典 [M]．北京：文化艺术出版社，2010.

相比以上三个译本，邦斯尔译本在叙事层面上有几处值得肯定。例如，邦斯尔将"云缎"译为"puffed silk"。虽然从质地上讲，"puffed silk"是一种由特殊工艺加工而成的蚕丝纤维，在软硬度上与"云缎"不甚相同，但"puffed silk"属于高档织品，常与高贵、奢华等语义相关，因此可以体现着衣者的身份。再如，邦斯尔将"百蝶穿花"译为"all kinds of gold thread butterflies flitting among flowers on it"，一方面没有拘泥于"百"的字面意思，用"all kinds of"这种夸张的手法凸显了蝴蝶数量和种类之多，从而突出了这一刺绣工艺的精细复杂。另一方面，"flitting"营造了百蝶穿梭于花丛中的轻快氛围，突出了动态感和画面感。但邦斯尔译本也不可避免地存在误读、误译的情况。例如，"八宝"不是八个珠宝，而是八种珠宝或宝物，因此，邦斯尔将"八宝"译为"eight jewels"不太妥当；"朝阳五凤挂珠钗"中的"朝阳"形容"五凤"头抬起朝向太阳的姿态，并不是此钗的名字，邦斯尔将"朝阳"视为专有名词并音译为"a Chao-yang"，显然没有正确理解原文的意思；如前文所述，"窄褃袄"中的"窄"是裁剪贴身而不是紧身的意思，而邦斯尔将其译为"tightly-fitting coat"可能会传达给读者"过紧、不合身"的意思。而在文化意象的翻译方面，邦译本略显表面化，没有译出深层的文化寓意。例如，邦斯尔将"石青"译为"dark green"，将"翡翠"译为"bluish-green"，仅译出了颜色本身，没有顾及颜色所隐含的文化和社会等级意义。

综上可见，乔利译本和邦斯尔译本虽然在选词及一些文化或叙事意义的处理上偶有点睛之笔，但囿于时代的限制，二位译者对原文中服饰文化的理解存在不少偏差，导致了文化误译和部分叙事意义的丢失。相较而言，杨戴译本和霍克斯译本虽然也难免有误译的情况，但他们对服饰文化的考据更加扎实，因而译文的忠实度更高，这其中以霍克斯译本对原文服饰的刻画最为细腻，且在选词上同时兼顾了服饰描写烘托人物形象的叙事意图。

例4：

原文：只见妙玉头带妙常髻，身上穿一件月白素绸袄儿，外罩一件水田青缎镶边长背心，拴着秋香色的丝绦，腰下系一条淡墨画的白绫裙，手执麈尾念珠，跟着一个侍儿，飘飘拽拽的走来。

例4原文出自《红楼梦》第一百零九回，以上涉及的服饰样式以及可能具有的文化象征意义在上文中已分析，此处不再赘述，只分析其翻译情况。由于乔利译本只包含前 56 回，且邦斯尔译本中的注释不可辨认，以下只分析杨戴译本和霍译本：

杨戴译：Miaoyu was wearing a nun's cap, a pale grey plain silk tunic under a long, sleeveless checked jacket with dark silk borders, a yellow silk sash and a white skirt with dark designs. Holding a whisk and her beads she swept gracefully in, attended by a maid.

在此段的翻译中，杨戴译本对服饰文化因素的处理偏向于归化和简化。例如，"妙常髻"是带发修行的尼姑所戴之发髻，而"nun"是普通的尼姑，杨戴译本使用这一上位概念，或许是为了避开"带发修行"在西方文化中的空缺给读者造成的认知障碍，但原文化信息在译文中略有减损。"水田"被译为"checked jacket"同样是一种归化的翻译方法，因为"checked jacket"是一种格子花纹的夹克或上衣，这仅仅表达了与"水田"类似的图案，但"水田"所蕴含的纳百家衣、祈百家福的佛教含义，以及"水田"与妙玉身份之间的关系并未表达出来。此外，杨戴译本对"月白"的翻译有误，"月白"是偏"淡蓝"的颜色，显然与"pale grey"不对应。同样，"秋香色"并不是"yellow（黄色）"，而是融合黄绿的一种颜色。在中国传统水墨画中，墨色分为五个色度，分别是"焦、浓、重、淡、青"，由此来看，"淡墨画"的颜色应该是偏浅的墨色，并没有"dark（黑褐色）"那么浓重。因此，杨戴译本在处理诸如服饰色彩等原文中一些细节性的文化信息时，采用了简化的方式，没有详细区分颜色的色度。

霍译：Adamantina was wearing the head-covering of an unshorn nun, and a pale blue plain silk gown with a patchwork full-length sleeveless jacket over it, bordered with black silk; she had gathered her gown with a russet-green woven sash, beneath which she wore a long white damask-silk skirt decorated with a pattern in grey. She drifted in with her usual otherworldly air, holding a fly whisk and fingering a rosary, and followed by one of her attendants.

相较于杨戴译本，霍克斯译本总体上对服饰文化的描写更加详细、准确，在翻译策略上更偏异化。例如，霍克斯将"妙常髻"译为"head-covering of an unshorn nun"，一方面用"head-covering"这一上义词表达"髻"的含义，避免了"cap"带来的格义，另一方面用"unshorn"来突出"未剃发"的含义，保留了原文的宗教文化因素。"水田"被译为"patchwork（拼布而成之物）"，体现了佛家服饰纳百布的文化内涵。此外，霍克斯在服饰色彩的把握上相对精准。例如，"月白"近似淡蓝，霍克斯将"月白"译为"pale blue（淡蓝）"，准确表达出"月白"的真实色彩。"秋香色"又称秋香绿，是一种浅橄榄色，由黄色和绿色调配而成，与霍译本的"russet green"颜色接近。"淡墨画"被译为"pattern in grey（灰白的图案）"，接近"淡墨"的色系。因此，无论是语义层面还是文化层面，霍译本对原文的还原度都很高。

综合以上分析可见，服饰是《红楼梦》叙事中浓墨重彩的一笔。无论是服饰的颜色、质地、款式、做工等物质态，还是服饰背后所包涵的社会文化、人物关系、人物形象等精神态，都被曹雪芹巧妙地融入小说的叙事中，架构起《红楼梦》世界的众生态。这些复杂的服饰元素给翻译带来了难题，也让翻译评价标准更加多元化。译者可能会从自身偏好、社会需要、出版需求、读者阅读习惯等诸多因素出发，选择自己认为最合适的翻译方法。因此，在评价翻译质量时，不能只拘泥于语言的对等，而是要将上述因素考虑在内，综合文本语境和译本的生成过程，对译本作出恰当的评价。

第三节　节日文化叙事与英译

一、何为节日文化

节日是具有特殊纪念意义的岁时节令，是在每年特定时间、时令或季节中按时举行的一种仪式性的庆祝活动。"一个民族的节日一旦形成，就会变成一种习俗，一种民俗文化，顽强地生存于广大民众之中。"[①] 可见，节日文化属于民俗文化的一种，不同节日的渊源（如自然崇拜、宗教信仰、名人纪念、季节性娱乐、重要事件庆祝、神话传说等）、庆祝时间（如节气、名人诞辰或忌日、历法的重要日期等）、庆祝方式（如家族聚会、观赏、杂耍、游戏等）、功能（如纪念、庆祝、缅怀等）、代表的意义（如爱情、团圆、孝道、追忆、祈祷等）都是节日文化的

---

① 王齐洲，余兰兰，李晓晖．绛珠还泪：《红楼梦》与民俗文化 [M]．哈尔滨：黑龙江人民出版社，2003．

重要组成部分。重要的是，这种节日文化赋予"民族内部每一个成员对本民族文化合理性和传承性的认同感"①，同时也是一个民族或群体文化特性的标志。《红楼梦》创作的时间线是模糊的，作者有意隐去了真实的年代和时间，但同时又在其叙事中插入了大量的节日因素，通过对这些节日本身蕴含的意义和节日的庆祝方式、场景等暗示季节的更替、时间的发展、情节的铺陈。由此可见，节日文化在《红楼梦》的叙事中起着重要的作用。

二、《红楼梦》中的节日文化

作为百科全书式的现实主义小说，《红楼梦》对当时社会的节日文化进行了详尽、深入的描写，这可以从《红楼梦》的章回名中窥见一斑，如第十七回"荣国府归省庆元宵"、第二十二回"制灯谜贾政悲谶语"、第三十八回"林潇湘魁夺菊花诗，薛蘅芜讽和螃蟹咏"、第五十三回"宁国府除夕祭宗祠，荣国府元宵开夜宴"、第七十五回"赏中秋新词得佳谶"等。由此可见，节日文化在《红楼梦》小说叙事中的重要作用。

具体来看，《红楼梦》中节日的刻画既有明写，也有暗写。明写是指作者明确提到了节日的名字，这些节日主要有元宵节、中秋节，包括腊八节和春节及除夕在内的年节、清明节、端阳节（端午节）、重阳节、乞巧节（七夕节）、消寒会等。其中，元宵节的描写主要有三次，集中在第一回、第十七至二十二回、第五十三、五十四回，涉及的节日民俗文化主要包括民间杂耍、鼓乐、杂戏等社火，扎花灯，包括满天星、九龙入云、平地一声雷、飞天十响等烟火，按品大妆，开筵席，张灯，赏灯，点戏，看戏，制灯谜，吃元宵等习俗。中秋节的描写主要有两次，集中在第一回、第七十五回和第七十六回，涉及的节日民俗文化主要有赏月、行朔望之礼、祭月、拜月、烧斗香、击鼓传花、饮酒行令等。年节的描写主要在第五十三回和五十四回，在其他章回也略有涉及。《红楼梦》中的年节描写从腊八节持续到大年初一，包含了腊八节、春节和除夕等主要年节，涉及的节日民俗文化主要有祭灶、辞年、拜年、做腊八粥、祭灶、立桃符、贴春联、门神、挂钱、插芝麻秸、放年学、忌针、拜影堂、给压岁钱（押岁锞子）、吃年酒、办

① 王齐洲，余兰兰，李晓晖.绛珠还泪：《红楼梦》与民俗文化[M].哈尔滨：黑龙江人民出版社，2003.

合欢宴等。清明节的描写集中在第五十八回、第七十回,主要与祭祖的文化传统相关,具体的节日民俗包括烧包袱、放断鹞等。端午节在《红楼梦》中称端阳节,相关描写集中在第二十八回,第二十三回和第六十二回也略有涉及,其具体的节日民俗主要有打平安醮、神前拈戏、蒲艾簪门,虎符系臂、斗草等。重阳节的描写集中在第三十七回和第三十八回,涉及的节日民俗主要有赏桂花、吃螃蟹、咏菊作诗等。

七夕节在《红楼梦》中称"乞巧节",曹雪芹多次拿乞巧节说事,但并没有专门的描述。例如,在第十八回元妃元宵省亲中,元妃点了四出戏,其中一出就是《乞巧》;第四十回众人行的牙牌令中,薛姨妈提到了"织女牛郎会七夕";第四十二回中,刘姥姥给王熙凤的女儿取名"巧姐儿",正是因为巧姐儿出生在七夕;第七十六回中,林黛玉诗句中的"犯斗邀牛女",与牛郎织女的故事相关。

消寒会也称暖冬会,唐代时便已存在,清代时,旗人为消灾祈福也要在冬至消寒会日祭天并祭祖。清代黄景仁亦有诗《冬日忆城东诸子》云:"东城旧有消寒会,几辈依然共往还。"对于普通人而言,消寒会也是冬日休闲取乐的聚会。《红楼梦》第九十二回中,贾平派人跟袭人说道:"老太太说了,叫二爷明儿不用上学去呢。明儿请了姨太太来给他解闷,只怕姑娘们都来,家里的史姑娘、邢姑娘、李姑娘们都请了,明儿来赴什么消寒会呢。"说明消寒会是人们冬日里相聚的日子。

除了以上明写的节日,《红楼梦》中也不乏暗写的节日。暗写是指作者提到了与节日相关的时间、庆祝方式、习俗等,但没有明确交代节日的名字。这些暗写的节日主要有穿天节、上巳节、花朝节、饯花会等。在《红楼梦》第二十二回中,凤姐说道,"二十一是薛妹妹的生日",而农历的正月二十一日正是中国传统的穿天节。明代杨慎的《词品》中记载,"宋以前以正月二十三日为天穿日,相传女娲氏以是日补天。俗以煎饼置屋上,名曰补天穿"。之后,穿天节的具体日期不断发生变化,到了《红楼梦》中变成了"二十一日"。从以上穿天节的来源看,它是女娲补天的日子。而作者将薛宝钗的生日定在这一天,也有一定的深意。在《红楼梦》的开篇,贾宝玉是补天中遗落的顽石,是封建社会中不求仕途的叛逆代表,而薛宝钗的人物设定则是正统和规范,担负着劝说贾宝玉走仕途正道的任务,这一人物形象与"女娲补天"的意象契合,体现了作者对节日民俗刻画的独具匠心。上巳节是农历的三月初三,在"汉代时初定为节日"。魏晋以后,上巳节成为"汉族水边饮宴、郊外游春的节日"。由于与上巳节的日期相近,"清明节盛行春游的习俗主要是继承上巳节的传统"[①]。在《红楼梦》第七十回中,林黛玉重起诗社,说道,"大家议定:明日乃三月初二日,就起社……次日乃是探春的寿日",说明探春的生日正是在上巳节。而探春热衷于饮宴赋诗,以文会友,与上巳节咏诗会友的习俗正好相符。花朝节是迎百花之神的日子,在唐代武则天执政时期得到推广,到宋代达到顶峰。花朝节与花有关,当日人们会簪花、挂彩条,也会郊游玩耍、采野菜、办"挑菜宴"、食百花糕、饮百花酒等,还会举行扑蝶、祈福、祭神、花市、蹴鞠等娱乐项目。花朝节的时间并不固定,基本按南北方的花期而定,北方多是农历二月十五日,南方多为农历二月二十二日。《红楼梦》中,林黛玉的生日便是在农历二月二十二日,与花朝节的日期契合,对应了林黛玉百花之主、群芳之首的身份。此外,《红楼梦》第二十七回中提到,"至次日乃是四月二十六日,原来这日未时交芒种节。尚古风俗:凡交芒种节的这日,都要设摆各色礼物,祭饯花神,言芒种一过,便是夏日了,众花皆卸,花神退位,须要饯行"。这描写了"饯花神"的习俗。事实上,贾宝玉的生日在农历四月十八日,正好是饯花会之前。饯花会为祭花之仪,或许也暗含了贾宝玉作为"送花人、葬花人"的情节设定,体现了作者在节日习俗运用上的巧思。

　　由上可见,《红楼梦》中呈现的节日民俗十分丰富。一方面,《红楼梦》通过描述大量节日民俗的物项和事项,给读者呈现了满清时期的社会生活,具有重要的民俗研究参考价值;另一方面,《红楼梦》中的节日民俗常与小说情节和人物形象相勾连,具有刻画人物、渲染气氛、铺陈情节的功能,是读者领会小说情节的重要手段。因此,在翻译中,译者既需要准确传达原文节日民俗的物项或事项,保留原文节日民俗的价值,也要明晰节日文化的叙事意图。以下将结合具体的翻译案例,评价节日民俗的英译质量。

三、《红楼梦》节日文化的英译分析

　　按照上文中对《红楼梦》节日民俗价值的分析,本部分主要从民俗价值和文化叙事价值两个方面分析节日民俗文化的英译质量。译者要在谨慎考证的基础上,准确表达原文节日民俗文化的内涵,避免误译。且看以下译例分析:

---

① 何跃青. 中国礼仪文化 [M]. 北京:外文出版社,2013.

例 1：

原文：士隐命家人霍启抱了英莲去看社火花灯。

杨戴译：and Shiyin told his servant Huo Qi to take Yinglian out to see the fireworks and ornamental lanterns.

霍译：and Shi-yin sent little Ying-lian out, in the charge of one of the servants called Calamity, to see the mummers and the coloured lanterns.

乔译：and Shih-yin told a servant Huo Ch'i to take Ying Lien to see the sacrificial fires and flowery lanterns.

邦译：Shin-yin told a servant Ho-ch'i to take Ying-lien in his arms to see the illuminations in honour of the gods of the earth, and the ornamental lanterns.

例 1 原文出自《红楼梦》第一回。"为祭神、贺节等事扮演鼓乐、歌舞、百戏、杂耍等谓之'社火'"，体裁"包括古代神话、民间传说、秦腔戏曲等"[①]，霍启抱英莲看的社火就是这一类。因此，杨戴译本将"社火"译为"fireworks（烟花）"以及乔利译本将"社火"译为"sacrificial fireworks（祭祀性的烟花）"均与原文不符。"fireworks"缩小了"社火"涵盖的范围，而"sacrificial fireworks"则曲解了"社火"的文化功能。邦斯尔译本将"社火"译为"the illuminations in honour of the gods of the earth（为祭神而做的灯饰）"显然与元宵节的节日习俗相悖。相较而言，霍克斯选用的"mummer"是参加演出的化妆表演者的意思，虽不能涵盖"社火"的丰富节目，但在文化功能上与原文最为接近。看"花灯"一直是元宵节的传统项目。花灯外观可以是动物、花卉等，品类繁多。因此，杨戴译本和邦译本中的"ornamental lanterns（装饰性、点缀性的灯）"较符合原文的意思，乔译本的"flowery lanterns（绚丽的灯）"突出了元宵节花灯的绚烂迷人，强化了原文的叙事效果。而霍译本的"coloured lanterns（多种颜色的灯）"只是强调了颜色，忽略了外形，因而翻译效果略逊于以上三个译本。

例 2：

原文：袭人四顾一瞧说："才在这里几个人斗草的，这会子不见了。"

杨戴译：Xiren looked around as she answered, "She was here a moment ago. A few of them were playing the 'matching-herbs' game, but I don't see her now."

---

① 李希凡，冯其庸.红楼梦大辞典 [M].北京：文化艺术出版社，2010.

霍译：Aroma looked around. 'She was here a moment ago. I saw her playing match-my flower with some of the others. Now she seems to have disappeared.'

邦译：Hsi-jen gave a look in every direction and said: "She was here just now. A few of them were amusing themselves with the plant game. And now she is not to be seen."

例 2 原文出自《红楼梦》第六十二回。由于乔利译本只包含前五十六回，因此这里不做分析，下文出同类情况者作同样处理。"斗草"又称斗百草，源于采草药的民间游戏，是端午节的习俗。关于斗草有两种说法。一是端午节时外出采摘奇花异草，以所采到花草的新奇或品种多视为胜利，此为"文斗"；二是将草径相结，两人手持自己的草向后拉扯，草径先断者视为输，此为"武斗"。从这个意义上看，杨戴译本通过"match"表达了"文斗草"的含义。但在"草"的理解上，杨戴译本偏向于"herbs（药草）"，表达出斗草源于采草药的传统，准确传达了"斗草"的内涵，而霍译本则偏向于"花"，似乎缩小了斗草的范围。邦译本的"plant game"是对原文意义的泛化处理，无法体现"斗草"文化的独特性。因此，综合来看，杨戴译本更精准地表达了"斗草"的文化内涵。

例 3：

原文：这日正是端阳佳节，蒲艾簪门，虎符系臂。

杨戴译：This was the day of the Double Fifth Festival. The doors were hung with mugwort and rushes, everyone wore tiger-charms,

霍译：It was now the festival of the Double Fifth. Sprays of calamus and artemisia crowned the doorways and everyone wore tiger amulets fastened on their clothing at the back.

乔译：This was the day of the dragon-boat festival. Cat-tail and artemisia were put over the doors. Tiger charms were suspended on every back.

邦译：This very day was the occasion of the Dragon Boat Festival. Rushes and mugwort were stuck on the doors. Tiger charms were worn on the arms.

例 3 原文出自《红楼梦》第三十一回。在传统端阳节（端午节）的习俗中，人们常常用菖蒲或艾叶"制成龙、虎之状，插于门楣，认为可以祛毒辟邪"[1]，因而被称为"蒲艾簪门"。因此，从植物的属性看，霍译本的"calamus（菖蒲）"和

① 李希凡，冯其庸. 红楼梦大辞典 [M]. 北京：文化艺术出版社，2010.

"artemisia（艾草）"正确表达了"蒲艾"的含义。同时，霍译本添加了"spray（枝状饰物）"，表达了"蒲艾"的功能。相比之下，在"菖蒲"的翻译上，杨戴译本和邦斯尔译本选择的"rushes（灯芯草）"以及乔利译本的"cat-tail（香蒲草）"与"菖蒲"并不是同一种植物。"虎符系臂"是"用绫罗布帛等制成小虎形，缝缀儿童臂上，认为可以避恶消灾"[①]。四种译文中的"tiger-charm"和"tiger amulet"都可以表达老虎状护身符的意思，译出了原文的外观和文化功能。但在"系臂"的翻译方面，杨戴译本选择了模糊化的处理方式，只突出了佩戴虎符的行为，没有交代具体佩戴的位置，使得原文的文化事项略有丢失。霍译本和乔译本将"臂"译为"back（后背）"，曲解了原文的意思，而邦斯尔将"臂"译为"arm"无疑是更准确的。

例4：

原文：次日一早起来，乃是十五日，带领众子侄开祠堂行朔望之礼……

杨戴译：The next morning being the fifteenth, Jia Zhen rose early and led the whole family to open the ancestral temple to perform the usual rites for the first and the fifteenth of every month...

霍译：He rose quite early next morning. It was the fifteenth, one of the two days in each month on which offerings have to be made to the ancestors...

邦译：He rose first thing the next morning. It was the fifteenth. He led all the youths to open the Ancestral Hall and perform the ritual proper to the first and fifteenth days of the month...

例4原文出自《红楼梦》第七十五回。"朔望"指的是农历每月初一和十五，旧时子孙会在朔望之日焚香火祭拜祖先。杨戴译本和邦译本采用了直译的方式，表达了朔望之礼的字面意思。而霍译本则更加详细，点出了朔望之礼"offerings have to be made to the ancestors（祭祀祖先）"的文化功能，传达了原文的文化内涵。

例5：

原文：一时上汤后，又接献元宵。

杨戴译：Presently soup was served, followed by New-Year dumplings.

霍译：Presently soup was served and, shortly after, little First Moon dumplings of sweetened rice-flour.

① 李希凡，冯其庸. 红楼梦大辞典 [M]. 北京：文化艺术出版社，2010.

乔译：Presently, the soup was brought, and soon after that the 'feast of lanterns' cakes were handed round.

邦译：In a little while, after soup had been served up, it was following on by the offering of the Feast of Lanterns.

例 5 原文出自《红楼梦》第五十四回。"元宵"是一种由糯米皮包馅的节日食品，是代表正月十五元宵节的重要文化物项。在以上译文中，杨戴译本将其译为"New-Year dumplings（新年吃的包馅食品）"。由于中国新年最具代表性的包馅食品是水饺，因此读者很容易将"元宵"误认为"水饺"，造成文化误读。乔译本和邦译本将"元宵"译为"feast of lanterns（元宵节的宴会）"，扩大了"元宵"所指的范围，同样与原文的含义不符。相较而言，霍译本采用了释译的方法，用"little"表达元宵较小的体积，用"first moon（第一次满月）"表达出"元宵"所表达的"元宵节"的文化内涵，用"sweetened rice-flour（加糖的米粉）"表达出元宵的用料。可以说，霍译本对原文文化元素的忠实度最高。

例 6：

原文：嘉荫堂前月台上焚着斗香，秉着风烛，陈献着瓜饼及各色果品。

杨戴译：On the terrace in front of the Hall of Auspicious Shade where incense was burning in screened containers, shielded candles were alight, and melons, cakes and sweetmeats had been set out,

霍译：When they reached Prospect Hall, they found servants with lighted lamps waiting for them on the terrace and a table on which incense smoked in a square container and on which offerings of melons and other fruit and mooncakes had been set out on dishes.

邦译：On the platform in the Excellent Shade Hall they burned incense to the Dipper, held candles in their hands, and set out melons, fruit, and moon-cakes.

例 6 原文出自《红楼梦》第七十五回。"烧斗香"是旧时中秋节的拜月活动之一。清代顾禄所编《清嘉录》曰："香肆以线香作斗，纳香屑于中，僧俗咸买之，焚于月下，谓之'烧斗香'。"[①] 因此，杨戴译本的"incense was burning in screened containers（焚于遮蔽性容器内的香）"以及霍译本的"incense smoked in a square

---

① 李希凡，冯其庸. 红楼梦大辞典 [M]. 北京：文化艺术出版社，2010.

container（焚于方形容器内的香）"均准确反映了"斗香"的含义。邦译本的"incense to the Dipper（为敬北斗星焚香）"是一种文化误读，因为中国文化中的"烧斗香"是拜月的文化行为，与"北斗星"并无关联。

例7：

原文：探春笑道："横竖是给你放晦气罢了。"

杨戴译："Never mind." said Tanchun. "She sent off your bad luck for you."

霍译：Tan-chun laughed. "Never mind! At least she's got rid of your bad luck for you!"

邦译：Tai-yu smiled and said: "That is so. Bring ours out and we will fly our bad luck away."

例7原文出自《红楼梦》第七十回。"放晦气"是清明节一种放风筝的民俗，人们认为清明节是春天的开始，阳气上升，是放风筝的好时节。同时，民间有"断线鹞"的说法，认为放风筝可以祛除晦气。放风筝者将自己的名字写于风筝之上，待风筝飞到高处后，剪断手里的线，"晦气"就随风筝飘逝而去，故命名为"放晦气"。从以上三个译文来看，霍译本的"got rid of your bad luck for you（为你去掉坏运气）"表达了"放晦气"的文化含义，却没有体现"放风筝"这一文化行为。杨戴译文的"send off your bad luck for you（送走你的坏运气）"和邦译本的"fly your bad luck away（放飞你的坏运气）"都将"放风筝"的文化行为与"送走晦气"的文化意义结合起来。杨戴译本用"send off"表达出用手放出风筝线而使风筝带着晦气逐渐飞走的动态形象，邦译文用"fly away"表达出风筝与晦气飞远的意象，二者虽侧重不同，但都准确而又形象地传达了原文的文化内涵。

例8：

原文：……叫在清虚观初一到初三打三天平安醮，唱戏献供，叫珍大爷领着众位爷们跪香拜佛呢。

杨戴译：...to be spent on masses, theatricals and sacrifices on the first three days of the month at Ethereal Abbey. She wants Lord Zhen to take all the gentlemen there to burn incense and worship Buddha.

霍译：...to pay for a three-day Pro Viventibus by the Taoists of the Lunar Queen temple starting on the first of next month. There are to be plays performed as part of the

Offering. and Mr Zhen and all the other gentlemen are to go there to burn incense.

乔译：...there should be offered, in the Ching Hsu temple, thanksgiving services to last for three days and that theatrical performances should be given, and oblations presented: and to tell our senior master, Mr. Chia Chen, to take all the gentlemen, and go and burn incense and worship Buddha.

邦译：...to perform a three days thanksgiving service at the Ching-hsu Taoist monastery with theatricals and offerings from the first to the third day of the month. He told Chen Ta-yeh to lead all the gentleman to kneel with sticks of incense in their hands and worship Buddha.

例 8 原文出自《红楼梦》第二十八回。"打平安醮"是一种民间的文化庆典，主要内容是每逢节日、寿诞或特殊意义的日期到寺庙请僧道祭祀神明、祈福消灾、答谢神恩，带有宗教色彩。乔译本和邦译本将"打平安醮"译为"thanksgiving service（感恩仪式）"，可以表达"感恩"的意思，但原文中敬神祈福的宗教色彩被抹煞，且"thanksgiving"与西方感恩节同词，可能会使读者混淆这两种中西节日风俗，不利于原文化内涵的传播。杨戴译本或许是从叙事和可读性的视角考虑，将"打平安醮"译为"masses（弥撒）"，而弥撒是基督教中的礼拜仪式。虽然"masses"能表达原文"敬神"的文化功能和宗教色彩，但其代表的西方基督教与中国宗教内涵不同。杨戴译本在翻译后文中的"拜佛"时用了"worship Buddha"，点出了佛教的宗教属性，保留了原文的宗教色彩，可以说属于"中西合璧"的译法。霍译本与杨戴译本的做法相同，只是选词不同。霍译本用"Pro Viventibus"这一拉丁宗教仪式表达了"打平安醮"拜神敬神的宗教性，用"Taoists（道士）"明确了"打平安醮"的道教属性。虽然在"打平安醮"属于道教还是佛教仪式方面与杨戴译本存在不同理解，但基本传达了原文的文化功能和宗教性。

例 9：

原文：彼时正月内，学房中放年学，闺阁中忌针（黹），却都是闲时。

杨戴译：Because it was the first month when the schools were on holiday and needlework was taboo for the womenfolk, everyone was free.

霍译：Now this was the prime of the year, when the schoolroom is closed for the New

Year holiday and the use of the needle is forbidden to maidenly fingers throughout the whole of the Lucky Month, so that boys and girls alike are all agreeably unemployed.

乔译：The season was the course of the first moon, and the school was shut up for the new year holidays; while in the inner chambers the girls had put by their needlework, and were all having a time of leisure.

邦译：At that time in the first month the school was closed for the New Year vacation, in the women's apartments they eschewed needlework, everywhere it was a time of leisure.

例9原文出自《红楼梦》第二十回中对年节的描述。旧时学校会在农历春节期间放假，因而称为"放年学"。清代富察敦崇所著《燕京岁时记》中的《封印》《放年学》各节云："每至十二月，于十九、二十、二十一、二十二四日之内，由钦天监选择吉期，照例封印……"① 同样，旧时认为，"针"属于金属利器，农历正月内如果动针，会破坏一个人的好运气，因而女性在正月间忌针线。从"放年学"的翻译来看，杨戴译本的"the schools were on holiday（学校放假）"虽然表达了放假的含义，但没能表明"放假"与"年节"之间的关系，因而未能充分体现原文的节日民俗。相比之下，霍译本、乔译本以及邦译本均在译文中使用了"new year holiday（vacation）（新年假期）"，体现了新年期间学校放假的节日风俗。

在"忌针（黹）"的翻译方面，杨戴译本的"needlework was taboo...（针线活是……禁忌）"能够在语义上传达原文"忌针"的意思。其中，"taboo"一词通常是指那些被社会、文化、宗教认为不可接受或被禁止的行为、话题或活动，以及那些可能会引起不适、冒犯、争议的话题或行为，与原文中风俗相关的禁忌之意契合，但该译文只是基本传达了"忌针"的含义，其文化渊源或文化功能没有被凸显出来。霍译本采用了释译的方法，其中，"the needle is forbidden（禁止针线活）"译出了"忌针"这一文化行为，"throughout the whole of the Lucky Month（整个幸运月期间）"反映了"忌针"的文化渊源，即在正月这个好运月中避免冲撞了好运气。由此可见，霍译本在"忌针"的翻译上兼顾了文化行为和文化功能的传达。乔译本的"put by their needlework（放下针线）"，结合后文中的"were all having a time of leisure（都拥有了闲暇的时光）"，给读者的感觉似乎是女性放下针线的原

---

① 李希凡，冯其庸.红楼梦大辞典[M].北京：文化艺术出版社，2010.

因是休息或享受时光，而非一种文化上的禁忌，因而使原文中年节的文化意义有所减损。同样，邦译本的"eschewed needlework（避开针线活）"没有表达出原文"禁忌"的含义，也就没有表现出"忌针"的民俗性。

通过以上案例分析可见，不论是"元宵"等节日文化物项，还是"打平安醮""放晦气""忌针"等节日文化事项，都体现了中国博大精深的节日民俗文化，这些节日民俗的来源、庆祝方式、节庆意义等被《红楼梦》描写得淋漓尽致，可谓是当时社会节日民俗的大观。因此，从民俗价值的角度看，节日民俗文化的精准译介对于传播中国的节日民俗文化具有重要的意义。但同时我们看到，《红楼梦》之所以能够成为经典文学名著，并不仅在于它对节日民俗的细致刻画，更在于它极具巧思地将这些节日民俗与小说的叙事糅合在一起，推动着小说情节的发展，同时还增加了文本的审美性。可以说，节日民俗文化被赋予的叙事意义是一种更高层次的意义，需要译者具备能够解读这种叙事意义的文化基础，以及有效表达这种叙事意义的文学素养。下面将从节日民俗文化的叙事功能和叙事意义入手，分析其在译文中的再现程度。

从节日文化叙事的角度看，目前已有部分研究分析了《红楼梦》中节日描写的文学功能。例如，梅新林[①]重点研究了《红楼梦》中节日宴会的描写及其所蕴含的文化意义，认为节日宴会的描述具有"旋转舞台"式的效果，包括演戏、说书、奏乐、行令、吟诗、游园等在内的宴会描写具有起兴、交际、聚焦、辐射、导控、寓意六大功能。高国藩[②]、肖维青[③]均分析了《红楼梦》中元宵节的灯谜文化。高国藩具体阐释了"树倒猢狲散""身轻站树梢"等灯谜所隐含的贾家命运和人物的悲惨结局。肖维青分析了《红楼梦》灯谜诗的谶语化特点，提出了灯谜翻译的三大难点，即底面扣合、音形俱美以及文化意象的处理。白鹿鸣[④]谈到了《红楼梦》中将节日与人物生日相关联的创作手法，认为在《红楼梦》提到生日的六位"金钗"中，有五人的生日与节日相关，如贾元春生于春节、巧姐儿生于乞巧节、薛

① 梅新林."旋转舞台"的神奇效应——《红楼梦》的宴会描写及其文化含义 [J]. 红楼梦学刊，2001（1）：1-25.

② 高国藩.《红楼梦》中的谜语 [J]. 红楼梦学刊，1984（1）：244-268.

③ 肖维青. 欲婉而正，欲隐而显——谈《红楼梦》灯谜及其翻译 [J]. 四川外国语学院学报，2002（2）：122-124，149.

④ 白鹿鸣. 试论《红楼梦》以节日写生日的方法 [J]. 红楼梦学刊，2013（5）：293-303.

宝钗生于穿天节、林黛玉生于花朝节等，说明了作者以节日的文化意义来叙述人物性格及命运的创作手法。以上研究说明，节日民俗文化在《红楼梦》中并不只是单纯的文化物项或事项的存在，而是担负着重要的叙事意义和文学价值，但节日文化的这种叙事意义在翻译中是否得到重构以及如何重构，目前翻译界对该问题的研究还相对较少。因此，下文将从人物生辰的节日叙事、节日灯谜与人物形象的塑造这两个方面，结合典型案例，分析《红楼梦》节日文化叙事在译文中的重构。

首先，人物生辰的节日文化叙事一向是中国小说叙事的惯用手法。杨义在《中国叙事学》中提到了中国传统叙事中的"时间人文化"和对"独特时间刻度的选择"①。杨义认为，自然时间人文化的过程"濡染着叙事者及其人物的感觉、感性和理智"，而在独特时间刻度的选择方面，"中国作家笔下经常采用的是节日和生日……当作家把人物性格和命运置于这类独特时间刻度之时，他奏响了一曲以人物性格命运为主旋律，以填上人间古往今来的传说、信仰、风俗为和声的交响乐……生日自身还是命运期待和生命自省的时间契机，生日文化内涵的多义性，为叙事文学对它的描写提供了丰富多彩的可能"②。中国传统叙事常用节日或生日刻画人物性格和命运的特点，在《红楼梦》中体现得淋漓尽致。下面，我们就以贾元春为例，看一下人物生日和节日的关系，以及这种时间刻度所蕴含的叙事意义。

"金陵十二钗"中地位最为高贵的无疑是贾元春。贾元春生在农历大年初一，也就是春节，而春节又是中国传统节日中最隆重的节日，代表着万物回春，出生在这一天是福气的象征。同时，白鹿鸣③分析认为，贾元春生日携带的这份福是贾府"末世中最后一根稻草，为贾府带来最后回光返照般的兴盛"。原文中有两处明确提到贾元春大年初一的生日，我们且看这两处的英译情况。

例10：

原文：第二胎生了一位小姐，生在大年初一，这就奇了……

杨戴译：His second child was a daughter, born strangely enough on the first day of the year...

霍译：The second child she bore him was a little girl, rather remarkable because she was born on New Year's day...

① 杨义.中国叙事学[M].北京：人民出版社，2009.
② 同①.
③ 白鹿鸣.试论《红楼梦》以节日写生日的方法[J].红楼梦学刊，2013（5）：293-303.

乔译：Her（Mrs. Cheng's）second child was a daughter, who came into the world, by a strange coincidence, on the first day of the year...

邦译：The second child was a daughter who, remarkably enough, was born on New Year's Day...

《红楼梦》中共有两处提及贾元春的生日是大年初一，上文是第一处，出自第二回中冷子兴之口。按照前文的分析，生日在大年初一日是福气的象征，且大年初一也是太祖太爷的生辰，更加凸显了这一日期的特殊与尊贵。如此一来，"大年初一"的文化寓意与贾元春的身份和地位产生了关联，形成了节日融合生日的文化叙事。从译文的角度看，杨戴译本和乔译本选用的"strange（奇怪）"，只能表达"少见、稀有"的意思，而霍译本和邦译本选用的"remarkable（惊人的）"不但可以表达"稀少"的语义，而且蕴含"非凡"之意，与贾元春的身份相符，突出了原文的叙事意义。但在时间刻度"大年初一"的翻译方面，霍译本和邦译本的"New Year's Day"仅表达西方历法中的新年，且在西方文化中，出生在这一天并无特殊含义。而杨戴译本和乔译本使用的"the first day of the year"是对"大年初一"的模糊化处理，亦无特殊文化含义可言。译文面向的是以英语为母语的西方读者，翻译时需要根据他们的文化认知情况重新定位原文信息。因此，此处改为"lunar Chinese New Year"或许更能体现"大年初一"的文化意义，从而辅助于原文节日叙事效果的实现。

例 11：

原文：大年初一日也不白过，大姐姐占了去。怨不得他福大，生日比别人就占先。

杨译：Even on New Year's Day we celebrate one that's Elder Sister's birthday. No wonder she's had such good fortune, with her birthday coming before anyone else's.

霍 译：We even have a birthday on New Year's Day in this family: Yuan-chun's. She comes first in that as in everything else. I suppose that's what makes her so lucky.

邦译：And New Year's Day does not pass without one. The great elder sister went and usurped it. You must not complain that her good fortune is great, her birthday usurps a place in front of all the others.

以上为《红楼梦》第二次明确提到贾元春大年初一的生辰，具体出自第六十二回探春的口中。虽然原文是一种调侃的语气，但也清楚说明了贾元春生日因占据新年的头一天而得福的特殊性。其中，"怨不得他福大，生日比别人就占先"这一句最能说明贾元春生日的意义。因此，此处重点分析该句的翻译问题。杨戴译本基本采用了直译的方式，用一个"with"短语，说明了"福大"的原因，从句法结构的角度看，杨戴译本将"no wonder she's had such good fortune（难怪她有如此的运气）"作为主句，凸显的是"福大"的意义。霍译本调整了句子的顺序，将"She comes first in that as in everything else（生日比别人占先）"置于前，凸显大年初一"占先"的寓意，而且霍克斯的译本更强调贾元春处处占先的特殊地位。之后，霍克斯用"I suppose"展现探春口语体的风格，用"that's what makes her so lucky（这是让她如此幸运的原因）"说明"占先"和"福气"之间的关系。因此，总体来看，霍译本调整原文句式的做法，凸显了"大年初一"这一特殊时间刻度与"占先"的关系，且"that"这一指代词的使用，将节日的文化功能与人物生日的关系交代得更清楚。此外，霍译本选择使用短句以及诸如"I suppose"之类的口语表达形式，符合探春的口语体说话风格。邦译本则在语言形式上过于对应原文，读起来缺乏流畅性，且部分语义表达的程度与原文不符。例如，邦斯尔将"怨不得"译为"you must not complain"，"must"使得译文的语义过于强硬，且有机械对应原文之嫌。而"福大"翻译成"her good fortune is great"，"good"和"great"的语义难免有交叠，使得译本烦琐冗长。"her birthday usurps a place in front of all the others（她的生日占据了其他所有人生日之前的位置）"虽说是保留了原文的语言表达形式，但读起来难免有佶屈聱牙之感，流畅性欠佳。

其次，节日聚会中的猜灯谜游戏也起到了塑造人物性格、预示人物命运的作用。正如高国藩[①]（1984）所言，"红楼梦中的谜语，除了谜语本身的艺术特点，还紧扣书中的主题思想和人物形象"。《红楼梦》中有两回集中描写了猜灯谜，一是第二十二回制灯谜贾政悲谶语，二是第五十回暖香坞雅制春灯谜。因篇幅有限，下面仅举探春所做谜语一例，分析灯谜的叙事意义在译文中的重构情况。

例12：

原文：阶下儿童仰面时，清明妆点最堪宜。游丝一断浑无力，莫向东风怨别离。

---

① 高国藩.《红楼梦》中的谜语 [J]. 红楼梦学刊，1984（1）：244-268.

杨戴译：The children by the steps look up: Spring surely has no fitter decoration. But when the silk cord breaks it drifts away, Blame not the east wind for this separation.

霍译：In spring the little boys look up and stare, To see me ride so proudly in the air. My strength all goes when once the bond is parted, And on the wind I drift off broken-hearted.

乔译：This is the time when neath the stairs the pages their heads raise! The term of "pure brightness" is the meetest time this thing to make! The vagrant silk it snaps, and slack, without tension it strays! The East wind don't begrudge because its farewell it did take.

邦译：When below the steps the child lifts up his face the ornamentation for the period 'Clear and Bright' is very appropriate. If once the floating silk is snapped it is confused and has no strength. Do not to the East wind complain of the separation.

例 12 原文出自《红楼梦》第二十二回，为探春所做谜面，谜底为风筝。从该谜面的构成来看，前两句为写景，说明该物用于游玩的功能，后两句在写实的基础上重在写意，营造断线的风筝飘向远方、无法归来的愁怨。该谜面从探春的口中说出，具有深层次的叙事意义和谶语化功能。探春虽是庶出，但能力过人、才情出众，甚至被赋予掌家之权。尽管如此，她的命运也如风筝一般掌握在别人手中，其精明和志高也不过是一种"妆点"而已。而探春的判词"清明涕送江边望，千里东风一梦遥"，道明了探春在清明时节远嫁的命运，她的命运，就如同断线的风筝，从此不得归。可以说，例 12 中的谜面与探春的性格和命运环环相扣。由于原文的叙事意义主要在后两句反映，下面就看一下后两句的译文是如何重构原文叙事意义的。杨戴译本、乔译本和邦译本均以物为主要出发点，偏向于写实，仅在个别选词上突出了景物的意象性。例如，杨戴译本使用"drift（漂泊）"表达风筝断线后的迷茫、无力、随风漂泊的意象，乔译本用"vagrant（流浪的）""strays（迷失）"突出断线风筝的无力感。而相比之下，霍译本的意象性更强。霍译本的独特之处在于将原文物的视角"the silk"转化为译文中人的视角"I"，这一视角转换产生了拟人化的效果，借风筝的心理描写烘托出探春的心理。同时，霍克斯还通过增词的形式将探春的性格和命运融入风筝的谜面中，如添加"so proudly（如此高傲地）"，虽然没有直译"最相宜"的字面意思，但表达出"风筝"因其最相宜的才能而"骄傲"的心理，同时契合探春志高、傲气的人物性格。此外，霍克斯用"drift off broken-hearted（心碎地飘走）"，既准确地表达了原文"怨别离"的含义，又刻画了探春之后远嫁的悲惨命运和心境。因此，从叙事的角度看，霍克斯译本对原文叙事效果的传达最为成功。

第四节　颜色文化叙事与英译

一、何为颜色文化

颜色虽源于自然，但中国人很早就萌生了有关颜色的文化观念。如最早的"赤、青、黄、黑、白"五色观逐渐与"五行（金、木、水、火、土）""五位（东、西、南、北、中）"融合，成为中国颜色文化的重要组成部分。而周朝时，周礼定，颜色成为礼制的一部分。彼时的颜色被分为正色和间色，正色即为五色，是主要的颜色，而间色是由不同的正色调和而成，是次要的颜色。之后，颜色被赋予越来越多的社会文化含义，"权势地位、哲学伦理、礼仪宗教等多种观念融入色彩中，渐渐整合出一套独树一格的色彩文化系统"[1]。例如，作为"五色"之一的"赤（红）"色属正统之色，在中国可以"象征朝气、权力、地位、正面、浪漫与性感等鲜明的国俗与民俗语义"[2]。而"黄色"是中华民族最早膜拜的颜色。"在五行学说中黄色属土，表示生命的源起，也代表位处四方的中央，即最高权力之所在，曾经是帝王御用的至尊颜色[3]。"由此可见，颜色承载着丰富的宗教祭祀、社会等级、人物身份、社会管理等文化因素。在中国传统文学作品中，颜色文化也经常是重要的构件以及叙事的重要推手。

二、《红楼梦》中的颜色文化

《红楼梦》中的颜色词较为丰富，例如，属于"红"色谱系的有红、大红、深红、水红、猩红、绛红、银红、石榴红、玫红、梅红、杨妃色等，属于"黄"

---

① 黄仁达. 中国颜色 [M]. 北京：东方出版社，2013.

② 同①.

③ 同①.

色谱系的有鹅黄、秋香色、松花色、石黄等，属于"蓝"色谱系的有宝蓝、石青、月白、玉色、青金等。这些颜色被广泛地用于植物、器物、服饰、建筑等描述中，不但反映了一个时代的色彩审美，也是《红楼梦》文化世界的重要组成部分。

颜色在《红楼梦》文化叙事中的作用也是不言而喻的，最为典型的便是红色。"红色"是出现在《红楼梦》标题中的颜色，也是推动小说情节发展的重要力量。马义经[①]认为，红色具有五大文化基因，分别是文明的起源、中国文化的模式、人类的生命之色、喜庆佳色以及女性之色。以上文化基因在《红楼梦》中多有体现。例如，《红楼梦》书中"千红一窟""花谢花飞花满天，红消香断有谁怜"中的"红"均寓意女儿。贾宝玉爱红、护红，这里的"红"不单是指女性，更是指贾宝玉作为封建社会异类所要维护的"浪漫、热情、真挚"的生命之色。《红楼梦》中描写了大量的节庆场景，而"红色"更是其中不可或缺的因素，如"红禀贴""今宵红灯帐底卧鸳鸯"等。众多的红色元素对小说人物形象和情节的塑造起着重要的作用，是小说文学性的重要表现。"红色"也被赋予了社会等级的意义。《红楼梦》第十九回中，"袭人道："叹什么？我知道你心里的缘故，想是说他那里配穿红的"。宝玉笑道："不是，不是。那样的人不配穿红的，谁还敢穿。"说明在当时社会，"红色"是具有一定身份的人才能穿的颜色。考虑到"红"色系在《红楼梦》叙事中的重要性，下文将以"红"的英译为例，分析颜色文化在《红楼梦》译文叙事中的再现方式和再现程度。

三、《红楼梦》红色文化的英译分析

目前有关《红楼梦》红色文化的研究主要集中在三个方面。一是解读红色的文化内涵。例如，胡文彬[②]、刘泽权和苗海燕[③]、赵云芳[④]等考察了《红楼梦》"尚红"的基调，通过对"红"色系的丰富度和出现频率的分析，或者服饰中红色意象的考察，分析《红楼梦》中的"尚红"倾向及其所反映的求美、尊重女性等潜在含义；

---

① 马义经.红楼文化基因探秘 [M].成都：四川大学出版社，2010.
② 胡文彬.红楼梦与中国文化论稿 [M].北京：中国书店，2005.
③ 刘泽权，苗海燕.基于语料库的《红楼梦》"尚红"语义分析 [J].当代外语研究，2010（1）：19-24.
④ 赵云芳.论原生态民俗在《红楼梦》中的解构与重建——以节日民俗为例 [J].红楼梦学刊，2015（5）：60-71.

马经义①考察了"红色"的传统文化基因；肖家燕②分析了《红楼梦》中的"红色"隐喻，认为"红"可以象征社会、美丽、羞怯、愤怒等。二是以《红楼梦》为案例，对比中西红色文化的内涵。例如，孙玉晴、肖家燕③通过对比《红楼梦》和《红字》，分析了中西文学作品中红色的不同意象及象征意义，认为两部作品中的"红色"都有欲望和爱情的象征意义，但《红楼梦》中象征女儿的高贵，而《红字》中的"红"多是罪恶。三是翻译视角下红色内涵的表达。例如，杨柳川④、王丽耘和吴红梅⑤均运用语料库的方法对"红色"词汇的翻译方法进行了量化研究。其中，王丽耘和吴红梅认为霍克斯的译本在"怡红院"等个别地方的翻译上有"改红为绿"的争议，但其对大部分红色词的翻译并无不妥。杨柳川通过分析霍克斯译本的直译、意译比例发现，之前研究中有关霍译本"多采用意译或归化策略"的论断是不合理的。不同理论视角下的"红色"翻译策略研究也是学者关注的焦点，相关理论视角涉及概念隐喻⑥⑦、归化异化、目的论⑧、关联理论⑨、修辞学⑩等。此外，胡寅⑪等通过解读"红"的花（落花）、女性以及红楼等意象，分析了"红"意象的翻译问题，但对于意象缺乏必要的界定，对于译文的分析也不深入。

综上所述，已有研究不仅挖掘出《红楼梦》中丰富的红色文化因素，还留下了进一步探索的空间。叙事作品中的意象如何产生？意象对于叙事建构起怎样的作用？意象有哪些类型？这些都关乎《红楼梦》中"红"意象的正确解读、界定和跨文化移植。所以，下文将尝试基于叙事视角分析《红楼梦》中"红"意象的

① 马经义.红楼梦文化基因探秘 [M].成都：四川大学出版社，2010.

② 肖家燕.《红楼梦》隐喻概念的英译研究 [D].杭州：浙江大学，2007.

③ 孙玉晴，肖家燕.《红楼梦》与《红字》：象征主义的比较研究 [J].西安外国语大学学报，2017，25（4）：96–100.

④ 杨柳川.满纸"红"言译如何——霍克思《红楼梦》"红"系颜色词的翻译策略 [J].红楼梦学刊，2014（5）：196–215.

⑤ 王丽耘，吴红梅.《红楼梦》霍克思译本"红"英译问题辨析 [J].国际汉学，2020（1）：21–28，202.

⑥ 同②.

⑦ 牛传玲.《红楼梦》中的"红"隐喻及其英译策略研究 [D].长春：吉林大学，2014.

⑧ 刘蓉.从目的论角度看《红楼梦》两英译本中红字的翻译 [D].太原：太原理工大学，2011.

⑨ 张艳.从关联翻译理论看《红楼梦》两英译本中"红"字的翻译 [D].西安：西安外国语大学，2012.

⑩ 冯全功.广义修辞学视域下的《红楼梦》英译研究 [D].天津：南开大学，2012.

⑪ 胡寅.论《红楼梦》颜色词与颜色意象的翻译 [D].上海：上海外国语大学，2005.

生成方式和主要类型，旨在强调两个问题：一是叙事作品中的意象生成于语言、文化、意识形态、叙事意图交织而成的复杂关系中，意象的解读需要具备整体性视角；二是对于意象翻译效果的评价，不是简单的基于词汇层面的直译探讨，而是要看各自叙事系统的评价。保留作为叙事主线的重要意象。从叙事学的视角分析并解答上述问题。

中国叙事视角下的"意象"解读重整体性、关系性。《红楼梦》中"红"色系是高度意象化的色彩，是全书的"文眼"。因此，从叙事意象的角度分析"红"色的翻译问题，有利于从更深层的文化叙事意义上传达原文的含义。

前文中多次提到"意象"，但并未详细地阐释"意象"的概念意义。那么，究竟何为意象？邱文生[①] 指出，"在美学范畴中，意象是指审美活动中审美主体对审美客体的艺术再现，映现审美主体对客体的情感移入"。赵迎菊[②] 认为，"意象由物象和寓象组成，物象是一种感性体验，可以是一种或者多种感官感知的具体物，是信息意义的载体，是意象构成中的客观部分；寓象通常是一种抽象的思想或感情，是物象在一定文学语境中乃至整个文化语境的延伸，是意象构成中的主观部分"。孙桂英[③] 在《现代评论术语词典》中提到，"任何由文学语言所引起的可感效应，任何感人的语言、暗喻和象征，任何形象，都可以被称为意象"。由以上界定中的共性可见，"意象"是一个极具审美特征的概念，是附着在外物之上的人的主观认知、情感、思想等，是外物与人的内心合二为一的统一体。在叙事文本中，意象是闪光的支点，在文章机制中"发挥着贯通、伏脉和结穴一类功能"[④]，意象"不是孤立存在之物，它在'关系'中存在"[⑤]。可见，在叙事文本中，意象生成于复杂的叙事关系中，与文本、文化、叙事意图等各种因素相互交织，这种关系主要体现在两个方面：一种是文本、历史、文化、作者主观感受相互交织而产生的意象，体现横向的叙事关系，既承载历史文化信息，又承载重要的叙事信息；另一种是依作者的叙事意图构建起的一系列物象的关系，这种意象主要由物象的前后呼应或者局部的重复性出现凝结而成的意象，是一种纵向的叙

---

① 邱文生 . 语境与文化意象的理解和传译 [J]. 安徽大学学报，2004（3）：135-140.

② 赵迎菊 . 语言文化学及语言文化意象 [J]. 外语教学，2006（5）：47-49.

③ 孙桂英 . 文化意象的互文性及其翻译策略 [J]. 学术交流，2011（11）：136-139.

④ 杨义 . 中国叙事学 [M]. 北京：人民出版社，2009.

⑤ 同④ .

事关系。下文将从这两个关系入手，分析《红楼梦》中的"红色"意象及其翻译问题。

首先，"红色"横向意象的产生是"红色"的色彩意义与文本、文化、作者主观感受相互交织而成的结果，如此看来，类似于一些固定表达中的"红"，如"红脸儿、红了眼、红白大礼"等，虽然也蕴含特定的文化含义，但其所指比较固定、明确，对于整体叙事的依赖性不大，不属于文学意象的范畴；像"落红"等，具有一定的文化象征意义，"红"指"花"，在中国传统文学中多寓意"女性"，这种动态意象与"青春易逝、红颜不再"的叙事主题高度契合，是叙事结构的重要组成部分，是文本中重要的意象。此类意象既包括自然意象、社会意象，也包括民俗意象、文化意象。

"红"的自然意象源于自然物。"叙事作品中将自然意象化作动态意象，象来源于自然、意出自人文，给叙事脉络注入诗意。"[①]《红楼梦》善以红喻花，以花喻人，"红花"与"落红"自然成为《红楼梦》中最典型的"红色"自然意象，相关的表达有"落红成阵""花落水流红，闲愁万种""将那三春看破，桃红柳绿待如何""花谢花飞花满天，红消香断有谁怜""原来是姹紫嫣红开遍，似这般，都付与断井颓垣""几处落红庭院""红梅"等。

"红"的社会意象源于红色与社会的关联，"具有深刻的社会联系，隐喻着某种社会状态、社会现象发展的历史"[②]，主要表现在"通过色彩区分人物的身份等级"，"反映了封建社会的尚色制度"[③]，区分身份和地位等，红色色彩的差异也反映了不同的身份、地位。所以，从服饰的色彩选择中可以看出，"红"色系的不同使用，表面上反映人物的色彩爱好，事实上寓意人物的身份、地位。例如，刘泽权[④]统计了《红楼梦》中各色人物服饰的"红"，发现"大红"涉及贾宝玉、王熙凤等主要人物的服饰，且频次最高，而"桃红""水红"等浅色系的"红"多涉及鸳鸯、芳官、袭人等身份较低的人物。由此可见，在《红楼梦》的世界中，深色系的红是正统的红，代表的社会身份、地位较高，而浅色系的红是次要的红，代表的社会身份、地位较低，这反映了红的社会意象。

① 杨义. 中国叙事学 [M]. 北京：人民出版社，2009.

② 同①.

③ 肖家燕.《红楼梦》隐喻概念的英译研究 [D]. 杭州：浙江大学，2007.

④ 刘泽权.《红楼梦》中英文语料库的创建及应用研究 [M]. 北京：光明日报出版社，2010.

与社会意象注重社会关系和社会历史价值不同的是，"红"的民俗意象更注重其间的民间习俗和民间信仰的价值。在《红楼梦》中，"红"的民俗价值主要体现在重要节令中对"红"的运用，如年节中写着上贡品的"红禀贴"以及象征姻缘、爱情、感情的"红丝""红线""今宵红灯帐底卧鸳鸯""红麝串""红汗巾"、女儿闺中的"茜纱"等。

"红"的文化意象源于民族内部长久传承下来的、比较固定的文化意义，"或许这种意象比风俗意象更高雅些，或者带有一些文人在使用意象时所采用的隐喻手段和文化联想"①。比起民俗意象，文化意象带有更广泛的跨地域通行性，是中国传统的文化基因。例如，《红楼梦》中"红袖""红妆夜未眠，凭栏垂绛袖""红衬香湘舞落梅""帘卷朱楼罢晚妆""红粉""红裙""粉面""红楼""千红一窟"等蕴含的女性意象，以及以贾宝玉的"尚红"为代表的"红"象征青春、活力、美丽等生命意象，均是"红"的文化意象。当然，"红"的自然意象、社会意象、民俗意象和文化意象并不是界限分明的，可能会存在语义交叠的情况。

其次，"红"的纵向意象的产生主要取决于作者的叙事意图。杨义②认为，"意象选择的第二个原则，涉及意象本身和叙事肌理的关系，它不应该是静止的、封闭的，而应该是处在各种叙事线索的结合点上，不断展示自己的特点，从而成为叙事过程中反复受到关注的一个焦点，在似重复而非重复之间发挥情节纽带的作用"③，因此，"红"的意象也可能形成于纵向的叙事关系中，这种意象是"红"在《红楼梦》的文本中所独有的，反映作者独特的创作手法，脱离文本，"红"的这些意象可能就不复存在了。例如，《红楼梦》前 80 回中有 16 回提到了"海棠花"，而"海棠花"与贾宝玉住所的命名又有直接的关系。以下且看原文中与"海棠"相关的描述：

《红楼梦》第十七回中讲道，"院中点衬几块山石，一边种着数本芭蕉；那一边乃是一颗西府海棠，其势若伞，丝垂翠缕，葩吐丹砂"，此处"丹砂"便是红色，指海棠的颜色。继而宝玉道，"大约骚人咏士以此花之红晕若施脂，轻弱似扶病，大近乎闺阁风度，故以'女儿'命名"。此句点明了"海棠"与"红"，"红"与"女儿"之间的关系。宝玉又道"此处蕉棠两植，其意暗蓄'红''绿'

---

① 杨义. 中国叙事学 [M]. 北京：人民出版社，2009.

② 同①.

③ 同①.

二字在内……依我，题'红香绿玉'四字，方两全其妙"，之后"红香绿玉"改作"怡红快绿"，便是"怡红院"名字的由来，将海棠意象、红意象、女儿意象通过尚红贾宝玉的住所联系了起来。第十八回贾宝玉写海棠的诗句"绿蜡春犹卷，红妆夜未眠"，"红妆"既指其院内的海棠，又喻指女儿。第七十七回中，宝玉道："这阶下好好的一株海棠花，竟无故死了半边，我就知有异事，果然应在他身上。"第九十四回中，宝玉想起"晴雯死的那年海棠死的，今日海棠复荣，我们院内这些人自然都好。但是晴雯不能像花的死而复生了"。这两处的描写将海棠的花开花谢与女儿的命运联系起来。通过纵向梳理"海棠花"出现的语境，我们发现"海棠花"的红与"红"的女性意象之间有着明显的叙事关连。尽管"红"在中国文化中已有女性之喻，但在以上有关海棠花的叙事中，作者通过对海棠、红、女儿因素的多次关连，强化了海棠的"红"意象以及"红"的女儿意象。

由上可见，"红"意象的生成方式复杂，既有其固有的自然、社会、民俗、文化因素，又有服务于文本意图的叙事因素，而且两类意象的生成通常交织在一起，给翻译带来了难度。在中西文化中，红色"意象"的"意"与"象"大多是错位的，这也是为什么霍克斯"改红为绿"。"红"色在中国文化中是一个具有特殊意义和地位的颜色，具有浓重的本土色彩，而翻译中我们面临的一个问题是，一个本文或者一个意象越有本土性、民族性、独特性，也就越有翻译的价值和必要，翻译难度也越大，其目的语的接受也越难。"红"的色彩意义是中国文化的重要体现，但这一色彩在西方文化中又被赋予"血腥、革命"等负面的象征意义，但如果丢掉"红"的色彩意义，"红"的文化性也会在翻译中被抹杀。因此，如何在翻译中做到"意"与"象"的平衡是考验译者的一个难题，如何评价意象的翻译也是一个难题。目前，在有关《红楼梦》"红"色词翻译的评价和研究中，研究者基于同一译本得出的结论也不尽相同。如沈炜艳[①]认为杨宪益基本上使用了直译法来翻译红字，而霍克斯主要采用了归化译法，间或使用意译或省略处理，而王丽耘、吴红梅[②]的研究表明，霍克斯针对"红色"的不同情况做了不同处理，直译为主、意译为辅，万不得已才改译。以上研究虽然没有专门针对"红"意象

---

① 沈炜艳.《红楼梦》服饰文化翻译研究 [M]. 上海：中西书局，2011.

② 王丽耘，吴红梅.《红楼梦》霍克思译本"红"英译问题辨析 [J]. 国际汉学，2020（1）：21-28，202.

的翻译问题，但也从侧面说明，不同研究者对"红"意义层次的关注不同，评价的结果也会不同。因此，本研究只评价"红"意象的翻译。

目前译界也不乏对意象翻译问题的探讨，其中，胡开宝、李翼①认为，意象的翻译重在移植文学作品中的物象和物象所赋予的情感，冯全功②认为，"对文化意象的处理还要看其在具体语篇建构中的作用，越重要的就越需要移植和保留"，邱文生③认为，"意象的转换过程不是一个简单的、直接的、机械性的过度，而是一个或长或短的时间概念，它蕴含着一个文化对某一文化意象的逐渐接受的过程，即与某一文化意象相关的文化语境的不断磨合"。由此可见，意象翻译的复杂性需要译者对其分类处理。

首先，译者需要根据具体的叙事语境来判断意象的作用，重要的意象需要移植到译文中。

其次，意象融合了物的客观性与人的主观性，当"意"与"象"在翻译中不能兼得时，常见的做法是弃"象"取"意"，但考虑到文化意象在异域文化中的接受是一个长期的过程，那么从保留文化异质性的角度出发，留"象"而产生的陌生化效果也是提升文学性的手段。

下面将结合具体译例，分析《红楼梦》中的"红"意象在译文中的再现情况。

从叙事的角度看，《红楼梦》中"红"的富贵意象、女性意象是极为重要的，其标题中的"红"蕴含了全书与富贵、女性有关的两条叙事主线。俞晓红④认为，《红楼梦》标题中的"红楼"有两种文化指代意义，一指富贵人家宅院，二指富家女子的阁楼，而红楼梦则象征贾府的散亡败灭、梦幻一场以及书中所有女子的命运悲剧。在这个意义上，此类"红"意象就需要移植到译文中。综合来看，杨戴译本更注重对这一重要意象的传达，原文中具有此类重要意象的"红"大多用"red"来对应。例如，"红楼"被译为"Red Mansion"，"怡红院"被译为"Happy Red Court"，"悼红轩"被译为"Mourning-the-Red Studio"，"落红成阵"被译为"Red petals fall in drifts"等。而乔译本和邦译本除了将"红楼"译为"red chamber"，将"落红"译为"falling red（flower）"（乔译本）、"fallen red"（邦译

① 胡开宝，李翼. 基于语料库的文学翻译研究 [M]. 北京：外语教学与研究出版社，2021.
② 冯全功.《我不是潘金莲》中的文化意象英译研究 [J]. 语言教育，2019，7（2）：40–46.
③ 邱文生. 语境与文化意象的理解和传译 [J]. 安徽大学学报，2004（3）：135–140.
④ 俞晓红. 红楼梦意象的文化阐释 [M]. 合肥：安徽人民出版社，2006.

本），都保留了"红"的意象，在"怡红""悼红"等的翻译上均采用了音译的方式，没有像杨戴译本那样用"red"串起整部书的叙事主线。霍译本对"红"意象的处理则遵循了另一条叙事主线。霍译本选择的题名是"*The Story of the Stone*（《石头记》）"。俞晓红[①]认为，"石头记"这一标题是以"石头"为视角的叙事主线，整体暗含的是贾宝玉人生道路的悲剧。杨实和[②]亦认为，《石头记》的称谓，意在为贾宝玉做"正传"，小说中"金陵十二钗"角色分量和艺术感染力，随着修改而加深，这是作者始料不及的创作惊喜。接受者将《石头记》叫作《红楼梦》，自然侧重于众女子，尤其是"金陵十二钗"。普通读者叫就叫了，作为学者，实在是有违了曹雪芹的本意。且不论《石头记》或《红楼梦》的标题是否符合作者的原意，从以上论述我们可以看到，标题名不同，文本的叙事侧重点亦不同。霍译本考虑到"红"在中西文化中不同的象征意义，采用了读者导向的翻译策略，选择将男主角的命运沉浮作为叙事主线。因此，在标题"*the story of the stone*（石头记）"的整体叙事结构下，霍克斯有意识地替换掉了可能会引发认知冲突的"红（red）"，而是从"石头（贾宝玉）"的视角出发，将"红楼梦"译为"*A Dream of Golden Days*"，强调石头俗世历劫所经历的繁华一梦；将"怡红院"译为"Green Delights"，"Green"在英语文化中象征"青春""繁华"，此意与"红"在汉语中的象征意义接近，同时"Green"又与"怡红快绿"中的"绿"对应，借指贾宝玉。因此，从贾宝玉的视角看，如此的"改红为绿"在逻辑上倒也圆融。霍克斯将"悼红轩"译为"Nostalgia Studio"，同样是从"石头（贾宝玉）"的视角，抒发对家族败落、往昔不再的感怀。因此，从霍克斯译本本身的叙事框架来看，霍克斯对原文"红"意象的这种改译，避免了"红"意象直译可能给译文读者带来的认知冲突，又形成了自洽的译文叙事逻辑，也不失为一个好的选择。

再看原文其他几处重要的"红"意象翻译。第十七回中提到"西府海棠……葩吐丹砂"，这里的"丹砂"是红色。按照前文的分析，"怡红院"的名字来自于院中所植的海棠芭蕉，芭蕉为绿，海棠为红，海棠"红若施脂"，因而以"女儿"命名。原文中这几句的解释极为重要，表明了海棠与红及女儿的关系。因此，"丹砂"的"红"意象是其与全书的"红"叙事连接的桥梁。杨戴译本将"丹砂"译

---

① 俞晓红 . 红楼梦意象的文化阐释 [M]. 合肥：安徽人民出版社，2006.

② 杨实和 . 红楼梦文化论 [M]. 郑州：河南人民出版社，2019.

为"red"，将其蕴含的"红"意象明晰化。而在之后几处重要"红"意象的处理上，我们也看到了杨戴译本翻译策略的一脉相承。例如，杨戴译本将描述海棠的"红若施脂"译为"as red as rouged cheeks"，"rouged checks"代表女儿，这一译法将"red"与女性意象串联起来，为读者搭建了"红"与"女性"意义关联的桥梁；将贾宝玉用以描述海棠、亦寓意女性的"红妆"译为"the blossom decked in red"，花与红的意象也被关连了起来。可以说，杨戴译本坚持用"red"来翻译原文重要的"红"意象，使其在译文中成为一个重要的"文眼"。"Red"的多次重复出现可以使译文读者意识到这是一个重要的意象，而由以上译例可见，"red"在译文中与"花"以及"女性"的多次搭配，也会在读者的认知世界建立起"花"意象、"红"意象、"女性"意象的联系。因此，从意象翻译的角度看，杨戴译本成功地在译文中移植了"红"这一重要意象。相比之下，以上案例中的"红"在乔译本、邦译本和霍译本中并非作为特殊意象存在。例如，在乔译本中，"丹砂"被译为"cinnabar（朱砂色）"，表达了"丹砂"的颜色，却没有译出"丹砂"与"红"意象的叙事关联；"红若施脂"被译为"red like cosmetic（化妆品一样的红）"，是直译原文的做法，因为"cosmetic"在英文中并无女性的象征意义，所以该译文无法让读者获知"红"的女性意象；"红妆"被译为"red-clad maid（身着红衣的少女）"，因为"red"在英文中没有与女性相关的象征意义，且乔译本没有像杨戴译本那样，通过多次、重复使用"red"一词建构译文中"red"的特殊意象，因而"red"在乔译本中就没有特殊含义，只是衣服的客观颜色而已，该译文只是表达了"红妆"寓意女性的功能，而未能建立起"红"与"女性"之间的意象关联。邦译本将"丹砂"译为"cinnabar"，同样没有译出"丹砂"的红意象；将"红若施脂"译为"red as if it had been treated with rouge（红得像涂过胭脂一样）"，突出的是海棠花的红，没有凸显其与女性的关联；将"红妆"译为"girls adorned in red（身穿红色服饰的女孩儿）"，突出的是女孩儿，"红"的象征性被削弱。由此看来，邦译本中上述"红"意象的叙事效果与乔译本并无二致，二者均未围绕"红"意象来构建其叙事框架。

霍译本从文化接受的角度出发，坚持其一贯的改译"红（red）"的方式，将"丹砂"译为"carmine（深红色）"，同样只传达了"红"的颜色意义，而削弱了其与"女性"相关的文化叙事意义。而通过前文的分析可见，霍译本选用的书名与其他三位译者不同，因而叙事的侧重点也有所偏移。霍译本以贾宝玉的命运和视角为主线，为了避免"红（red）"可能给译文读者造成的认知冲突，消解了部分的"红"意象。在以上"红"意象的处理中，霍译本将"丹砂"译为"carmine（胭脂红）"，将"红若施脂"译为"rouge-like colour（胭脂一样的红色）"，将"红妆"译为"carmine caps（胭脂色的服饰）"，在颜色用词上体现了一致性。在原文中，以上三处"红"意象与女性的关联度最强，而在西方文化中，"carmine"因其色彩的鲜艳和浓烈，被赋予爱情、激情、生命力和活力等象征意义，与海棠"红"的"生命意象"及"女性意象"有一定的契合度，这是翻译中调和文化差异的有效尝试。

综上来看，如果以忠实于原文的"红"意象为评价标准，杨戴译本无疑是出色的，但不足之处在于，"red"的大量使用可能会给译文读者带来认知负担。如果以"红"意象翻译的接受度为评价标准，霍译本在文化的可接受性上似乎更强，但原文的"红"意象，尤其是作为叙事主线的"红"意象不得不被改译或省译。对于以上翻译中似乎无法完美平衡的两种翻译取向，在评价译文的质量时，可以分类别、分情况，不能一概论之。例如，杨戴译本虽然在文化的可接受性上略逊于霍译本，但其译本可以体现文化的异质性，呈现原汁原味的中国文化，鉴于异域文化意象的接受是一个长期的过程，读者对这种异质文化的接受也只是时间的问题，此类译本更适合对原文有一定熟悉度、偏专家型的读者。而霍译本采用中和的思维，对一些在译入语文化中缺省或者可能会引起认知冲突的文化项进行了协调式的处理，以减少读者的认知负担，此类译本更适合普通读者。

第五节　文化记忆与民俗文化翻译

本章所谈及的民俗文化包罗万象，与普通人的衣食住行有着直接的关系，是民族行为和观念的集中反映，是一种群体的集体无意识。上文中多是结合文本叙事探讨民俗文化的翻译问题，强调文化性和文学性的融合。但如果跳出文学文本，从更宏大的文化视角看待文学文本翻译所担负的文化传播功能，我们就不能拘泥于语言层面上的转换，而是要看到文本"背后形形色色的因素，如前文本、语义场、社会习俗、评论"，以及译入语的社会文化因素、以前的译本、目标语读者的文化心理期待等。本部分尝试引入文化记忆的概念，从更宏观的文化叙事视角，探讨文学文本中文化翻译的问题。

"文化记忆"是20世纪末由德国的扬·阿斯曼和阿莱达·阿斯曼夫妇提出的文化研究概念。扬·阿斯曼认为文化研究有两个主要任务，即文化的协调性和可持续性。协调性是文化交流的共时概念，旨在建立一个符号体系，并在技术和概念的层面上提供一个参与者能够交流的场，可持续性是文化交流的历时概念，"旨在把握文化的来龙去脉，关注文化形式和内容以及媒介的生成、消失和传播"①。国内最早将"文化记忆"引入翻译研究的是罗选民，他在综合之前研究的基础上，给出了文化记忆的明确定义，认为文化记忆是"社会群体通过一系列符号象征、媒体传播、机构运作和社会实践等方式反复运用从而建构的具有传播功效并为成员间所共享的过往记忆。文化以记忆涉及个体、机构、符号、交往、传播、建构等要素"②。

由以上"文化记忆"的概念可知，要想使文化通过翻译成为特定群体的共享记忆，就需要在译文读者间建立有关原文化内核的互文网络，强化文化效力。同时，文化的传播也是一个历时性的建构过程，言语所负载的文化信息"与它原来的场景分离，放在一个延续千百年的时空中去诠释、改写、翻译、升级，文化翻译的可持续性才可以成为可能"③。那么，如何在翻译中保持文化的深度和厚度，建构一种属于集体的文化记忆？一种方式是通过固化的符号将文化的内核记录下来。对于翻译来讲，这种固化的符号通常是语言。但在分析民俗文化翻译时我们也看到，民俗文化通常是历史传承的、具有群体共享特点的集体无意识，理解原文民俗文化所应具备的历史、地理、文学、民族、观念等互文信息在译语文化中通常是不存在的。例如，贾宝玉、王熙凤、北静王的服饰中含有大量与人物身份及性格相关的文化元素，这些文化元素的理解大多仰仗于社会文化背景信息，同时也是作者设置的打开人物性格密码锁的钥匙。缺乏对文化背景的深度了解，也就无法理解作者在文化叙事上的巧思。像王熙凤服饰中的"朝阳五凤""盘螭"等图形元素，实际上蕴含着丰富的社会文化象征意义，源于中国古老的图腾崇拜，"凤"在中国文化中象征着吉祥，同时也是皇权和地位的象征，常常与龙一起使

① 罗选民.大翻译与文化记忆：国家形象的建构与传播[J].中国外语，2019，16（5）：102.
② 同①.
③ 同①.

用，形成龙凤呈祥的图腾，象征着阴阳调和与天地和谐。王熙凤可以佩戴"五凤钗"，说明其地位非凡。"螭"是无角之龙，常用于代表女性，尤其是英气、果敢、偏男子气的女性，这些特质与王熙凤的人物性格十分匹配。深谙以上文化符号的原文读者可以从自己的文化记忆中抽离出文化符号的象征意义，并融入对文本的解读中，体会作者创作的匠心独运，无须作者多费笔墨解释个中深意。再如，"红"色在中国文化中象征生命、象征女性、象征吉祥富贵，这些都是属于中国人的文化记忆，所以，中国读者才能领会"落红成阵""怡红""悼红""白雪红梅"背后的深意。作者在《红楼梦》中将"红"作为"文眼"，利用"红"的文化记忆激活文本的"红"意象和"红"叙事，其效果也只有共享这种文化记忆的群体才能体会。没有文化的互文性做铺垫，移植到译文中的"红"也便成了普通的颜色。从文化传播的角度看，在这种情况下，语言显然无法承载所有的文化信息。除了语言上的"翻译"，也可以借助视频、图片、戏剧表演等其他的符号编码形式来呈现更加丰富的文化因素，以帮助译文读者建立文化互文网络。

此外，译文中异质文化网络的建构或许也可以借助"副文本"。"副文本"这一概念是由法国学者热拉尔·热奈特（Gerard Genette）提出的，热奈特认为，"那些围绕在文学作品周边，能够起到调节作品与读者关系，使文本成为文本，从而更好地展示给读者的材料，都是副文本"[1]。副文本可以具体分为内副文本和外副文本。内副文本是指围绕在正文本周边的序言、脚注、注释、尾注、后记等文内副文本，而外副文本则指与正文本有关的作者访谈、传记、作品评论、学术论文、介绍、书评等文外副文本。总体来看，"副文本"就是附加于"正文本"之上的，与"正文本"关系密切的材料，它对"正文本"的理解起着引导、支撑、解释、界定、指示等作用。可以说，副文本是通向正文本的阶梯和门槛，围绕正文本建构起文本和意义的互文网络，为正文本的理解提供丰富的背景信息。基于这一概念，西班牙学者乔斯（Jose）提出了"副翻译"的概念。乔斯所理解的"副翻译"是"任何跨文化交流的交换区和过渡区，是任何文化斡旋过程中成功或失败的决定性地点……总是服务于更好地理解文本、更为贴切地阅读文本"[2]，其具体表现

---

① 蔡志全."副翻译"：翻译研究的副文本之维 [J]. 燕山大学学报（哲学社会科学版），2015，16（4）：84-90.

② 同①.

为围绕在"翻译文本"周围的副文本，与翻译正文本一起参与意义的建构。例如，原文本中所蕴含的难以翻译的文化、历史、典故、象征、隐喻等要素，可以通过解释或注释的形式体现在译文中。译者可以通过译者序、译者注等形式解释自己的翻译立场，呈现正文本囿于语言形式的限制而无法充分展现的原文化记忆。例如，霍克斯在其《红楼梦》英译本的译者序中解释了"红"色彩在中国文化中的象征意义以及中西"红"隐喻的差异，这从一开始将中国的"红"文化植入到译本中，通过背景性的介绍引导译文读者形成对中国"红"文化的认知，从而辅助于正文本中"红"叙事的理解。再如，霍克斯在译者序中将《红楼梦》比喻为中国的《追忆似水年华》，实际上是通过《追忆似水年华》这部西方读者熟悉的作品，激发他们有关此类叙事小说的集体文化记忆，发现文化的共核，从而将这种文化记忆移植到《红楼梦》的阅读体验中，提升对《红楼梦》叙事内涵的理解。其实，在正文的翻译中，霍克斯也有意识地将《红楼梦》中的"梦"意象与"逝去的黄金年代"类比，将《红楼梦》译为 *A Dream of Golden Days*（金色年华之梦），将"悼红轩"译为 "Nostalgia Studio（乡思书斋）"，都含"追忆逝去的美好年华"的意思，这种题材之间的互文性是激发译文读者相关文化记忆的有效方式。从外副文本的角度来看，在《红楼梦》原文语境下，与文本理解相关的各种评论、考证、文化解读，以及与曹雪芹生平、性格、喜好等相关的各类研究，围绕《红楼梦》的正文本建构起庞大的语义网络，是辅助读者深入理解《红楼梦》的有效工具。同样，译文读者如果要深入地理解《红楼梦》译本，也离不开相关的外副文本的辅助。这给译者的启示就是从重构文化记忆的思路入手，在外译文本的同时也要翻译相关的辅助性副文本，如红学研究的论述、专著等成果，给译文读者提供更加体系化、更加深入的关联信息，以促进文化的传播效果。同时，"副翻译"不只涉及"语言"这种符号编码，同样也涉及戏剧、影视、动画、漫画等非语言的符号编码。一些在国外传播较好的经典名著，一开始并不是通过语言文字的形式传播的，而是通过影视或戏剧等更加形象、生动的表演形式传播的。在《论语》的众多英译本中，蔡志忠的漫画版《论语》在西方的接受度名列前茅。由此可见，让译文读者共享原文读者的文化记忆，可以探索多模态的文化传播方式。

综上所述，从文本的角度看，文学文本常借用文化因素达到一定的叙事目的，而读者解读这种文化叙事依靠的是其所在群体共享的文化记忆。这种文化记忆并不是通过具体的语言形式来表达的，而是以潜文本的形式存在。由于原文读者的文化记忆并不为译文读者所共享，如果译者不能在译入语环境中明示这种文化记忆，那么译文读者就很难获取译本意义建构所需的文化信息，但如果文化记忆被过于明示，势必会影响语言的流畅。因此，副文本及副翻译是解决这个问题的有效途径。译者通过提供与译本紧密关联的支撑性材料，帮助译文读者建构与文本高度互文的文化记忆网络，从而理解译文的深层叙事含义。

第六章　制度文化叙事与英译

　　制度文化是人类为了自身生存、社会发展的需要而主动创制出来的有组织的规范体系，主要包括国家的行政管理体制、人才培养选拔制度、法律制度和民间的礼仪俗规等内容。它反映了人类在物质生产过程中所结成的各种社会关系的总和，包括社会的政治制度、法律制度、经济制度，以及人与人之间的各种关系准则等。

　　《红楼梦》中的制度描写往往与"法"有关，大致可以分为礼法（国家层面的规范制度）以及宗法（家族或家庭层面的规范制度）。礼法主要包括六部、官职、捐官、参官、荫封等官吏制度，旗地、典当、义庄等钱财制度，大比、进学、办义学、探花、举人等科举制度，国子监祭酒以及府、州、县学等太学制度，袭荫（爵位继承、宗祧继承）、财产继承等继承制度，奴婢、妻妾等等级制度，以及断案、和息、抄家、充发、大赦等司法制度。家法主要包括家长制、父权、当家者、同居共财等宗族管理制度。以上可谓中国古代制度文化的大观。

　　目前有关《红楼梦》制度文化的研究主要集中在四个方面:《红楼梦》中制度文化的解析或考证研究、《红楼梦》中的制度文化与当时社会以及传统文化的互释研究、《红楼梦》中的制度文化对现代社会的启示研究、《红楼梦》中的制度描写与文学创作的关系研究以及《红楼梦》制度文化的翻译研究。

　　第一，文化视角下的《红楼梦》制度研究主要解释或考证《红楼梦》中出现的某类制度文化，婚姻制度，包括妻妾制度和奴婢制度在内的封建等级制度，清朝的律例以及用人制度是《红楼梦》制度文化研究的热门话题。例如，童珊[①]分析了《红楼梦》反映的清朝同罪异罚的宗族制度、科举等选官制度，以及行政与司法结合的司法制度。徐继忠[②]剖析了《红楼梦》中的男权制度和封建等级制度，

---

① 童珊.从《红楼梦》看清代法制 [J]. 学习与探索，2011（1）：231-223.
② 徐继忠.《红楼梦》女性悲剧的制度文化原因探究 [J]. 中州学刊，2015（1）：149-152.

认为这是造成书中众女性悲惨命运的根源。袁敏[①]从经济视角解析了《红楼梦》中贾府的财务管理制度，包含财务的组织架构、财务流程和控制、财务监督等。

　　第二，《红楼梦》与当时社会制度、传统文化的互释研究主要利用阐释法，将《红楼梦》中描述的礼制与所在社会、中国传统文化以及现代社会进行互释，考察纸面上的制度文化是如何在现实社会中运行的，或是考察制度的描写对情节的支撑，进而挖掘《红楼梦》的史料价值和文化价值。此方面的代表性研究便是尹伊君于2007年出版的《红楼梦的法律世界》。尹伊君[②]将此类视角的研究称为红学研究的第三派，即解释派。解释派研究的是制度的红学，将《红楼梦》视为活的中国文化，认为《红楼梦》关于中国传统社会的制度、典章等的描写是真实与虚幻的统一，其中存在着可以与传统社会和现代社会互为解释的巨大空间。尹伊君同时指出了研究文学作品中制度文化的价值，认为"文学作品往往不展现法律烦琐的程序和枯燥的细节，而是对人物的行为、心理及种种法律背后的东西进行刻画。元代以后兴起的戏曲、小说等俗文学的作者，一般都是科场失意者，四大名著的作者都是这种情况，这些小人物生活在社会的底层，对社会和法律等问题的体验是具体的"。具体而言，该书将《红楼梦》中有关丧礼、捐官、旗地等的描写与清代相关律例进行对比，促进相关情节的理解，如"祭祀产业连官也不入的""杖"等。除此之外，一些学者也关注《红楼梦》中的制度文化对现代社会制度的启示。例如，俞俊利[③]考察了《红楼梦》中的非正式性制度（宗法关系）对家族治理的调节效应及其对现代管理的启示。

　　第三，《红楼梦》中的制度描写与文学创作关系的分析。此类研究主要关注《红楼梦》中制度描写与人物的身份、性格、地位、命运等的关系，剖析制度的叙事功能。例如，李新灿[④]分析了嫡庶制度下探春言行的深层心理因素。徐继忠[⑤]认为，与"悲剧源于个人欲望"的西方悲剧理论不同，《红楼梦》中一系列年轻女性的悲剧，是古代一系列封建制度导致的，并进而分析了《红楼梦》女性悲剧

① 袁敏.《红楼梦》蕴含的财务问题及启示 [J]. 财务与会计，2021（8）：85-87.
② 尹伊君. 红楼梦的法律世界 [M]. 北京：商务印书馆，2007.
③ 俞俊利. 宗法关系与家族治理——基于《红楼梦》的量化研究 [D]. 南京：南京大学，2015.
④ 李新灿. 嫡庶制度与弱势性别的双重受难者——探春言行结局的深层心理分析 [J]. 云南社会科学，2004（2）：125-128.
⑤ 徐继忠.《红楼梦》女性悲剧的制度文化原因探究 [J]. 中州学刊，2015（10）：149-152.

的制度文化原因。张艳[1]探讨了探春命运的文化成因，认为嫡庶有别的封建宗族制度使得探春成为家族和政治的牺牲品。此外，一些研究还分析了《红楼梦》的制度描写对现代文学创作的启示。例如，冒建华[2]认为《红楼梦》的本质是以宗法文化的家为空间张力，宗法制度以"礼"为核心，以等级为主要特征，以血缘为纽带，其影响了《家》《金粉世家》等中国现代文学的叙事结构。

第四，《红楼梦》制度文化的翻译研究，此类研究数量不多，主要集中在官制和称谓两个方面。例如，曾国秀、朱晓敏[3]借用语料库技术，通过历史考据，分析了霍闵译本和杨戴译本在"六部"官制翻译上的问题，认为目前官制翻译的主要问题有二：一是译名不统一，不同译本对同一官制的名称翻译差别较大，如霍闵译本在翻译"部"这个官制属性时，用"board"的频率高达93次，而用"ministry"的频率只有23次，而杨戴译本用"board"的频率为50次，用"ministry"的频率为31次，体现出不同译本在用词上的巨大差异。二是同一译者翻译同一官制时也存在前后不一致的情况。例如，杨戴译本将"礼部"分别译成了"the Ministry of Rites"和"the Board of Ceremony"。作者通过梳理和考据，给出了更为合理的译文，并总结出官制翻译的规律。此外，称谓等礼制的翻译也是制度文化翻译研究的一个热点。例如，严苡丹[4]系统地分析了《红楼梦》中体现的父系、母系、合称等亲属称谓语，并基于霍闵英译本和乔利英译本分析了不同译者对亲属称谓语的翻译方法以及译语社会对译者翻译选择的影响。

综合已有研究可见，尽管《红楼梦》中的制度描写及其所反映的制度文化得到了较为全面、系统的分析，但《红楼梦》制度文化的翻译研究尚未得到足够的重视，且已有相关研究多集中在词汇层面的探讨，未能从更宏观的语篇视角和叙事视角分析制度文化在译文中的重构。因此，下文将具体解读《红楼梦》中反映的官制、典制和礼制，并结合语篇、文化和叙事视角，评价这三种制度文化在译文中的重构。

---

① 张艳.探春形象及其悲剧意义的考论 [J]. 红楼梦学刊，2015（3）：334-344.
② 冒建华.论《红楼梦》宗法文化与中国现代小说 [J]. 红楼梦学刊，2008（5）：305-317.
③ 曾国秀，朱晓敏.《红楼梦》霍译与杨译对"六部"官制之翻译考辨 [J]. 明清小说研究，2013（3）：236-248.
④ 严苡丹.《红楼梦》亲属称谓语的英译研究 [D]. 上海：上海外国语大学，2011.

第一节 《红楼梦》中的官制文化叙事与英译

一、《红楼梦》中的官制

官制也即设置官吏的制度，是一种政治现象、历史现象，也是一种文化现象。政治现象表现在官制是国家制度的重要组成部分，在阶级社会，官制是阶级统治的工具。同时，在中国官制发展的历史上，不同的朝代根据当时社会的具体情况，会设置不同的官制，来满足统治阶级的需求。如在封建社会，"秦汉出现了丞相制，从汉武帝到明初则改为尚书制，此后是内阁制"①。体现了官制发展的历史性。另外，不同的朝代也可能会沿袭前朝的官制，因而又体现了中国社会官制发展的承袭性和一致性。无论怎样，官制都反映了其所在社会历史时期的政治生态和社会管理，也是当时社会文化和风土人情的体现。文学文本中对官制的描写，一方面是还原当时社会背景，体现作品的写实性，另一方面是官吏制度因其自身所蕴含的社会等级意义，也会被作者用于小说的叙事和人物的塑造中，体现其文化和文学价值。《红楼梦》更是其中的翘楚之作。

正如一千个人眼中有一千个哈姆雷特，一千个人眼中也有一千个《红楼梦》。文学家眼中的《红楼梦》更多的是文学瑰宝、现实主义巨擘、爱情悲剧等，而在政治学家或者法学家的眼中，《红楼梦》则是一个了解中国传统官制和社会治理文化的宝库。对现实社会官制制度的刻画，加上亦实亦虚的官制文化艺术创作，构成了《红楼梦》的官制文化叙事。下文将重点分析《红楼梦》中的官名及官事。

官名主要指职官机构的名称。根据胡文彬②的统计，"120回本《红楼梦》里所提到的职官机构、称谓——从中央到地方，上至王公侯伯下至七品芝麻官，内相外臣、文武百官、军牢快手、番役太监，称谓不下百余种"③，可见，《红楼梦》

---

① 胡文彬. 红楼梦与中国文化论稿 [M]. 北京：中国书店，2005.
② 胡文彬. 假作真时真亦假——《红楼梦》里的官制简说 [J]. 贵州民族学院学报（社会科学版），1986（1）：9–14.
③ 同①.

所涉官制繁多。仔细考证《红楼梦》中描写的官名，我们发现官名的描写可以分为三种情况，第一种是作者信手拈来的虚构官名，第二类是清代没有或者功能在清代已经发生演变的半虚构官名，第三类是清代沿袭前朝的实有官名。

虚构官名是现实社会中不存在或者说不清来源的官名。例如，《红楼梦》第十三回中，贾珍花一千二百两银子为贾蓉捐了一个"防护内廷紫禁道御前侍卫龙禁尉"的官职，官居五品。从这一官职名来看，"防护内廷""紫禁道"说明了官职的功能和管理范围，"御前侍卫"说明是护卫皇帝的侍卫，但具体的官职名"龙禁尉"在清朝的官职中并不存在，为作者虚构。虽然文中交代"龙禁尉"与"同知"不同，是个实职，但从作者虚构该官名的做法来看，作者或许通过这一煞有其事的官名来讽刺贾蓉捐来官职的徒有虚名。

半虚构官名是有历史可溯的前朝官名，是名称在清朝已改变或者功能已改变的官名。例如《红楼梦》第二回中提到林如海已升"兰台寺大夫"。"兰台寺大夫"中的"兰台"最早为战国时期楚国的台名。西汉时设中央档案典籍库，史称"兰台"。东汉成立御史台，中丞出任御史台的长官，兰台是御史中丞和侍御史的办公处，因而御史台也称"兰台寺"。"但清代没有'兰台寺大夫'的官职。"[1]《红楼梦》脂砚斋甲戌眉批说："官制半遵古名亦好。余最喜此等半有半无，半古半今，事之所无，理之必有，极玄极幻，荒唐不经之处。"说明"兰台寺大夫"是作者在前朝官制基础上的半虚构官名。再如《红楼梦》第四回中提到的王子腾为"京营节度使"。节度使是一种地方长官，始设于唐代。唐开元时，边境数州划为一镇，镇设节度使，统揽镇内军政大权，到宋代成虚名，到元代废除。因此，"京营节度使"这一官名在清朝并不存在。胡文彬[2]认为，《红楼梦》的一个重要特点是"官制半遵古名"，因此，半虚构官名数量极多，按照启功（1963）的统计，《红楼梦》中的此类官名还有"九省统制（第四回）、永兴节度使（第十三回）、都尉（第二十六回）、九省都检点（第五十三回）、镇海总制（第一百回）、钦差金陵省体仁院总裁（第二回）、六宫都太监（第十六回）、粤海将军（第七十一回）、枢密院（第一百零七回）"等。

---

① 胡文彬.假作真时真亦假——《红楼梦》里的官制简说 [J].贵州民族学院学报（社会科学版），1986（1）：9–14.

② 胡文彬.红楼梦与中国文化论稿 [M].北京：中国书店，2005.

　　实有官名是清代确实存在的官名，多数是清代沿袭前朝，尤其是明朝的官名。例如，第八回中提到，秦钟的父亲秦邦业是"营缮司郎中"，"营缮司"是官署名，明清时隶属工部，掌宫苑官衙建造等营缮事宜。从隋唐至清朝，各部皆设"郎中"，分掌各司事务，为尚书、侍郎之下的高级官员，清末始废。因此，营缮司郎中是清朝社会真实存在的官名。再如，第十三回提到的"僧录司"和"道录司"皆是清代沿袭前朝的官署名。"僧录"始设于唐代，宋鸿胪寺所属有左、右街僧录司，掌寺院僧尼帐籍及僧官补授，明洪武十五年（1382）在礼部置僧录司，清朝沿袭明制，同设僧录司。"道录司"始设于元代，管理道教事务，明洪武十五年（1382）设道录司，隶于礼部。清沿明制置，设道官兼正一等衔，给予部札，其余设官、职掌皆与明同，并于京师分设东南城、西南城、中城等六处道官，各设协理一人，给予司札，佐理道人，颁发度牒。康熙曾命"道录司"稽查设教聚会。除此之外，《红楼梦》中的"盐政（第二回）、员外郎（第二回）、额外主事（第二回）、国子监酒（第四回）、通判（第三十五回）、太医院（第四十二回）、大司马（第五十三回）、礼部（第五十三回）、光禄寺（第五十三回）、太傅、翰林掌院事（第十三回）、都察院（第六十八回）、指挥（第七十九回）、锦衣、刑部（第八十一回）、巡抚（第八十五回）"等也是实有官名[①]。

　　官事主要指官吏的来源、选拔、管理和晋升方式等。中国封建朝代更迭，各朝各代的官事也千差万别。如先秦时期主要采用世卿世禄制，秦朝有军功爵位制，汉代推行察举制，隋唐实行科举制并为后朝沿袭。清顺治时期设立了官员的捐纳制度，与科举制相互补充，是清朝一个重要的官吏来源方式。综上可见，封建社会主要的官事包括世袭、军功、举荐、科举、捐纳等，《红楼梦》主要描写了袭荫、科举、捐纳三种形式。

　　"袭荫"就是官位或爵位世袭。《红楼梦》中提到的一些官位或爵位可能是作者编造，但"王公的封袭及其子嗣的恩荫，则是历史上存在过的真实制度"[②]。例如，在第二回冷子兴述说贾府时，有这样一段话：

　　"宁公死后，贾代化袭了官，也养了两个儿子：长子贾敷，至八九岁上便死

---

① 启功.读《红楼梦》札记 [J]. 北京师范大学学报，1963（3）：89-97.
② 尹伊君.红楼梦的法律世界 [M]. 北京：商务印书馆，2007.

了，只剩了次子贾敬袭了官，如今一味好道，只爱烧丹炼汞，馀者一概不在心上。幸而早年留下一子，名唤贾珍，因他父亲一心想作神仙，把官倒让他袭了。”

这段话清楚交代了贾代化承袭贾演官位，贾敬承袭贾代化官位，贾珍承袭贾敬官位的世袭制。通过这种方式获得官职的称萌生，“萌生在官员结构中占比很小”，但“凡是通过科甲、萌生这两种渠道当官的，都被称为‘正途’”[1]。因此，贾府后代的官制随世袭而来，且其地位不低。

“科举”是封建社会选拔官员的主要手段，也是清代官吏的主要来源。《红楼梦》中多处提到科举制。例如，在第一回中，甄士隐向贾雨村道：“且喜明岁正当大比，兄宜速入都，春闱一战，方不负兄之所学也。”此处的“大比”是指明清科举考试的乡试，由各地州、府主持考试本地人，一般在八月举行，故又称“秋闱”。明、清两代定为每三年一次，在各省省城（包括京城）举行，凡本省生员、监生、萌生、官生、贡生，经科考、岁科、录遗合格者，均可应试。再如，第二回提到林如海“从科第出身”，为“前科的探花”，贾政为“科甲出身”；第十三回提到贾敬为“丙辰科进士”等，均与科举制有关。

“捐纳”是清朝一个特殊的纳官制度，往往为后世所诟病。据尹伊君[2]考证，“1745年（乾隆十年），由科甲获得知州、知县的人数分别占45.8%和74.4%，捐纳者分别占37.5%和16.5%；1850年（道光三十年），前者分别占46.2%和69.5%，后者分别上升为44%和19.4%”，可见捐官者的比例呈上升趋势，“在曹雪芹那个时代，通过捐纳获得官职已经成为一种普遍的风气”。这种社会现实也生动地反映在《红楼梦》的叙事中，书中多次提到捐官的事宜，似乎已成为人们司空见惯之事。例如，第二回提到贾琏时，文中讲道，“这位琏爷身上现捐的是个同知，也是不肯读书”。作者将贾琏捐纳同知的行为与不肯读书放到一起，既讽刺了贾琏，又揭露了捐官的弊端。再如，在第十三回中，贾珍请求太监戴权为贾蓉捐官，文中道，

贾珍心中打算定了主意，因而趁便就说要与贾蓉捐个前程的话。戴权会意，因笑道：“想是为丧礼上风光些。”贾珍忙笑道：“老内相所见不差。”戴权道：“事

---

① 尹伊君. 红楼梦的法律世界 [M]. 北京：商务印书馆，2007.

② 同①.

倒凑巧，正有个美缺。如今三百员龙禁尉短了两员，昨儿襄阳侯的兄弟老三来求我，现拿了一千五百两银子，送到我家里。你知道，咱们都是老相与，不拘怎么样，看着他爷爷的分上，胡乱应了。还剩了一个缺，谁知永兴节度使冯胖子来求，要与他孩子捐，我就没工夫应他。既是咱们的孩子要捐，快写个履历来。"

这段话生动地再现了清代捐官的操作方式，贾珍与戴权的对话也较为隐晦。贾珍想为贾蓉捐官，却道"捐个前程"，且"打算定了主意"。以及后文中的"趁便、会意、凑巧"等词，说明了贾珍早有此心，戴权也实为此事而来。作者不但写出了捐官的流程，也以表面上的"凑巧"讽刺了当时的捐官者和捐官的风气。

由以上分析可见，《红楼梦》中的官制描写虚实结合，源于现实，又在现实的基础上进行了巧妙的艺术创作，让官制的描写服务于小说叙事。从翻译的角度看，原文的官名和官事大多为中国社会所独有，西方很少有与之匹配的表达，因此，如此准确地传达原文的官制是翻译的一大难点。此外，按照曹雪芹一贯的写作手法，《红楼梦》中的官制描写也毫不例外地服务于人物的塑造和情节的发展，起到文化叙事的功能，这种叙事功能和叙事效果如何在译文中重构？重构的效果如何？这也是关系到官制文化翻译成功与否的关键。因此，下文将基于具体的官名、官事译例，评价《红楼梦》不同译本中官制文化的翻译效果。

二、《红楼梦》官制文化英译分析

官名属于专有名词，属于术语的范畴，因此，官名翻译的评价标准应该参考属于翻译的评价标准。第一，译文需要准确反映原文内涵；第二，同一官名的译法应该保持一致；第三，官名的译文在语言上需要简洁，尽量避免冗长的解释，在结构上符合术语的规范；第四，官名的译文应该有单义性，不能使用可能引发歧义的语言表达形式。此外，我们需要注意的是，《红楼梦》中的官名描写是服务于小说叙事的，那么在评价官名的译文时，原文叙事效果是否在译文中再现也应该作为译文质量的评价标准。以下且看具体译例的分析。

看一下"将军"这一官职在《红楼梦》中的描写及其英译情况。《红楼梦大辞典》① 解释道：

① 李希凡，冯其庸.红楼梦大辞典 [M].北京：文化艺术出版社，2010.

清代的将军有四类：一是驻防八旗的最高长官之一，如江宁将军、伊犁将军等，秩从一品；二是临时出征的军事统帅，如扬威将军、靖逆将军等，而品秩俱从原官；三是武职封增官阶名号，乾隆二十年（1755）前正二品至从五品依次为骠骑将军、骁骑将军、昭勇将军、怀远将军、明威将军、宣武将军、武德将军、武略将军，乾隆五十一年又改制为正一品建威将军、从一品振威将军、正二品武显将军、从二品武功将军；四是宗室封爵的第十一至十四等级，依次为镇国将军、辅国将军、奉国将军（以上又各分一、二、三等）、奉恩将军。

由上可见，《红楼梦》中提到的"一等将军""威镇将军""威远将军""神武将军"等，均是作者根据现实中的将军设置制度而虚构的官名。以下且看不同译文对这些"将军"官名的再现：

例1：

原文：大内兄现袭一等将军，名赦，字恩侯……

杨戴译：My elder brother-in-law Jia She, whose courtesy name is Enhou, is a hereditary general of the first rank...

霍译：The elder one, Jia She, is an hereditary official of the First Rank and an honorary colonel...

乔译：My elder brother-in-law has now inherited the status of Captain-General of the first grade. His name is She, his style Ngen-hou...

邦译：My elder brother-in-law has now inherited the office of general of the first rank. He is named She. His "designation" is En-hou...

例1原文出自《红楼梦》第三回中林如海对贾赦的介绍。这里贾赦的"一等将军"降等承袭其父贾代善，只是虚衔，没有实职。且贾赦为人不端、行为不检，与靠能力维持国公地位的贾代善大不相同，此虚职也与贾赦的人物形象对应。从"袭"这个词的翻译来看，杨戴译本和霍译本选择的"hereditary"一般强调身份的承袭，而乔译本和邦译本选择的"inherited"一般指普通意义上的财产、性格等的遗传或传承。考虑到原文中官位的"荫袭"，显然"hereditary"表义更为准确。从"一等将军"的翻译来看，杨戴译本和邦译本均选择了基本的语义对应。在杨戴译本中，"general of the first rank"可以表达原文"将军"的职位和等级，而"hereditary"这一前置定语可以表达将军职位是承袭祖上得来的，而非凭借自己的能力获得。此译本表达简洁，且表达忠实地传达了原文的意思。同样，邦译本选择的"office of general（将军的职位）"虽然增加了"office"一词，突出了职位，但在整体意义上与杨戴译本类似。霍译本和乔译本的选词更加凸显原文的叙事意图，其中，霍译本将"一等将军"的内涵拆分，用"official of the first rank"表达这是等级为一等的官员，之后用"honorary colonel"表达贾赦同时拥有名誉上的军衔，但这种拆分可能会让译文读者误认为贾赦身兼两种职务，且这种释译的方式使得译文在语言形式上过于冗长，不符合专有名词的表达规范。乔译本使用的"captain-general"在西方文化中是一个礼仪性的头衔，例如，西方军队阅兵时的总司令，没有实权。因此，除了具有西方色彩这个问题，"captain-general"倒是可以表达"一等将军"为虚职、无实权的文化意义。综上所述，在以上四个译本中，杨戴译本更加符合专有名词翻译简洁、准确的标准。如果想进一步凸显原文中"一等将军"的虚职性，也可以集上述译本之所长，将其译为"hereditary honorary general of the first rank"。

例2：

原文：那时官客送殡的……齐国公陈翼之孙世袭三品威镇将军陈瑞文，治国公马魁之孙世袭三品威远将军马尚……

杨戴译：Among the officials attending the funeral were... Chen Ruiwen, hereditary general of the third rank, grandson of Chen Yi, Duke of Qiguo; Ma Shang, hereditary general of the third rank, grandson of Ma Kui, Duke of Zhiguo...

霍译：Among the distinguished guests taking part in the procession were... Chen Rui-wen（Maj.-General）, grandson of Chen Yi, Duke of Qi-guo, Ma Shang-de（Maj.-General）, grandson of Ma Kui, Duke of Zhi-guo...

乔译：At that time, among the officials who escorted the funeral procession, were... Ch'en Jui-wen, a grandson of Ch'en Yi, duke of Ch'i Kuo, who held the hereditary rank of general of the third degree, with the prefix of majestic authority; Ma Shang, the grandson of Ma K'uei, duke of Chih Kuo, by inheritance general of the third rank with the prefix of majesty afar...

例2原文出自《红楼梦》第十四回，通过描写送殡之人的身份来凸显贾家的地位以及秦可卿婚礼的隆重。原文中"世袭三品威震将军"和"世袭三品威远将军"均是曹雪芹根据明清时的将军设置而虚构的职位。这些将军均为降等世袭其祖上的爵位，说明其未能凭借自己的真才实学维持祖上国公的地位，只是徒有虚位，没有实权。以上四个译本体现了不同的翻译风格，杨戴译本省略了"威震""威远"的名号，只是保留了"hereditary general（世袭将军）"这一职位的属性。既然原文意在通过罗列参加秦可卿葬礼人数的众多和身份的高贵来突出贾府的地位，那么对其叙事意义的表达比细究官名形式更为重要。杨戴译文的这种选择，表达出获"荫袭"之家的地位和葬礼的隆重，既保留了原文简洁的表达形式，又再现了原文的叙事效果。相比之下，霍译本虽然也采用了简译的方式，但"Maj.-General"常指西方军衔制中的陆军少将或空军少将，是具有实权的职位，没有表达出原文"世袭、无实权"的含义。乔译本和邦译本更注重语言形式上与原文的对应，表达原文所有的语言信息，因两者翻译风格类似，此处只分析乔译本。乔译本将"世袭三品威镇将军"译为"hereditary rank of general of the third degree, with the prefix of majestic authority"，将"世袭三品威远将军"译为"inheritance general of the third rank with the prefix of majesty afar"均是语言学习式的译法，原文的每一个语言形式在译文中都能找到对应表达，且译者通过添加"with the prefix of（前置称谓）"的方式解释了"威镇"在原文中的作用，但这样的处理方式不但有机械对应原文的嫌疑，且不符合专有名词形式简洁的翻译标准，可能会影响译文的流畅性。

例 3：

原文：宝玉便知是神武将军冯唐之子冯紫英来了。

杨戴译：Baoyu realized this must be Feng Ziying, the son of Feng Tang, General Shenwu.

霍译：which Bao-yu knew could only mean General Feng Tang's son, Feng Zi-ying.

乔译：Pao-yu concluded that the new comer must be Feng Tzu-ying, the son of Feng T'ang, general with the prefix of Shen Wu.

邦译：Then Pao-yu knew that it was the same Feng Tzu-ying, the son of Spirit Warrior General Feng T'ang, who had come.

实际上，"神武将军"在《红楼梦》中出现过两次，且都是为了介绍神武将军之子冯紫英。第一次是第十四回在秦可卿葬礼上提到"神武将军公子冯紫英"，只是一笔带过；第二次是第二十六回薛蟠生日的聚会中，其中，作者对"神武将军冯唐之子冯紫英"的描写是"说犹未了，只见冯紫英一路说笑，已进来了……冯紫英笑道：'从那一遭把仇都尉的儿子打伤了，我就记了再不怄气，如何又挥拳……''……拿大杯来，我领两杯就是了。'……薛蟠执壶，宝玉把盏，斟了两大海。那冯紫英站着，一气而尽"。这段文字形象地刻画了冯紫英性格的豪放、英气，在《红楼梦》略显脂粉气和纨绔的众男子中，冯紫英可以说是一个特别的存在，他的性格与其父冯唐的封号"神武将军"十分契合。由此可见，尽管"神武将军"一职为作者虚构，但并不排除作者有意借"神武"之名塑冯紫英的性格。在以上四个译文中，杨戴译本和乔译本采用了音译专名、意译通名的做法，译出了"将军"的官职属性，却丢掉了"神武"的含义，而霍译本同样只保留了"general（将军）"这一官职属性，丢掉了"神武"这一专名。邦译本选择了意译的方式，将"神武"译为"Spirit Warrior"，一方面表达出这一官职名所体现的含义，另一方面也体现出与这一官职有关之人的性格特点。因此，无论从概念含义还是叙事意义的角度看，邦译本的效果都是最好的。

例4：

原文：不用远说，只金陵城内，钦差金陵省体仁院总裁甄家，你可知么？

杨戴译：You know Mr. Zhen, who was principal of the Jinling Provincial College?

霍译：There is one in the Zhen family in Nanking-I am referring to the family of the Zhen who is Imperial Deputy Director-General of the Nanking Secretariat. Perhaps you know who I mean?

乔译：This Mr. Chen was, by imperial appointment, named Principal of the Government Public College of the Chin Ling province. Do you perhaps know him?

邦译：But is may be that you know this family, Chen by name, in this city of Chin-ling, of the chief magistrate by Imperial appointment of the T'i-jen Department in Chin-ling.

例4原文出自《红楼梦》第二回贾雨村之口。关于"体仁院总裁"这一官名，《红楼梦》甲戌本脂批云："此衔无考，亦因寓怀而设……"《清史稿》卷一百十四《官职一》载：乾隆十三年，于内阁中"省中和殿，增体仁阁"。又同卷《官职二》中有"国史馆总裁"名。"体仁院总裁"一衔，当是根据当时这类机构和职衔编造而成。李希凡、冯其庸①亦认为，金陵省体仁院总裁是"作者虚拟的官名，在历代职官中，均无体仁院总裁之职称"。但从以上历史沿革可以看出，"体仁院"并非作者凭空虚构。故宫中有"体仁阁"，明初称文楼，嘉靖时改称文昭阁，清初改称体仁阁。清代乾隆时期焚毁重建。康熙时期，体仁阁曾为内外大臣举荐博学之士试诗比赋之所，之后亦有"体仁阁大学士"之官名。由此可见，《红楼梦》中"体仁院"一名或许就来自于"体仁阁"，与文人学者有关。因此，就"体仁阁"的官职属性来看，杨戴译本的"college（学院）"以及乔译本的"Government Public College（公立学院）"似乎更接近原文，但这种译法也可能令人误认为"体仁院"类似于当今的大学。霍译本中的"Secretariat"也不能完全表达"体仁院"的属性。就"体仁阁"曾为大学士所在之所的历史意义来看，"体仁院"的功能很可能与大学士的职责相关。明清两代，大学士是内阁的主官，常协助皇帝处理机要政务，地位颇高。而"secretariat"一般指秘书处或秘书职位，是在组织内部负责协助领导处理日常事务、起草文件、沟通协调等工作的职位。就"体仁院"可能含有的愈怀之意来看，作者可能借此名暗喻甄家为"体仁"之家。若想在译文中再现原文的这种隐喻效果，那么"体仁"的字面意思需要在译文中体现出来，但以上译文均省略了这一名称。虽然邦译本采用了音译的方式，将"体仁院"翻译为"T'i-jen Department"，但译文读者仍然无法获知"体仁"的含义。综合以上分析，因"体仁院"为虚构之名，所以其叙事意义大于官名意义，在这个意义上，"体仁院"可以采用直译加注的形式，如译为"the Benevolence Department（Grand Secretary Department）"。

以上四个译例均涉及官名翻译。除了大量官名，《红楼梦》中的官事也是反映当时社会现实和推动小说叙事的重要因素，下面将以科举制这一官吏选拔的主要形式为例，分析其在不同译文中的再现方式和效果。

例 5：

原文：这林如海姓林名海，表字如海，乃是前科的探花，今已升至兰台寺大夫，本贯姑苏人氏，今钦点出为巡盐御史，到任方一月有馀。

杨戴译：...where he learned that the Salt Commissioner that year was Lin Hai - his courtesy name was Lin Ruhai - who had come third in a previous Imperial examination

---

① 李希凡，冯其庸 . 红楼梦大辞典 [M]. 北京：文化艺术出版社，2010.

and recently been promoted to the Censorate. A native of Gusu, he had now been selected by the Emperor as a Commissioner of the Salt Inspectorate. He had been little more than a month in this present post.

霍译：This Lin Ru-hai had passed out Florilege, or third in the whole list of successful candidates, in a previous Triennial, and had lately been promoted to the Censorate. He was a Soochow man and had not long taken up his duties in Yangchow following his nomination by the emperor as Visiting Inspector in that area.

乔译：This Lin Ju-hai's family name was Lin, his name Hai and his style Ju-hai. He had obtained the third place in the previous triennial examination, and had, by this time, already risen to the rank of Director of the Court of Censors. He was a native of Ku Su. He had been recently named by Imperial appointment a Censor attached to the Salt Inspectorate, and had arrived at his post only a short while back.

邦译：This Lin Ju-hai whose clan-name was Lin and his personal name Hai and his style Ju-hai, was the third successful candidate on the list at a previous examination. He had now risen to be an official on the Censorate. He was a native of Ku-su. Now he had been appointed by the Emperor to be a Censor of the Salt Inspectorate. He had not long arrived at his post.

例 5 原文出自《红楼梦》第二回。在原文中，贾雨村介绍林如海为科举出身，为前科的探花。"探花"是殿试取中的前三名进士。清代的科举制多沿袭明代。明代科举分乡试、会试和殿试三个阶段。生员每三年一次到省城参加会考，为乡试，录取的人称为举人。举人和国子监的监生在隔年春天到礼部应考，称为会试，录取的人称为进士。同年，再由皇帝在殿上出题测验进士，称为殿试或廷试，把会试录取的进士分为三等：一甲三人，分别称为状元、榜眼和探花。可见"探花"相当于全国考试的第三名。作者将"林如海"设定为"探花"，说明其才情极高。可想而知，林黛玉的才气也与其父有莫大的关系。因此，译文需要体现出"探花"的高级别，才能向读者传达同样的叙事意图。在以上译文中，杨戴译本突出了"Imperial examination（皇家的考试）"，其中，"imperial"可以表达"至高无上"的意思，说明了该考试的地位，表达了原文的叙事意义。霍译本和乔译本均突出了殿试"triennial（三年一次）"的时间间隔，通过数量的稀有来突出"探花"的级别，但科考中的"乡试"也是三年一试，因而"triennial"不能专指"殿试"。不同的是，霍译本采用了直译加注释的方式，用"florilege"表达"探花"的字面意思。"florilege"在法语中是"诗华集"的意思，代表着如花般雅丽的诗集。"探花"这一称谓本身也与花有关。唐朝时，进士及第后会在杏花园举行探花宴。选榜进士中最年轻且英俊的两人为探花使，沿园采摘鲜花，然后在琼林苑赋诗，并用鲜花迎接状元。为"探花"称谓的来源。因此，"florilege"与"探花"可以形成类比的关系。同时，霍译本中的"Triennial"首字母大写，是专有名词，读者会认为该词有特殊的含义，但并不专指"殿试"。而在乔译本中，"triennial"是一个普通名词。只突出三年一次的考试频率而不突出考试的全国性规模，似乎无法完全表达"探花"作为"殿试"第三名的高级别。邦译本中的"a previous examination（之前的考试）"只是表达普通的考试，完全无法突出"殿试"的文化特殊性，因而没有表达出"探花"的概念意义和叙事意义。综上所述，杨戴译本和霍译本更能表达"探花"的高级别，再现原文的叙事效果。

例6：

原文：原来雨村因那年士隐赠银之后，他于十六日便起身入都，至大比之期，不料他十分得意，已会了进士，选入外班，今已升了本府知府。

杨戴译：Yucun, after receiving Shiyin's gift of silver that year, had left on the sixteenth for the capital. He did so well in the examinations that he became a Palace Graduate and was given a provincial appointment. He had now been promoted to this prefectship.

霍译：When Yu-cun received the gift of money from Zhen Shi-yin he had left for the capital on the day after the festival. He had done well in the Triennial examination, passing out as a Palace Graduate, and had been selected for external service. And now he had been promoted to the magistracy of this district.

乔译：The fact is that after Yu-ts'un had been presented with the money by Shih-yin, he promptly started on the 16th day for the capital, and at the triennial great tripos, his wishes were gratified to the full. Having successfully carried off his degree of graduate of the third rank, his name was put by selection on the list for provincial appointments. By this time, he had been raised to the rank of Magistrate in this district.

邦译：As a matter of fact, after Shih-yin had presented him with the silver that year, Yu-ts'un had set off the sixteenth of the mouth to go to the Capital. At the examination he obtained all his desire and passed to be a chin-shih. He was selected for service away from the metropolis and had now already risen to be the magistrate of this Prefecture.

例 6 原文出自《红楼梦》第二回。此段多个表达与科举选官制度有关，如"大比之期、会了进士、选入外班、升了本府知府"。其中，"大比"原是周代考查人口、官吏政绩的制度。据《周礼》记载："三年则大比，考其德行道艺，而兴贤者能者。"隋唐至清末，人们以"大比"一词泛指科举。到了明清两代，每三年进行一次乡试，于子、卯、午、酉年举行，称为正科。举行乡试之年，就称大比之期。由此可见，原文中的"大比之期"是生员每三年到省城参加的乡试。在以上四个译本中，杨戴译本将"大比之期"泛化为"examinations"，复数形式表示这是包括乡试、会试的一系列考试，符合历史上"大比"的考试机制，但不足之处是无法表明乡试的特殊性。邦译本虽然也用了"examination"一词，但其语法形式是单数，未能表达"大比"的特殊性。霍译本使用的"Triennial examination"与翻译"探花"时使用的"Triennial"用词类同，可能会使读者误以为"大比"和"殿试"是一个概念，不能体现科举考试层层选拔的考试机制。同样，乔译本中的"triennial great tripos"能表达三年一次的大会，但没有表达出"大比"乡试的概念。"进士"为会试录取之人，是参加殿试的候选人，是古代科举殿试及第者。杨戴译本和霍译本将"进士"译为"Palace Graduate"，表达出"进士"为殿试候选人的意思。但不足之处在于，"探花"和"进士"均与"殿试"有关，而杨戴译本和霍克斯译本在殿试的译法上并不统一，不利于译文读者形成对"殿试"的统一认知。乔译本将"进士"译为"degree of graduate of the third rank（具有第三等级考试的资格）"，但这里的"third rank"与大比"乡试"的表意不相符，而邦译本将"进士"音译为"chin-shih"，也未能表达出原文概念意义和文化含义。外班是清代的官吏任用制度，科举会试中进士后，除留在京城任京官，其他"分发外省任职的新科进士，俗称外班"（李希凡、冯其庸，2005：138）。因此，杨戴译本与乔译本将"外班"译为"provincial appointment（省级任命）"，可能会使读者误以为外班进士就职的都是省级机构，但实际上，外班多担任知县、知府等地方长官。霍译本的"external service（外部机构）"表意模糊，无法表达"京城之外"的意思。邦译本的"service away from the metropolis（首都之外的机构）"可以表达"到京城之外的地方任职"的意思，因而对原文的忠实度最高。

　　综上所述，《红楼梦》并不是一部简单的言情小说，而是一部现实主义巨著，但它又不同于一般的历史小说，它既有对当时社会现实的真实刻画，又有对社会制度的艺术性加工，既有深刻的社会历史研究价值，又有极高的文学和艺术美学价值。从翻译的角度看，原文官制的含义是否在译文中准确再现，官制文化在原文中起到的叙事作用在译文中是否重构，这些都关系到译文读者的阅读体验和正确理解。在分析不同译文时我们也会看到，译者囿于其所处时代获取相关资料不易的限制，以及《红楼梦》中官制的繁多、复杂，语义的历史互文性强，导致他们在翻译"官制"时常有误译或译名不一的情况。从发展的角度看，今后《红楼梦》的重译可以在文化词汇的翻译方面采用现代术语翻译的团队合作模式，通过梳理目前译本中主要文化词汇翻译的优秀案例以及问题，进行统一的考据和修订，避免词汇或术语层面的误译或译法不一致的情况，提升译文的翻译质量。

第二节　《红楼梦》中的典制文化叙事与英译

一、《红楼梦》中的典制文化

　　典制文化是中国古代文化的重要组成部分。从广义的角度看，典制文化包括礼仪、科举、官制、法律条令等各个方面的制度文化。从狭义的角度看，典制文化包含政治性官制文化之外的社会规约性制度文化，主要包括各类家法、宗法、国法、社会条令等。典制文化最早可以追溯到《周礼》等古代经典著作，是古代统治者为了维护社会秩序、国家安全、民生福祉等方面的管理而制定的规则和制度。典制文化的核心理念是"礼"，即对社会秩序的规范和管理，包括政治、经济、文化等各个方面的规定和约束。

　　《红楼梦》作为社会文化的大全，不但深入描写了大量的官制文化，也涉及继承、旗地、典当、妻妾、奴婢等各种社会规约制度。例如，《红楼梦》中多次描写贾家的家规，其中最为精彩的一段是第三十三回贾政鞭打贾宝玉的片段。贾政"气得面如金纸……喝令'今日再有人来劝我，我把这冠带家私，一应就交与他和宝玉过去！我免不得做个罪人，把这几根烦恼鬓毛剃去，寻个干净去处自了，也免得上辱先人，下生逆子之罪'……贾政喘吁吁直挺挺的坐在椅子上，满面泪痕，一叠连声'拿宝玉来！拿大棍拿绳来！把门都关上！有人传信到里头去，立刻打死'……贾政听了此话，不觉长叹一声，向椅上坐了，泪如雨下"。此段将贾政的矛盾心理描写得淋漓尽致。国有国法，家有家规，贾家作为声鸣鼎盛之家，家规自然甚严。在封建社会，父亲作为一家之主，是家法的执行者，且中国历来崇尚"子不教，父之过""严父慈母"。贾政作为父亲以及封建礼教的卫道士，纵然心中万般不忍，也要维护家法的尊严，实行教子的权利。再如，《红楼梦》中提到了清代的"旗地"制度。"清兵入关后，为了维护自己的统治地位，占有生产资料，从顺治到康熙，用'跑马圈地'的方式掠夺了大量良田，加上入关前就已圈占的土地，共同构成了所谓'旗地'。"[①]旗地一般是赏给有功之人。在《红楼梦》第十三回中，秦可卿在临死之前交代王熙凤：

> 莫若依我定见，趁今日富贵，将祖茔附近多置田庄房舍地亩，以备祭祀供给之费皆出自此处，将家塾亦设于此。合同族中长幼，大家定了则例，日后按房掌管这一年的地亩、钱粮、祭祀、供给之事。如此周流，又无争竞，亦不有典卖诸弊。便是有了罪，凡物可入官，这祭祀产业连官也不入的。便败落下来，子孙回家读书务农，也有个退步，祭祀又可永继。

清乾隆时代规定，"只要典卖地内有祖宗坟茔的，不论段落，准许原业主回赎……坟茔地亩不准入官"[②]。秦可卿或是预见了贾府最后败亡的命运，因而利用当时的旗地制度和祖宗坟茔不入官这一条令，嘱咐王熙凤在祖茔周边多置地产，为家族以后的生计留退路。与"旗地"有关的内容同样出现在第五十三回对"乌庄头"交租的描写中。原文道，"那红禀上写着：'门下庄头乌进孝叩请爷、奶奶万福金安，并公子小姐金安。新春大喜大福，荣贵平安，加官进禄，万事如意'"，接着便描写乌庄头上交的各种货物。这个片段刻画的便是清代旗地制度中的"庄头制"。旗人分到旗地后，"一般不居住和生活在他们的庄子里，特别是关外的旗

① 尹伊君. 红楼梦的法律世界 [M]. 北京：商务印书馆，2007.
② 同①.

地，需要有专门人员为他们管理土地，监督耕作，定期上交粮食、禽兽、果菜等实物，这种人就是庄头"①，而乌进孝便是这样的庄头。再看《红楼梦》中反映的奴婢制度。清朝的奴婢契约"有红契、白契之分"②，红契是经官方认可的契约，签订这一契约的奴婢是真正意义上的奴婢，而白契则是由双方约定而未经官方认定的契约，签订白契的奴婢可以根据约定赎回。第十九回中写道，"况且原是卖倒的死契，明仗着贾宅是慈善宽厚之家，不过求一求，只怕身价银一并赏了还是有的事呢"。关于这里旗人签的是"红契"还是"白契"，有两种不同的看法。周汝昌③认为，"死契"即是"红契"，而尹伊君④认为这里的"死契"类似于白契，是由双方约定所签，但签的是"死契"，亦不可赎身，所以袭人母兄才有尝试为袭人赎身的想法。但不管是哪种情况，此段无疑反映了清朝的奴婢契约制度。

二、《红楼梦》典制文化英译研究

《红楼梦》反映的典制繁多，且多数典制在英语中没有对应项，那么翻译中如何再现这些典制文化？以下且看具体译例的分析：

例 1：

原文：便是有了罪，凡物可入官，这祭祀产业连官也不入的。

杨戴译：Then even if the family property were confiscated because of some crime, the estate for ancestral worship would be exempted.

霍译：Then even if the clan gets into trouble and its possessions are confiscated, this part of its property, as charitable estate, will escape confiscation.

乔译：...should any one happen to incur blame, his personal effects can be confiscated by Government. But the properties, from which will be derived the funds for ancestral worship, even the officials should not be able to appropriate.

邦译：If anyone does offend, his possessions can be confiscated; the property set apart for the sacrifices will never be confiscated.

---

① 尹伊君 . 红楼梦的法律世界 [M]. 北京：商务印书馆，2007.

② 同①.

③ 周汝昌 .《红楼梦》新证（增订本）[M]. 北京：中华书局，2012.

④ 尹伊君 . 红楼梦的法律世界 [M]. 北京：商务印书馆，2007.

例1原文出自《红楼梦》第十三回。如前文所述，这里反映的是清代的旗地制度。乾隆时期为了保护旗人的土地，规定凡祖茔所在田亩不入官，是针对旗人的一种怀恩政策。秦可卿预见了贾家日后的衰败，从而嘱咐王熙凤在祖茔周边多置田亩，以备日后之用。杨戴译本中的"estate for ancestral worship（用于祖宗祭祀的财产）"基本译出了"祭祀产业"的意思，反映了清乾隆时期的旗地政策。霍译本中的"charitable estate"可指用于支持慈善事业的田产，或者慈善性田产，这或许可以表达"国家出于怀恩的考虑所给予的施恩田产，免受常规政策的约束"之义，但无法反映汉语文化中对于祖宗和祖地的重视，未能反映原文的文化含义。在乔译本中，"祭祀产业"被译为"the properties, from which will be derived the funds for ancestral worship（源于祖先祭祀的资金产业）"，没有深究此处祭祀产业背后的旗地制度，曲解了原文的含义。帮译本将"祭祀产业"译为"the property set apart for the sacrifices（专门用于祭祀的财产）"，同样没有反映出原文旗地政策对于祖地的忠实以及中国文化中的祖先崇拜。因此，综上来看，杨戴译本更准确地传达了原文的制度文化含义。

例2：

原文：门下庄头乌进孝叩请爷、奶奶万福金安，并公子小姐金安。

杨戴译：Your servant, Bailiff Wu Jinxiao, kowtows to wish the master and mistress boundless happiness and good health, and good health to the young master and young mistress too.

霍译：Wu Jin-xiao, Bailiff, presents his Humble Compliments to the Master and Mistress and compliments to The Young Gentlemen and Ladies.

乔译：Your servant, the head farmer, Wu Chin-hsiao, prostrates himself before his master and mistress and wishes them every kind of happiness and good health, as well as good health to their worthy scion and daughter.

邦译：Beneath your gate, village headman. Wu Chin-hsiao humbly implore ten thousand happinesses and golden peace for Your Honour and Madam, as well as golden peace for the young gentlemen and the young ladies.

例2原文出自《红楼梦》第五十三回，反映了清朝旗地的"庄头制"。贾府所属的土地一般不会亲自打理，而是交由庄头管理、监督耕作，庄头定期向贾府交纳一定的实物。由此可见，庄头是清朝时期的独有产物。在"庄头"的翻译方面，杨戴译本和霍译本均选择了"Bailiff"一词。在西方历史上，"bailiff"大多存在于大农场，他们受雇于农场土地的所有者，起着收租、收税、监督农场日常运作以及农场农民耕作的作用。从社会功能上看，"bailiff"与"庄头"相仿，能够表达原文的职务属性，同时又符合译入语读者的认知语境。同时，杨戴译本将"门下"译为"your servant（您的仆人）"，突出了乌进孝的雇佣身份，而霍译本将"门下"省译，则模糊了旗地制度这种上下等级关系，在典制文化的传播效果上略逊于杨戴译本。乔译本将"庄头"译为"head farmer（农场主）"似有不妥，因为"head farmer"也可以指拥有土地所有权的人，而"庄头"只是受雇之人，没有土地所有权。邦译本对"门下庄头"的翻译过于直译。其中，"门下"一般指投身于权贵门下并为之效劳的人，此处指受雇于土地所有者并为其经营土地的人，尽管"beneath your gate"可以表达"某事在某种方式或原理的管辖范围内"，但在原文的交际语境中，这一表达过于佶屈聱牙。"village headman"指负责村庄事务之人，与"庄头"的语义不符。因此，在"庄头制"的翻译方面，杨戴译本对原文典制的忠实度最高。

综上可见，《红楼梦》中反映的典制文化是当时社会政治制度和管理形式的缩影，且多具有历史背景，是极具独特性的中国文化因子。因此，翻译典制文化，译者需要具备追根溯源的意识，仔细考虑相关典章制度的来龙去脉，了解其颁布的真实意图和社会影响，而不是仅仅解读典制的字面意思，也不能从现代社会的视角理解彼时的典章制度。从译文表达的层面看，过于生僻或者与西方文化差异较大可能会引发认知障碍的典制可以用"找译"的方法，在英文中找到与原文典制功能近似的表达，实现文化功能的对应。例如，"bailiff"就很好地表达了"庄头"的文化功能。对于重要的典制文化意象和影响叙事走向的典制文化，应该尽量保留原文典制的文化内涵。例如，"祭祀产业"被译为"estate for ancestral worship"，既译出了"祭祀产业"背后的旗地制度内涵，又保留了中国文化对祖先的重视。由此可见，译者只有具备充分的典制文化知识和历史考据的意识，才能深入解读原文中的典制文化和叙事功能，从而提升译本表达的准确度。

第三节 《红楼梦》中的礼治文化叙事与英译

一、《红楼梦》中的礼治文化

本节标题之所以使用"礼治"而非"礼制"一词，是因为"礼"在中国社会的管理中是一个特殊且重要的概念。中国封建社会崇尚以"礼"治国，这里的"礼"不但包括国家法令规定的各种国礼、典礼制度等，也包括非行政法令规定的人在道德和行为层面上的"礼"，这两种"礼"共同维护着封建社会的秩序。因此，在谈论《红楼梦》礼治文化之前，我们需要分析下"礼"这个概念在中国文化及中国社会中的重要意义。

"礼"是儒学的一个重要术语。倪培民认为，"礼"最初指神圣的典礼或祭祀仪式。孔子将"礼"的范围扩大化，解释为一个社会认为合适的行为模式。"礼"有三层含义，或者说有三种具体的表现形式。一是"仁"和"义"等道德范畴的外在行为模式，类似于冯友兰所讲的行为准则。《论语·泰伯》："子曰：恭而无礼则劳，慎而无礼则葸，勇而无礼则乱，直而无礼则绞"，意思是说，"恭敬而不符合礼的规定，就会烦扰不安；谨慎而不符合礼的规定，就会畏缩拘谨；勇猛而不符合礼的规定，就会违法作乱；直率而不符合礼的规定，就会尖刻伤人"，此段话正是说明了"礼"的行为规范层面。二是"礼"的社会规约性，表现为礼法或礼制。周朝明确倡导德政、"德治"、"礼治"，把规章制度、法律法规、规矩规范、管理法规统称为"礼"，并形成了周礼。这个层面上的"礼"是一套公认的社会行为准则，是对行为的约束。但随着"法"的出现，规章制度、法令法规之类被统归于"法"的范畴，"礼"的相关内涵逐渐淡化，但礼法仍然有社会约束力。这也是中国封建社会管理的一大特点，正如胡文彬所言[1]，"礼是德治与法治之间的桥梁，对二者起着调节性的作用。礼是法之外具有约束性的行为规范"。三是"礼"的风俗性，即习惯性的礼俗，是一种集体无意识和社会自发秩序。这里的礼不是君王所立，而是来自传统、习俗，来自对人情常理的认可，来自圣贤对自

---

[1] 胡文彬.红楼梦与中国文化论稿 [M].北京：中国书店，2005.

然的发现。需要指出的是"礼"世俗化规约的一面，包括礼法和礼俗等，通常以仪式性的外在形式表现出来，如庆典中的礼仪、日常礼节等，是作为天道、天理、自然法的礼的外化。

以上"礼"的外在表现形式在《红楼梦》中均有体现。

首先，从礼法或礼制的角度讲，《红楼梦》中不乏对典章、制度、国家性的礼仪等礼法或礼制的描写，具体表现为国家层面上的君臣之礼、避讳之礼、祭祀之礼、婚嫁之礼、丧葬之礼等。例如，就丧葬礼制而言，不同身份的人去世，称法不同。老太妃去世称之为"薨"，贾母去世为"寿终"、贾赦去世为"仙逝、宾天"、秦钟去世为"夭逝"、林如海去世为"捐馆"等。此外，《红楼梦》中的丧葬之礼以第十三、十四回中秦可卿葬礼的描写最为详细。作者极尽铺陈，通过多处细节性描写，刻画了一个超出常规礼制的葬礼。其中，贾珍听闻秦可卿去世后，吩咐道，

请钦天监阴阳司来择日，择准停灵七七四十九日，三日后开丧送讣闻。这四十九日，单请一百单八众禅僧在大厅上拜大悲忏，超度前亡后化鬼魂；另设一坛于天香楼上，是九十九位全真道士，打四十九日解冤洗业醮。然后停灵于会芳园中，灵前另外五十众高僧、五十众高道，对坛按七作好事。

在中国的丧葬之礼中，"停灵时间越长，说明身份越重要，地位越高"①。从以上文字描述可见，秦可卿的停灵时间之长，已经超出了其身份所能拥有的规格，逾越了礼制，侧面说明了贾珍对秦可卿的重视以及两者关系的不同寻常。再者，原文如此描写路祭。

一时只见宁府大殡浩浩荡荡、压地银山一般从北而至。早有宁府开路传事人看见，连忙回去报与贾珍。贾珍急命前面驻扎，同贾赦贾政三人连忙迎来，以国礼相见。

贾珍、贾赦、贾政"以国礼相见"送殡之客，以及前前后后请众多僧人超度亡魂，设坛请道士打醮，高僧、高道对坛、棺材选木，送殡之人的数量、身份，彩棚、路祭的规格等均凸显了葬礼的超高规格。再如，《红楼梦》中虽然没有直

---

① 王国凤.《红楼梦》与"礼"——从社会语言学的角度 [D]. 上海：上海外国语大学，2010.

接描写皇帝，却也在多处体现了封建社会的君臣之礼。在第十七回和第十八回中，作者描写了元春回府省亲的盛大场面。

> 至十五日五鼓，自贾母等有爵者，皆按品服大妆……贾赦领合族子侄在西街门外，贾母领合族女眷在大门外迎接。半日静悄悄的……贾母等连忙路旁跪下。早飞跑过几个太监来，扶起贾母……二太监引赦、政等于月台下排班上殿，昭容传谕曰："免。"乃退。又引荣国太君及女眷等自东阶升月台上排班，昭容再谕曰："免。"于是亦退。茶已三献，贾妃降座，乐止，退入侧殿更衣，方备省亲车驾出园。至贾母正室，欲行家礼，贾母等俱跪止不迭……王夫人启道："现有外亲薛王氏及宝钗、黛玉在外候旨。外眷无职，不敢擅入。"

元春作为皇帝后妃，其省亲的流程自然依照国礼。因此，贾母等人即使为元春长辈，却也需按品服大装，提前迎候，并在见面时行下跪之礼。元春在见贾母等人之后，"欲行家礼，贾母等俱跪止不迭"，此说明在清朝的礼制中，国礼在先，家礼在后。元春既为后妃，便代表君王威严，亲情人伦之礼要让位于君臣之礼。"外眷无职，不敢擅入"，也鲜明地体现了君臣之间的阶层礼制，反映了当时社会的高度礼教化。

其次，从礼俗的角度讲，上到达官贵人，下到平民百姓，他们在日常生活中也会表现出与衣食住行等相关的民间礼俗，如年节时的祭祖、长辈行礼，中秋的拜月礼，以及关于人生重要时刻的生日礼、抓周、成人礼、婚丧嫁娶之礼，反映人伦关系的父子、夫妻之礼等。例如，年节时涉及开宗祠、请神主、置办祖宗贡品、刷桃符、贴门神、贴春联、挂牌、祭祖、给压岁钱、吃年酒、听戏等风俗，中秋时涉及烧斗香、拜月、赏月、赏花等。在一定程度上而言，此意义上的礼俗与民俗文化存在部分重合之处，但重在强调礼俗的规约性。再如，中国社会历来重视人与人之间的关系，人际交往中也会遵循一定的礼俗，这个在《红楼梦》的各类称谓中体现最为明显。如称呼自身为"鄙人"，称呼自家妻儿为"贱荆""犬子"等。

最后，从"礼"的道德层面来看，"礼"是儒家学说所推崇的君子应该具有的品质，是一种修身的理想，也是社会所崇尚的极高的道德标准。《红楼梦》中多次提到贾家好"礼"的品质。例如，在《红楼梦》第二回中，贾雨村提到贾家时形容其是"富而好礼""诗礼"之家。在第三回中形容贾雨村"礼贤下士",在第四回中讲"今上崇诗尚礼",均侧重"礼"道德层面的含义。

综上可见,作为中国传统思想的重要概念,"礼"在《红楼梦》中既表现为形而上的道德修养,又表现为形而下的世俗化转化,而这种世俗化转化更多地与"以血缘为纽带而形成的宗法社会联系在一起"①,构成了国法法治之外的礼治世界。从文化的角度看,《红楼梦》中的"礼治"体现的是中国社会以血缘、宗族、道德维系的治理观念,这种观点具有群体特性和排他性。也就是说,中国的礼治观念可能与西方以法治为主的社会治理观念存在极大差异,从而给译文读者带来认知和接受的困难。因此,译者需要综合考虑原文化传播的忠实性和可接受性,采用协调性的翻译策略,实现文化传播效果的最大化。

二、《红楼梦》礼治文化英译分析

上文中分析了"礼"在中国传统文化,尤其是儒学中的基本内涵,以及"礼"在中国社会治理中的体现,并对礼法、礼制、礼俗和道德层面的"礼"进行了具体说明。下面将基于《红楼梦》代表性译本中的具体译例,从礼制、礼俗、尚礼三个方面,分析"礼治"观念在译文中的再现方式和再现效果。看一下不同译文对君臣之礼的重构。

例1:

原文:那夏太监也不曾负诏捧敕,直至正厅下马,满面笑容,走至厅上,南面而立,口内说:"奉特旨,立刻宣贾政入朝,在临敬殿陛见。"

杨戴译:He was not carrying an Imperial Edict, however. Having alighted in front of the main hall, he mounted the steps with a beaming smile and, facing south, announced: "By special order of the Emperor, Jia Zheng is to present himself at once for an audience in the Hall of Respectful Approach."

霍译:He appeared to have no Imperial Proclamation or other document on his person, for instead of dismounting, as etiquette prescribed that he should if he was carrying a Written Instrument, he rode straight on to the foot of the main hall. There, with beaming countenance, he got down from his horse, climbed the steps, faced south

---

① 胡文彬. 红楼梦与中国文化论稿 [M]. 北京:中国书店,2005.

and gave utterance to the following announcement: "By order of His Imperial Majesty: Jia Zheng is commanded to present himself at court immediately for private audience with His Imperial Majesty in the Hall of Reverence."

乔译：The eunuch Hsia did not, in fact, carry any mandate or present any decree; but straightway advancing as far as the main hall, he dismounted, and, with a face beaming with smiles, he walked into the Hall and took his stand on the southern side. "I have had the honour," he said, "of receiving a special order to at once summon Chia Cheng to present himself at Court and be admitted in His Majesty's presence in the Lin Ching Hall."

邦译：He did not carry any proclamation or hold aloft any decree, but came straight to the principal hall and then dismounted and, his face all smiles, walked up the hall and took his stand facing the South. He said: "I have the honor to present a special edict summoning Chia Cheng to go at once to Court for an audience of the Emperor in the Lin-Ching Hall."

例1原文出自《红楼梦》第十六回皇帝宣召贾政入宫觐见。夏太监替皇帝宣召是代表皇帝的身份，传达皇帝的话语。从他对贾政的用词中，我们可以看到封建社会君臣之间的关系。夏太监说，"立刻宣贾政入朝，在临敬殿陛见"，这里不但直呼贾政的名讳，在句式上也是命令的语气，且在用词方面，"宣、陛见"均是正式性词汇，显示了皇帝宣召的威严以及君臣之间的上下等级。尽管贾政是元妃的父亲，从血亲来讲是皇帝的岳父，但国在先，家在后。正如王国凤[①]所言，"皇帝对岳父贾政……社会关系极为亲密，但由于权势关系的差别，使用的言语行为差别极大，皇帝传的话是命令"，因此，"贾政与元春之间的等级关系大于社会关系"[②]。从翻译的角度讲，原文君臣关系在译文中的重构要考虑到语言的正式性及其所表达的语气等。宣召是一个正式性行为，尽管原文用词"口内说"在形式上并没有体现正式性，但其所在的文本语境及文化语境均规定了其语气的正式性。因此，杨戴译本的"announce"，霍译本的"give utterance to the following announce"均体现了说话的正式性，而乔译本和邦译本使用的"said"一词则略显

① 王国凤.《红楼梦》与"礼"——从社会语言学的角度 [D]. 上海：上海外国语大学，2010.
② 同①.

口语化。"宣贾政入朝"同样显示了诏书用词的正式性以及皇帝以上对下的命令式语气。杨戴译本选用"be to"的句式，表达坚决的命令和必然发生的事情，带有强制性的语气，能够凸显皇帝和贾政君上臣下的身份。霍译本使用的"command"一般表示统帅或领导对下级的要求，更能体现命令的权威性和强制性，而乔译本和邦译本使用的"summon"一词表现召唤某人到特定的场所，侧重召唤的过程，一般用于法律和学术场合，不强调召唤者和被召唤者的等级关系。因此，在"宣……入朝"的翻译方面，杨戴译本和霍译本在语义以及文本所体现的社会关系上更忠实于原文。值得注意的是，霍译本增译了"as etiquette prescribed that he should if he was carrying a Written Instrument（如礼仪规定，如果他携带手写的诏书，他需要下马）"。这一增译信息将太监奉旨宣召的礼仪突出为重点，解释了持纸质圣旨宣召和持口谕宣召的不同礼仪，对于不明原文宣召礼仪的译文读者而言，霍克斯的增译使得"不曾负诏捧敕"与"直至正厅下马"之间的逻辑关系更加清楚。

例2：

原文：贾政亦含泪启道："臣，草莽寒门，鸠群鸦属之中，岂意得征凤鸾之瑞……"

杨戴译：With tears too he replied, "Your subject, poor and obscure, little dreamed that our flock of common pigeons and crows would ever be blessed with a phoenix.

霍译：With tears in his eyes the good man delivered the following little speech to the daughter he could not see: "Madam. That a poor and undistinguished household such as ours should have produced, as it were, a phoenix from amidst a flock of crows and pies."

乔译：Chia Cheng, on his part endeavoured, to restrain his tears. "I belonged," he rejoined, "to a rustic and poor family; and among that whole number of pigeons and pheasants, how could I have imagined that I would have obtained the blessing of a hidden phoenix!"

邦译：Chia Cheng, restraining his tears, also said: "In my poor insignificant home among the flocks of pigeons and crows had your subject any idea that I should get even a slight good fortune through a marriage connection?"

例 2 原文出自《红楼梦》第十八回。贾元春为贾政之女，但在贾元春被选入宫为妃后，其与贾政作为父女的血缘关系和社会关系便被君臣关系所取代。在封建社会中，皇权大于一切，因此，贾政见元春，仍然要以"臣"的身份自处。原文中的"启道、臣""鸠群鸦属""凤鸾之瑞"等自谦语和敬语鲜明地表达了两者之间的君臣关系。就"启道"的翻译而言，霍译本的"deliver the following little speech"相对正式，符合说话者和听话者之间的身份，而杨戴译本的"reply"、乔译本的"rejoin"以及邦译本的"said"略显口语化。在"臣"的翻译方面，杨戴译本和邦译本将"臣"直译为"your subject"，反映了原文从属性的君臣关系，霍译本的"madam"是敬语，语体正式，虽然不如"subject"更能体现皇家的绝对权势地位，却也表达了贾政和贾元春在此语境下的社会等级关系，且"madam"一词更符合西方读者的认知。乔译本将"臣"泛化为"I"，只是表达了人称，但并未表达出"臣"所蕴含的文化等级意义。在表达"鸠群鸦属""凤鸾之瑞"的文化意象时，除了邦译本，其他三个译文均保留了文化意象。杨戴译本通过"common"和"blessed with"将"鸠鸦"与"凤"的象征意义明晰化。霍译本没有添加任何的解释性词汇，但前文中的"should have"强化了"phoenix"和"a flock of crows and pies"的语义对比性，加之"poor and undistinguished（穷困无名）"的语义限定作用，译文读者也可以从这些上下文元素中领会到"phoenix"和"crows and pies"相对的寓意。乔利译本在语言形式和顺序上基本与原文对应，用"that"这一指代词明确了"rustic and poor family（乡野穷困之家）"与"pigeons and pheasants（鸽与野鸡）"之间的语义关联，用"the blessing of"表达出"phoenix"祥瑞的象征意义。只不过与霍译本相比，乔译本在语言上略显冗长。邦译本比较特别的是对"凤"意象的处理。由于英文中的"phoenix"并无汉语中的祥瑞之意，因此邦斯尔选择将其意译为"a slight good fortune through a marriage connection（通过联姻获得好运气）"，但这一表达强调的是通过婚姻而获得的荣耀，抹杀了原文将元春比作"phoenix"所体现的贾政对元春本人品质的赞扬，侧重点偏离了原文。可见，对于贾政在元春面前使用的"草莽寒门、鸠群鸦属"自谦语，四个译本均保留了原文的自谦形式，体现了贾政和元春之间的等级关系，同时也淡漠了两者之间的父女血缘关系。此外，霍译本中有一处特别的增译，即在翻译"启道"时，增加了"to the daughter he could not see（他无法见面的女儿）"，这也凸显了当父女关系让位于君臣关系时，父亲不能亲见女儿之面的礼法要求。

例 3：

原文：有两个时辰工夫，忽见赖大等三四个管家喘吁吁跑进仪门报喜，又说"奉老爷命，速请老太太带领太太等进朝谢恩"等语。

杨戴译：but it was four hours before Lai Da and a few other stewards came panting through the inner gate, crying: "Good news! His Lordship asks the old lady to go at once to the Palace with the other ladies to thank His Majesty."

霍译：About four hours later Lai Da, the Chief Steward of the Rong-guo manison, and three or four other stewards came panting into the gate and gasped out congratulations. "Master's orders," said Lai Da between breaths: "will her Old Ladyship please bring Their Ladyships to the Palace to give thanks to His Majesty for the greater favour he has shown us!"

乔译：After the expiry of four hours, they suddenly perceived Lai Ta and three or four other butlers run in, quite out of breath, through the ceremonial gate and report the glad tidings. "We have received," they added, "our master's commands, to hurriedly request her venerable ladyship to take madame Wang and the other ladies into the Palace, to return thanks for His Majesty's bounty;"

邦译：After two double-hour periods they suddenly saw Lai Ta and two or three stewards of the household running breathlessly through the ceremonial door to announce the good news. He said: "I have the Lao-yeh's command to invite the lady Dowager to lead all the other ladies into the palace to give thanks for the favor we have received."

例 3 原文出自《红楼梦》第十六回。管家赖大传贾政的命令，要求贾母带家眷进朝谢恩，原文中的"请老太太"反映了贾政和贾母之间的辈分尊卑。中国文化一直推崇"孝"，"礼"则是"孝"的外在表现形式，贾政虽然在外为官，但对贾母仍需尊称"请"。杨戴译本用"asks"兼有要求和请求之意，无法凸显原文的礼貌性和下级向上级邀约请求的含义，且赖大传达的是贾政的原话，原话应为正式性语体，"ask"略显口语化。霍译本将"请老太太"译为"will her Old

Ladyship please"，"will... please"表达出用语的礼貌性，"her Old Ladyship"是一种尊称。而在乔译本中，"request"表达的是正式的、礼貌的请求，一般指下级向上级的请求，指向性比较明确，"venerable"同样为正式用语，表达对所修饰之人或物的尊敬。因此，霍译本和乔译本均准确表达了原文用语的礼貌性和正式性，体现了说话者和听话者之间长幼尊卑的关系，也体现了贾政对贾母的孝道。相较而言，邦译本的"invite"一词也可以表达邀请的礼貌性，但语体上偏口语化，未能凸显原文正式语体所表达的贾政对贾母的尊敬。

以上三则译例说明了《红楼梦》中礼制文化翻译的难点和问题，除了礼制，礼俗也是《红楼梦》涵盖较多的礼治文化。前文中提到，礼俗文化和民俗文化有重合的部分，一般而言，"民俗作为一种文化现象，它属于'礼'的范围"①，但民俗重集体的约定俗成性，体现集体内部成员共享、共同认同的观念和行为习惯，这种观念和行为有时甚至是自发性的，属于一种集体无意识。与之不同的是，本部分所探讨的礼俗更强调礼俗观念和行为的社会规约性。礼俗作为日常生活中具有约束性的行为规范，同样反映了当时社会的治理观念。以下将举例说明《红楼梦》中此类礼俗的翻译问题：

例4：

原文：雨村拍案笑道："怪道这女学生读至凡书中有'敏'字，皆念作'密'字，每每如是；写字遇着'敏'字，又减一二笔，我心中就有些疑惑。今听你说，的是为此无疑矣……"

杨戴译：Yucun pounded the table with a laugh. "No wonder my pupil always pronounces mm as mi and writes it with one or two strokes missing. That puzzled me, but now you have explained the reason..."

（尾注：A parent's name was taboo and had to be used in an altered form.）

霍译：I have often wondered why it is that my pupil Dai-yu always pronounces "min" as "mi" when she is reading and, if she has to write it, always makes the character with one or two strokes missing. Now I understand.

乔译：Yu-ts'un clapped his hands and said smiling, "It's so, I know! for this female pupil of mine, whose name is Tai-yu, invariably pronounces the character min as mi,

---

① 胡文彬.红楼梦与中国文化论稿 [M].北京：中国书店，2005.

whenever she comes across it in the course of her reading; while, in writing, when she comes to the character 'min,' she likewise reduces the strokes by one, sometimes by two. Often have I speculated in my mind（as to the cause）, but the remarks I've heard you mention, convince me, without doubt, that it is no other reason（than that of reverence to her mother's name）.

邦译：This girl pupil of mine is called Tai-yu. In her reading she always pronounces the character Min as Mi. When she is writing, if she comes across the character Min she shortens it by one or two strokes. I often used to wonder why. Now when I hear what you say, it is no doubt for this reason.

例 4 原文出自《红楼梦》第二回。该部分中，林黛玉将"敏"念作"密"，且遇着"敏"时又减一二笔，无疑反映了中国礼俗中的姓名避讳。姓名避讳源于古代人对鬼神、自然、祖先的崇拜，以及对权力、地位和身份的追求，这种崇拜最终反映在名字的避讳上。在中国文化中，姓名的避讳主要有三种类型，分别是忌讳、憎讳和敬讳。忌讳主要是避免语言中使用一些被认为不吉利或会引起不幸的词语。比如，古代吴国人为了避免"离散"，将"梨"称为"圆果"，将"伞"称为"竖笠"。憎讳是出于对某些人或事物的厌恶憎恨，避免使用与之相关的词语。比如，在唐朝，因为唐肃宗憎恶安禄山，原来带"安"字的郡县名都改成了其他名字。而敬讳则是为了表示对长辈的尊重，书写言谈时遇到君、父、长、上名字中的字，都不能直接说出或写出，而要用其他字代替。避讳的方法有很多种，如改字、缺笔、空字等。上文中林黛玉对其母贾敏名字的处理就是一种敬讳，通过改字等体现对母亲的尊重。但西方文化不存在祖先的崇拜文化，因此，也就不存在敬讳一说。因此，上文中的姓名敬讳行为若直译到英文中，译文读者可能只会理解其字面意思，无法理解这种礼俗背后的行为逻辑。对于这种文化缺省项，翻译时应该给读者提供足够的文化语境，帮助译文读者理解文字背后的文化深意。从以上四个译本来看，霍译本和邦译本采用了直译的方式，没有提供任何文化补充信息。杨戴译本就姓名避讳的问题添加了尾注"A parent's name was taboo and had to be used in an altered form（父母的姓名是禁忌，使用时需要改变字的形式）"。该尾注解释了中国的姓名避讳文化，为译文读者理解林黛玉为何要这样做提供了文化背景信息的支撑。乔译本采用了文中夹注的方式，通过添加"of reverence to her mother's name（对母亲名字的尊敬）"来解释中国这种特有的姓名避讳文化。从文化叙事的角度看，在原文语境中，杨戴译本和乔译本的文化信息补偿是非常必要的。对于缺乏原文文化背景的译文读者而言，这种补偿是其理解林黛玉"改音、改字形"行为的基础，是在译文语境中重构原文文化叙事的必要方式。

除了姓名避讳文化，《红楼梦》中的各类自谦语也是礼俗的重要体现。中国人崇尚谦虚、内敛，使用自谦语是表达谦虚、尊重的一种语言形式。且看以下自谦语在《红楼梦》译文中的再现情况：

例5：

原文：雨村忙笑问道："老兄何日到此……"

杨戴译："When did you arrive, brother..." asked Yucun cheerfully.

霍译：and Yu-cun now returned the other's greeting with a pleased smile. "My dear fellow! How long have you been here..."

乔译："When did you get here..." Yu-ts'un eagerly inquired also smilingly.

邦译：Yu-ts'un hastily smiled and asked: "When did you come here, venerable elder brother..."

例5原文出自《红楼梦》第二回贾雨村对冷子兴的称呼。在中国传统文化中，"老"字通常用于表示尊敬和亲近的态度，"兄"虽是亲属称谓语，却具有社会化功能，一般是说话者用以拉近说话双方的关系、自谦的用语，因此，称对方为"老兄"并不表示对方是自己的哥哥，而是一种表达对听话者的尊重和亲近的交际用语，是对中国传统礼俗的重要体现。在以上四个译本中，杨戴译本和邦译本采用了异化策略，保留了"brother（兄）"这一基本概念，但对于不了解中国称谓礼俗的译文读者而言，他们对"brother"的解读可能就是生理上年长于自己的男子，而非一种社会交际属性的称谓语。因此，杨戴译本虽保留了"兄"的称谓形式，但可能引起不具备相关文化背景读者的误读。邦译本添加了"venerable（尊敬的）"一词，凸显了"老兄"作为敬语的社会化功能，但"elder brother"的译法可能会带来与杨戴译本相同的问题。霍译本和乔译本则采用了归化的译法。霍译本的"My dear fellow"舍弃了"老兄"的字面意义，却表达了两者之间的亲密关系，凸显了"老兄"在上述语境下的交际意义。乔译本将"老兄"简化为"you"，只是指出了"老兄"的指代意义，没有表达出其敬语的性质。综上可见，四个译文明显呈现归化和异化两种不同的翻译取向。译者不同的文化态度决定了译者翻译中的词汇选择，杨戴译本和邦译本选择保留"老兄"的字面意义，可以给译文读者一种"陌生化"的文化体验，从文化传播的角度来看，这种异化的文化翻译策略可以让译文读者意识到原文化中亲属称谓语的社会化功能，了解中国文化中的称谓礼俗，但问题在于，短时间看，这种译法的可接受性较差，译文读者需要较长时间来接受这种"新奇"的语言表达形式。霍译本和乔译本归化策略的可读性和可接受性更强，但不利于译文读者了解原汁原味的中国文化。因此，从文化传播的角度看，更倾向于杨戴译本和邦译本对原文称谓的翻译方式。

例6：

原文：贾珍感谢不尽，只说："待服满后，亲带小犬到府叩谢。"

杨戴译：Jia Zhen thanked him warmly and promised, "When the mourning is over I shall bring my worthless son to kowtow his thanks."

霍译：Cousin Zhen thanked him warmly. "When the period of mourning is over," he said, "I shall bring the young fellow round to your house to kotow his thanks."

乔译：Chia Chen was incessant in his expression of gratitude. "When the period of mourning has expired," he consequently added, "I shall lead in person, my despicable eldest son to your mansion, to pay our obeisance, and express our thanks."

邦译：Chia Chen could not thank him sufficiently. He said: "When the period of mourning is completed I will bring the pup himself to your Mansion to bow his thanks."

例6原文出自《红楼梦》第十三回。贾政与太监戴权对话，称自己的儿子为"小犬"是一种谦称，表示对对方的尊重。在中国文化中，谦称是表示谦虚的自称，是礼节的一种表现。古代君主一般自称孤、朕、寡人，而一般人自称臣、仆、愚、蒙、不才、在下、下官、鄙人等。女子一般自称妾、奴等。在对他人称自己的妻子时，一般用拙荆、贱内、内人，称自己的儿子为小儿、犬子、小犬，称女儿为息女、小女等，均是谦称礼俗的表现。但这种礼俗在西方文化中是缺省的。从翻译的角度看，杨戴译本的"worthless son（无用的儿子）"、乔译本的"despicable eldest son（可鄙的儿子）"、邦译本的"pup（小狗）"均采用了直译的方式，但以上英文表达的感情色彩过于负面。如果说杨戴译本的"worthless"强调品质差，尚可接受，那么乔译本的"despicable"则关乎道德层面的评价。对于不了解中国谦称文化的西方读者而言，去理解一个父亲如此评价自己的儿子属实困难。同样，"pup"虽然字面意思为"小犬"，但该词可以表达"令人讨厌的、没教养的年轻人"之义，贬义色彩浓重。由此可见，此类谦称的直译可能会给译文读者带来极大的认知冲突，极有可能使译文读者认为说话者有谄媚之心，误解原文中的谦称功能。相比之下，霍译本的"the young fellow"译出了"小犬"的交际功能，虽然没有体现中国的谦称礼俗，但是若文化差异极大可能会造成译文读者的认知冲突，译者需要采取妥协式的翻译策略，保证原文意义被正确理解。在这种情况下，文化信息略有减损也是可以接受的。

除以上两个译例，《红楼梦》中另有一处集中体现了称谓礼俗的作用以及称谓礼俗在塑造人物形象方面的作用。第十五回中有这样一段对北静王和贾政对话的描写：

水溶见他语言清楚，谈吐有致，一面又向贾政笑道："令郎真乃龙驹凤雏，非小王在世翁前唐突，将来'雏凤清于老凤声'，未可量也"。贾政忙陪笑道："犬子岂敢谬承金奖……"水溶又道："……若令郎在家难以用功，不妨常到寒第。小王虽不才，却多蒙海上众名士凡至都者，未有不另垂青目……"

这段对北静王的描写，将"令郎、世翁、龙驹凤雏、雏凤"等他称敬语和"小王、寒邸"等自称谦语相结合构建起北静王谦虚、遵礼教的人物形象，也反映了中国官场的礼节。而贾政的"犬子、谬承"自谦语也反映了贾政与北静王对话时的谦逊和礼貌。以下且看此类称谓礼俗在译文中的反映：

杨戴译：The clarity and fluency of Baoyu's answers made the prince turn to observe to Jia Zheng, "Your son is truly a dragon's colt or young phoenix. May I venture to predict that in time to come this young phoenix may even surpass the old one?" "My worthless son does not deserve such high praise," rejoined Jia Zheng hurriedly with a courteous smile... "If he finds it difficult to study at home, he is very welcome to come as often as he likes. For although untalented myself, I am honored by visits from scholars of note from all parts of the empire when they come to the capital. Hence my poor abode is frequented by eminent men.

总体来看，除了将"犬子"译为"my worthless son（我无用的儿子）"，将"寒第"译为"my poor abode（我那寒酸的住所）"，杨戴译文在翻译"令郎、世翁、小王"等其他敬语或自谦语时只是表达了指称意义，并没有译出其背后反映的称谓礼俗。译本中的异质文化犹如一把双刃剑，它一方面可以建构让译文读者真正接触原文化的渠道，另一方面可能导致异质文化在译入语文化中的水土不服，降低译本的传播度和接受度。因此，译者需要根据文化传播的现实社会语境，在译本中把握好"异质度"。杨戴译本选择保留贾政和北静王谈话中的各一句自谦语，体现了译者保留原语文化特质的努力，同时意译其他的社交性称谓，保持了译文的流畅度和可读性，基本传达了原文的含义。

霍译：Delighted that everything Bao-yu said was so clear and to the point, the prince observed to Jia Zheng that "the young phoenix was worthy of his sire. I trust I shall not offend you by saying so to your face," he said, "but I venture to prophesy that this fledgling of yours will one day 'sing sweeter than the parent bird'." Jia Zheng smiled politely, "My son is doubtless unworthy of the compliment Your Highness is good enough to pay him" ... "If he does find difficulty in working at home, he would be very welcome to come round to my palace. I do not pretend to be a gifted person myself, but I am fortunate in counting distinguished writers from all over the empire among my acquaintances, and my palace is a rendezvous for them when they are in the capital, so that I never want for intellectual company.

与杨戴译本相比，霍译本在称谓礼俗的翻译方面基本选择了归化的策略，如将"小王"译为"I"，将世翁译为"you"，将"犬子"译为"my son"，将"令郎"译为"he"，将"寒第"译为"palace"等。从整体效果上来看，原文通过自谦语和敬语所建构的北静王谦逊、礼貌的形象在译文中有所淡化，取而代之的是一个地位较高者对一个地位较低者的夸赞。尽管霍克斯在翻译上文第一处"令郎"时使用了"young phoenix"一词体现北静王对宝玉的赞赏，但这种释译无法传达出北静王谦逊的性格。因此，尽管霍译本的可读性较高，但对称谓礼俗的翻译过于归化，因而未能全面还原原文中北静王的人物形象。而在翻译贾政的对话时，霍克斯增加了"Your Highness"这一敬称，体现了贾政的谦逊以及贾政和北静王之间的尊卑关系。由此可见，对待个别缺省、不可译的文化信息，译者也可以选择补偿的方式重构原文的文化语境，以弥补文化归化策略可能造成的原文化丢失。

乔译：Shih Jung perceiving the perspicacity of his speech and the propriety of his utterances, simultaneously turned towards Chia Chen and observed with a smile on his face: "Your worthy son is, in very truth, like the young of a dragon or like the nestling of a phoenix! and this isn't an idle compliment which I, a despicable prince, utter in your venerable presence! But how much more glorious will be, in the future, the voice of the young phoenix than that of the old phoenix, it isn't easy to ascertain." Chia Chen forced a smile: "My cur-like son," he replied, "cannot presume to such bountiful praise and golden commendation" ... "By remaining at home, your worthy son will find it difficult to devote his attention to study; and he will not reap any harm, were he to come, at frequent intervals, to my humble home; for though my deserts be small, I nevertheless enjoy the great honour of the acquaintance of all the scholars of note in the Empire, so that, whenever any of them visit the capital, not one of them is there who does not lower his blue eyes upon me."

与霍译本的归化策略相反，乔译本对称谓礼俗的处理走向了全盘异化的一端。乔利基本还原了原文中的敬语和自谦语。例如，"令郎"被译为"your worthy son（您值得敬仰的儿子）"，"小王"被译为"a despicable prince（一个卑下的亲王）"，"世翁"被译为"your venerable（值得尊敬的您）"，"寒第"被译为"my humble home（我简陋的家）"，均再现了原文的称谓表达形式，凸显出北静王对内贬低自己、对外提高他人的官场礼节的谦虚性格，给读者呈现的是一个谦逊守礼的亲王形象。但这种译法带来的一个问题是，一些自谦语的英文表达在道德层面上负面色彩浓重。例如，译文读者可能无法理解一个身份高贵的人会称自己"despicable（卑鄙的）"。同样，乔译本将"犬子"译为"cur-like son（恶狗一样的儿子）"也会给译文读者带来疑惑：一个高官竟然称呼自己的儿子为恶狗一般。如此一来，译文读者会认为贾政真的厌恶自己的儿子。因此，乔利的译文虽然忠实于原文的称谓表达形式，但没有表现出原文称谓的社会交际功能，使得原文中的交际意图无法成功再现。此外，乔译本将贾政的"陪笑"译为"force a smile"，显然误解了原文的意思。原文中的"陪笑"是指贾政出于礼貌以及北静王夸奖自己儿子而自愿的笑，而"force a smile"常指勉强的、不情愿的笑，因此，没有正确传达贾政的礼貌以及贾政与北静王之间的和谐关系。综上来看，在称谓礼俗的翻译方面，译者要把握好"度"，在异质文化传播和可接受性之间找到恰当的平衡点。

邦译：The Prince of Pei-ching saw that his words were clear and that he spoke to the point; and at once said to Chia Cheng with a smile: "The young gentleman is indeed a dragon colt of a phoenix fledgling. It is not that this princeling is rude to you, sir. By and by the note of the fledgling phoenix will be clearer than that of the old phoenix. You can set no limits to him." Chia Cheng smiled in response and said: "How dare this pup of mine make the mistake of accepting your golden praise" ... "If he is at home it is difficult for him to work hard. There is no objection to his coming frequently to my poor lodging. Although this princeling has no ability, yet I receive much benefit from many famous scholars within the seas. There is not one of all those who come to the Capital who does not condescend to visit me."

邦译本对称谓礼俗的翻译采用了直译和意译相结合的方式，但具体效果如何应该分而论之。邦译本将"令郎"译为"the young gentleman"，既传达了指代贾宝玉的含义，又保留了原文的正式性语体，体现了语气中的尊重和礼貌，还原了原文的交际功能，选词较为准确；将"小王"译为"the princeling（年龄较小或地位较低的王子）"，尽管"princeling"传达给译文读者的可能是事实上的地位低，但也蕴含说话者的谦虚之态。但邦译本对"犬子""寒第""小王不才"等的直译值得商榷。如前文所述，"pup"意为没有教养、令人讨厌的年轻人，情感色彩过于负面，无法传达"犬子"的谦逊之意。"poor lodging"实指穷困简陋的住所，同样无法表达"寒第"自谦的文化意义，且这一表达不符合北静王高贵的身份，而"this princeling has no ability"指"小王没有任何能力"，其表意过于绝对，译文读者对此的理解可能是北静王真的没有任何能力，而不是"不才"表达的谦逊性。因此，翻译中对原文化的传达不能只考虑语言形式的对应，有时形式上的对应恰恰会造成文化意义上的误读。在翻译时，文本的交际对象由原文读者转变为译文读者，两者的知识架构完全不同，因此，译者需要根据新的阅读对象对文本内容进行协调和重新定位，在忠实于原文的同时，要尽最大可能选择与译文读者关联度大的内容和表达形式，避免译者的误读。

"礼"在中国传统文化中是一种修养和道德典范，是儒家重要的思想观念。在社会生活中，人们常常将"礼"作为君子的品性，是修身所要达到的高层次境界。以下且看《红楼梦》译本如何再现此维度的"礼"：

例7：

原文：我进去看其光景，谁知他家那等显贵，却是个富而好礼之家，倒是个难得之馆。

杨戴译：I was surprised to find their household so grand, yet it combined wealth with propriety. Posts like that are not easy to come by.

霍译：I could tell at a glance, as soon as I got inside the place, that for all the ducal splendour this was a family "though rich yet given to courtesy", in the words of the Sage, and that it was a rare piece of luck to have got a place in it.

乔译：and when I moved into it I saw for myself the state of things. Who would ever think that that household was grand and luxurious to such a degree! But they are an affluent family, and withal full of propriety, so that a school like this was of course not one easy to obtain.

邦译：When I went in and saw its circumstances, who would have thought that the family was so distinguished? It was a wealthy family and very observant of propriety—indeed a tutorship very hard to get.

例7原文出自《红楼梦》第二回。"富而好礼"中的"礼"并不是单纯的礼仪或礼节，而是一个笼统的概念，是儒学所倡导的道德规范和秩序。这里的"礼"既包括"一系列修身齐家治国平天下的社会等级制度"，也包括"礼节等具体的社会行为规范"[1]。从以上译本的选词来看，杨戴译本、乔译本和邦译本均选择了"propriety"一词，而在理雅格（James Legge，1866）、安乐哲和罗思文（Roger T. Ames & Roseven, 1998）、倪培民（2017）等不同时期《论语》的代表性英译本中，"礼"被主要译为"propriety"。李玉良[2]对"礼"与"propriety"的概念匹配度作了详细的解释，认为"propriety"只能指社交上的礼节，不包括政治理论制度，而儒家文化中"礼"的一个重要内涵则是要求社会分贵贱、尊卑、长幼、亲疏，要

① 李玉良，罗公利. 儒家思想在西方的翻译与传播 [M]. 北京：中国社会科学出版社，2009.
② 同①.

求人们的生活方式和行为符合他们在家族内的政治地位和社会角色，不同的身份有不同的行为规范"。以上《红楼梦》"富而好礼"中的"礼"虽然是一个抽象的、概括性的概念，但更多地偏向于"社交礼仪"之义，强调贾家在人际交往上不失礼节、礼貌，遵守人与人之间的伦理关系准则。从这个意义上看，"propriety"可以表达此处"礼"的内涵。而霍译本的"courtesy"一词仅强调礼貌，无法表现"礼"所代表的社会人伦关系。

　　《红楼梦》中另有两处也明显涉及了"礼"的上述抽象含义。第一处是在第二回，雨村听了冷子兴所说贾府之事，"也纳罕道：'这样诗礼之家，岂有不善教育之理……'"，这里的"诗"与"礼"并列使用，以"诗"强调文学修养，以"礼"强调礼仪礼节、伦理纲常。而在此句的译文中，杨戴译本将"礼"译为"etiquette"，而"etiquette"侧重礼仪、礼貌的一面，无法表达"礼"所特有的伦理交际，使得译文中"礼"的内涵被弱化。霍译本将"诗礼"合译为"cultured"，同样只突出了"礼"表达礼貌、教养的含义，乔译本的"refinement"以及邦译本的"cultivated"与"cultured"效果类似，只是强调外在举止的修养，而不涉及社会规范和伦理。因此，此处"礼"的最佳译文亦是"propriety"。第二处是在第四回解释薛宝钗入选待入宫时提到，"近因今上崇诗尚礼，征采才能，降不世出之隆恩，除聘选妃嫔外，凡仕宦名家之女，皆亲送名达部，以备选为公主郡主入学陪侍，充为才人赞善之职"。这里的"崇诗尚礼"与"诗礼之家"中的"诗""礼"应该同义。"诗"指文学、知识素养，涉及一个人的才学，而"礼"则指社会交际规范、伦理原则、个人修养等。在此句的翻译中，杨戴译本和乔译本的"propriety"体现了"礼"作为儒家思想观念的丰富内涵，兼有礼节性和伦理规范性。除此之外，霍译本的"the arts"将"礼"与"艺术"等同，曲解了原文的意思，而邦译本的"literacy culture"将"诗礼"视为偏正结构而非并列结构，因而只表达了"诗"的含义，"礼"在此译文中并无体现。

　　由以上译例分析可见，"礼俗"所具有的道德规约性，体现的人际关系、远近亲疏等在西方文化中是缺省的。在西方文化中，"礼"通常指礼仪。它源于法语的"Etiquette"，原意是指法庭上的通行证，上面写着进入法庭的每一个人遵守的行为规范。在西方社会，礼仪包括很多方面，如餐桌礼仪、社交礼仪、商务礼仪等，涵盖了人们日常交往的各个方面。但这种"礼"并不体现人伦关系。在这种情况下，译者需要超越文本形式的限制，尽量传达出原文"礼俗"的交际意义，降低译文读者的认知困难。然而，《红楼梦》中出现的"礼俗"不仅表达"礼俗"本身的含义，也被作者赋予一定的叙事功能。例如，上文提到的北静王话语中多次用到自谦语和敬语，这不仅是一种礼节的描写，更是对北静王"谦逊懂礼"人物形象的侧面刻画。在此种语境中，如果译者全盘采用归化的翻译策略，侧重交际功能的对等，那么原文"称谓"中所蕴含的谦逊之意在译文中便无法体现。如果译者选择异化的翻译策略，只忠实于原文的语言形式，那么读者可能无法领会称谓背后的文化寓意，从而造成译文的误读。因此，就礼俗文化而言，译者需要具备语境意识和文化意识，在保证正常交际的前提下，根据具体的语境协调译文中的文化因素，这就涉及文化取舍的问题。

在翻译时，如何对文化因素进行过滤和选择？从传统的翻译观点来看，翻译是意义的转换与对等，忠实是翻译的第一要义。但如果从更宏观的文化学和社会学视角来审视翻译行为，我们就会发现翻译不是单纯的文本转换，而是一种社会和文化行为。翻译受文化、身份、角色、读者、历史、意识形态等多种因素的影响，因此，决定译本最终呈现的是译者对上述所有因素的过滤和选择，在不断地平衡和协调中找到译者认为的最佳结果，这种结果往往并不完全忠实于原文的语言形式或内容。不同的译者处于不同的翻译立场，其选择的倾向性也往往不一样。从上文中的译例分析中我们也看到，"礼"文化中的规约性和人伦性在西方文化中是缺省的，翻译时需要对其进行转化或补偿，以提高其在译入语文化中的可接受性。但这类文化在《红楼梦》中多承担文化叙事功能，其原文所负载的文化信息不能在译文中完全抹杀。如果从忠实和对等的二元视角寻找此类文化的翻译标准，那么这种偏向原文还是偏向译语的矛盾性是无法调和的。下面将尝试从更宏观的文化视角审视这一问题，探讨"文化自觉"这一概念对"礼"文化外译决策的解释力。

从文化和社会的角度审视翻译，要看到翻译对文化交流和社会发展的促进作用。中国文学经典的外译是一种中译外行为，是为了让外国读者同样领略到中国文学中所蕴含的巧妙构思、语言之美、意蕴之悠远、思想之独到，因此，译者不但要具备相关的文化素养，更要拥有一定的文化意识和文化自觉。乐黛云[1]认为，"文化自觉是指生活在一定文化中的人们对其文化有'自知之明'，觉悟到在当前

① 乐黛云. 文化自觉与文明共存 [J]. 社会科学，2003（7）：23-31.

的文化转型中必须承认差别，实行文化的多元共存，对旧文化进行新的现代诠释，了解世界文化语境，使自己的文化成为世界文化不可或缺的组成部分"。由此说明，"文化自觉"要求我们从全球化视角看待文化的传承、发展与交流。费孝通在理论上对"文化自觉"进行了更为系统的论述，并提出了"各美其美、美人之美、美美与共、天下大同"的思想。费孝通认为"文化自觉是在一定文化背景下人们对自身文化溯源、演进和发展的自我认知，其目的是适应未来的新环境和新时代文化特点"①。罗选民、杨文地②进一步从翻译的视角阐释了"文化自觉"的内涵，认为"文化自觉要以中国文化精神为基础和前提，深度对比和理解西方文化价值观的不同，精心选取经典的中国文化典籍，以适应时代发展的需求且加以解读和翻译，促进世界更加全方位地理解中国，从而达到促进中西文化良性交流的局面"。从以上"文化自觉"的相关论述中我们可以看到，"文化自觉"需要译者具备文化意识和文化姿态，这种意识和姿态涉及译者在翻译中对文化的理解、阐释和过滤，需要译者从世界视野审视文化的现代价值和传播价值。这对《红楼梦》中"礼治"文化翻译的启示是，译者需要用发展的眼光看待这种文化价值观与西方文化价值观的异同之处，判断其在文本翻译中的阐释价值和传播价值，以此作为文化翻译的选择标准。

---

① 邵飞.新时代典籍翻译的文化自觉与文化自信——兼论费孝通先生的翻译思想 [J].上海翻译，2020（3）：85–89.

② 罗选民，杨文地.文化自觉与典籍英译 [J].外语与外语教学，2012（5）：63–66.

第七章　宗教文化叙事与英译

第一节　《红楼梦》中的宗教文化叙事

在中国，"宗教"二字的连用，最早出现于一些汉译佛典中，学术界通常认为该词有"以宗为主，以教为辅，以教阐宗"的含义，并在后期发展为儒释道三教的总称。宗教文化是指由信仰宗教的人士和信奉宗教的广大人民群众创造、传承、发展起来的一种社会文化形态。它具有鲜明的民族性、时代性和稳定性，具体包括宗教观念、宗教心理、宗教情感等意识形态，宗教艺术、宗教哲学等思想体系，以及宗教建筑、宗教雕塑、宗教绘画等物质实体，是人类文化的重要组成部分。

《红楼梦》中对儒释道的思想均有反映。儒学思想是《红楼梦》成书的传统文化背景，书中处处体现儒学倡导的伦理优先、道德至上，其中，"礼""孝""仁"的思想最为突出。前文对以"礼"为基础的规范伦理在《红楼梦》中的体现已有系统论述，《红楼梦》中人际交往的道德准则、各种社会仪式、国家典章制度等外在形式所体现的忠、孝、义、理等思想内核随处可见。例如，贾政对贾母的尊重乃至顺从是为"孝"，这种"孝"有血缘亲情的基础，"但由'孝'引申而来的'五伦'又具有森严的等级特权观念，家国一体的政治功能是把基于统治需要的等级制度隐蔽在温情脉脉的礼仪之中，以此确保家、国的整体秩序，这是传统文化的根本特征"[①]。此外，《红楼梦》中也体现了以"仁"为基础的德性伦理，这一点鲜明地体现在贾宝玉仁爱、仁慈的性格中。

现代意义上的宗教来自于英文"religion"一词，其本质上是人对自然以及神

---

① 单世联. 红楼梦的文化分析 [M]. 上海：上海交通大学出版社，2018.

明的尊拜和顺从。从这个意义上讲，讲究人际伦理、人性修养的儒学并不在现代宗教的范畴内。因此，本部分将重点探讨佛教和道教思想在《红楼梦》中的体现及翻译问题。

佛教思想是《红楼梦》的基本框架和主旨。《红楼梦》中的绛珠还泪、石头历劫的主线设计，将现实和虚幻融为一体，将"人生如梦的观念置于强大、复杂的小说体系中，构成一个复杂多变的复调叙事世界，形成小说的叙事框架"[1]。申明秀[2] 在探讨《红楼梦》中的佛性说时，引用了俞平伯的观点，认为《红楼梦》的主要观点是色空，《红楼梦》的本质是佛性。此外，《红楼梦》中贾宝玉推崇众生平等的性格特征、点题之诗"好了歌"、林黛玉的"葬花吟"等均带有佛教意蕴。

在《红楼梦》的宗教书写中，佛道思想往往有重合之处，例如，书中所体现的"度脱、启悟、悟道"等思想，兼有佛家和道家主张。从道家思想的角度来看，《红楼梦》中的"大观""混沌""梦"等书写，均是道家思想的体现。例如，浦安迪[3] 认为，"大观"是"封闭空间中的广阔视野，符合《易经》《庄子》中"大观"的含义"，因而"大观"是具有道教色彩的概念。"神瑛侍者和绛珠仙子的三世情缘，以道教谪凡的形式出现"[4]，"'混沌'一词来自《庄子》，是一种阴阳交融的和谐状态，与大观园里少女天真烂漫的气质相契合"[5][6]，而《红楼梦》中提到的梦境有 30 处，借梦喻志，以梦境写人生之虚无，表现道教的出世精神。以上反映了《红楼梦》中丰富的道教文化。

综合来看，《红楼梦》中的宗教文化叙事体现在两个层面上，一是内在的思想性，二是外在的世俗性。内在思想性主要指内在参悟的宗教精神。《红楼梦》中详细描写这种宗教参悟的是第二十二回、第八十七回以及第九十一回。第二十二回"听曲文宝玉悟禅机"中提到，"正合着前日所看《南华经》上，有'巧者劳而智者忧，无能者无所求，饱食而遨游，泛若不系之舟'"，此句引用自《庄子·

① 何敏，王玉莹．跨学科之镜鉴：美国汉学视阈中国古典小说宗教议题的主要维度 [J]．燕山大学学报（哲学社会科学版），2019，20（6）：1-7，22.
② 申明秀．明清世说雅俗流变及地域性研究 [D]．上海：复旦大学，2012.
③ 浦安迪．中国叙事学 [M]．北京：北京大学出版社，2018.
④ 陈国学．《红楼梦》的宗教书写分析与探源 [D]．天津：南开大学，2009.
⑤ 同④．
⑥ 同①．

列御寇》，阐述的是道家忘我的境界。此外，贾宝玉悟道写下的偈语"你证我证，心证意证。是无有证，斯可云证。无可云证，是立足境"，其后填写的《寄生草》"无我原非你，从他不解伊。肆行无碍凭来去。茫茫着甚悲愁喜，纷纷说甚亲疏密。从前碌碌却因何，到如今回头试想真无趣"，以及宝玉与黛玉一来一回的偈语"无立足境，是方干净""身是菩提树，心如明镜台，时时勤拂拭，莫使有尘埃""菩提本非树，明镜亦非台，本来无一物，何处染尘埃"，既是说情，亦是参禅。在第八十七回"坐禅寂走火入邪魔"中，"惜春占一偈云：大造本无方，云何是应住？既从空中来，应向空中去"，这里的"大造"是佛教中所言的大千世界，"空"是佛教的重要概念，与"有"相对，指的是一切存在之物中皆无自体、实体等，也被称为"空无""空虚""空寂""空净""非有"。此偈语意为"天地万物，没有一物有永留的地方，哪个地方是你可以永留的？天地万物既然是从虚幻中而来，那么仍应回到虚幻中去"，反映了佛教禅宗的思想。在第九十一回"布疑阵宝玉妄谈禅"中，宝玉道，"我虽丈六金身，还借你一茎所化"。《后汉书·天竺传》曰："西方有神，名曰佛，其形长丈六而黄金色。"因此，这里的"丈六金身"代指佛。"一茎"代指"莲花"，佛教中认为佛是由莲花化生而成。宝玉借用这句佛意十足的话语表达自己参禅还需黛玉点化的含义。之后宝玉所言"任凭弱水三千，我只取一瓢饮"是源自佛教的典故，意为"在众多美好事物之中，用心把握和珍惜一件事物足矣"，也是借佛教故事达到叙事目的的典型案例。除以上集中谈论参禅悟道的情节，《红楼梦》其他章回也散见宗教思想的书写，如第一回开篇所体现的"因空见色，由色生情，传情入色，自色悟空"的佛教色空思想，以及《好了歌》表达的佛家幻灭感，第十三回体现的"月满则亏、水满则溢"的道家思想，以及第二十七回的《葬花吟》所体现的自性清净、万般皆空的佛家思想等。

　　除了形而上的宗教思想，《红楼梦》同样刻画了宗教思想的世俗化行为，主要是通过对宗教活动、宗教建筑、宗教称谓以及宗教口头用语的描写等，体现宗教世俗趋利避害的功利性。例如，《红楼梦》中描写的宗教活动主要有诵经、抄经、吃斋、念佛、遁入空门、打醮等，描写的宗教建筑主要包括清虚观、铁槛寺、水月庵、水仙庵、地藏庵等，涉及的宗教性称谓主要有色空、妙玉、神仙、仙姑、仙子、空空道人等，描写的宗教口头用语主要有阿弥陀佛、老天爷等。

第二节 《红楼梦》宗教文化叙事英译

已有《红楼梦》宗教文化的研究多以杨戴译本和霍译本为基础语料，对比两个译本的宗教文化翻译方法和策略。例如冯英杰[①]、刘佳[②]、白晓云和李云涛[③]分别从文化信息传递、解构主义、国家文化安全视角分析了《红楼梦》宗教文化词的翻译策略。其中，刘佳认为，杨戴译本保留了原文的文化特色，而霍译本受基督教的影响，对原作的文化意象有所改变，这与译者不同的社会背景、身份以及翻译动机有关。俞森林和凌冰[④]分析了《红楼梦》宗教文化概念的认知翻译策略，并总结出"移植、阐释内涵、替换和删除"四种宗教文化概念的翻译方法。姜秋霞等[⑤]用描写的方法考察了《红楼梦》杨戴译本和霍译本中宗教文化词的策略差异，发现杨戴译本中宗教文化词的异化程度要高于政治和道德伦理等方面的异化程度，而霍译本中宗教文化词的归化程度要高于政治和道德伦理等方面的归化程度，说明在面对宗教这一敏感的社会因素时，译者的宗教意识往往强于政治和道德伦理意识。胡杨[⑥]从译者主体的视角分析了《红楼梦》霍克斯译本中宗教文化观念的整合机制，认为霍克斯借助新知识框架、具象化、整合等认知方式阐释了原文的儒释道文化，其在认知方面过于凸显译文读者的认知心理，从而造成某些宗教文化项的丢失。综合已有研究来看，目前对《红楼梦》宗教文化翻译的探讨多聚焦在词汇层面上，分析宗教文化因素在翻译中的再现，且研究结果显示，杨戴译本对宗教文化多采用异化策略，而霍译本多采用归化策略。鉴于此，本部分

---

① 冯英杰. 浅析红楼梦英译本中的宗教文化翻译策略 [J]. 科技信息（科学教研），2007（35）：760，790.

② 刘佳. 从解构主义看《红楼梦》中宗教词的翻译 [D]. 福州：福建师范大学，2014

③ 白晓云，李云涛. 国家文化安全视野中的中国典籍翻译——以《红楼梦》中宗教文化负载词英译为例 [J]. 吉林省教育学院学报（上旬），2015，31（8）：134-136.

④ 俞森林，凌冰. 东来西去的《红楼梦》宗教文化——杨译《红楼梦》宗教文化概念的认知翻译策略 [J]. 红楼梦学刊，2010（6）：79-99.

⑤ 姜秋霞，郭来福，杨正军，等. 文学翻译中的文化意识差异——对《红楼梦》两个英译本的描述性对比研究 [J]. 中国外语，2009，6（4）：90-94，9.

⑥ 胡杨. 宗教翻译中译者主体的概念整合机制——以《红楼梦》霍译本为例 [J]. 华北理工大学学报（社会科学版），2016，16（5）：164-170.

将以杨戴译本、霍译本、乔译本和邦译本为基础语料，从《红楼梦》的宗教思想书写和宗教世俗化行为书写来分析宗教文化在翻译中的再现或重构。

宗教世俗化行为是宗教思想的行为性外化和外在仪式性的表现，常常反映在人们的日常生活中。《红楼梦》中的贾府与宗教有着很深的渊源。"[1]贾母、王夫人等都是信佛之人，因而贾府与寺庙、道观等的关系均十分密切，节庆时也不乏打醮、拜佛等宗教礼节，这些都是通过《红楼梦》文本中对各类宗教活动、宗教建筑、宗教名号的描写体现出来的。以下且看《红楼梦》不同译本对宗教世俗化行为的再现：

《红楼梦》中描写了诸多佛、道法号，其译文如表 7-2-1 所示：

表 7-2-1　佛、道法号的译文

原文	杨戴译	霍译	乔译	邦译
净虚 / 静虚	Abbess Jingxu	Euergesia	Ch'ing Hsu, a nun	Ch'ing Hsu, a nun
色空	Abbot Sekong	Father Sublimitas	managing-bonze, SeK'ung	the priest who was in charge
妙玉	Miaoyu(lay sister)	Adamantina	Miao Yu	Miao-yu
空空道人	Reverend Void	Vanitas	a Taoist priest, K'ung K'ung by name	a Taoist of the Great Void
智善	Zhishan	Benevolentia	Chih Shan	Chih-shan
智能	Zhineng	Sapientia	Chih Neng	Chih-nêng
茫茫大士	Buddhist of Infinite Space	Buddhist mahasattva Impervioso	Mang Mang the High Lord	Great Scholar of the Infinite Vastness
渺渺真人	Taoist of Boundless Time	Taoist illuminate Mysterioso	Miao Miao, the Divine	Pure Man of Vague Infinite

因杨戴译本、乔译本和邦译本对以上法号的翻译风格类似，现将这三个译本进行对比分析。杨戴译本基本选择了音译法号名并意译法号内涵的方式。例如，"净虚 / 静虚"是原文中馒头庵的掌事尼姑，"色空"是铁槛寺的主持。杨戴译本将两者分别译为"Abbess Jingxu"和"Abbot Sekong"，在西方宗教文化中，"Abbess"和"Abbot"分别指"女修道院院长"和"男修道院院长"，亦可以引申为"女庵主持"和"寺庙主持"，可见，杨戴译本在保留法号读音的同时，也基本译出了原文的宗教色彩和人物的地位等级。在这两个法号的翻译方面，乔译本和邦译本采用了"音译＋解释"的方式，增加了净虚 / 静虚作为"nun（尼姑）"

---

① 刘相雨. 论宗教与《红楼梦》中贾府的日常生活 [J]. 红楼梦学刊，2018（3）：59-78.

及"色空"作为"managing-bronze/priest who was in charge（宗教场所掌事）"的身份信息。但从具体的用词来看，"nun"只是普通尼姑，无掌事之意，无法体现"净虚/静虚"与其他尼姑的差别。而两个译本虽然均译出了"色空"的身份地位，但从具体用词来看，乔译本的"bronze"专指中国寺庙的和尚，翻译策略上更偏异化，邦译本的"priest"多指西方的牧师，虽然同样带有宗教色彩，但其反映的基督教文化与原文中的佛教文化截然不同。在"妙玉"的翻译方面，乔译本和邦译本均采用了音译的方式，无法反映此法号的内涵和妙玉的身份。而杨戴译本采用音译加注的形式，用"lay sister（俗人修女）"表达出妙玉带发修行的身份。"空空道人""茫茫大士""渺渺真人"是最能体现原书宗教思想的三个道号。"茫茫大士"和"渺渺真人"是携石头下凡历劫的一僧一道，反映了佛道精神在《红楼梦》中的兼容。"空空道人"是抄录《石头记》的情僧，《红楼梦》以空空道人开篇，又以空空道人结尾，由此可见，"空空道人"这一法号对于理解《红楼梦》的主旨极为重要。红楼一"梦"，反映的是"梦"的"虚无"，这与《好了歌》蕴含的道家思想一脉相承。《大智度论》卷四十六曰："何等为空空。一切法空。是空亦空。是名空空。"因此，"空空"的法号又融合了佛家的观点。总体来看，"空空"既寓意佛道融合，又蕴含了贾宝玉梦醒为"空"的历劫经历，对理解《红楼梦》的宗教叙事有重要的作用。鉴于以上三个法号对于《红楼梦》叙事建构的重要性，杨戴译本将"茫茫大士"和"渺渺真人"分别译为"Buddhist of Infinite Space"和"Taoist of Boundless Time"，不但点出了"大士"的佛教属性以及"真人"的道教属性，而且用"Space（空间）"和"Time（时间）"的无限性表达出佛道两教的宇宙观。"空空道人"融合佛道思想，杨戴译本将其译为"Reverend Void"，一方面用"reverend"凸显了"道人"宗教身份，另一方面又用"Void"表达出"空"的思想意蕴。因此，杨戴译本总体上较为准确地传达了原文法号负载的宗教叙事意图。相较而言，乔译本将"茫茫大士"和"渺渺真人"分别译为"Mang Mang the High Lord"和"Miao Miao, the Divine"过于归化，无法体现原法号各自的宗教属类，而"the High Lord"和"the Divine"只能表达普通的神性，不涉及佛教和道教的宗教属性。而乔译本中"空空道人"的译文"a Taoist priest, K'ung K'ung by name"表明了"空空"的道教属性，却抹杀了其蕴含的佛教思想。邦译本将"茫茫大士"和"渺渺真人"分别译为"Great Scholar of the Infinite Vastness"和

"Pure Man of Vague Infinite"，"scholar"与学问、才华有关，多指学术之人，"pure man"则可指纯粹或纯种的人，与道教中"修真得道"的真人没有任何关系。以上表达过于侧重语言形式的对等，曲解了原文的意思。而"空空道人"被译为"a Taoist of the Great Void"，虽然"void"传达了"空"的宗教性，但"Taoist"又将其限定为"道教"的范畴，窄化了原文的内涵。

　　与以上三个译本相比，霍译本总体呈现两个特点，一是通过使用希腊语、拉丁文等古语，凸显了法号的宗教性和严肃性，二是选词上侧重对原文叙事意图的传达，三是会通佛道思想与西方基督教思想，力图呈现中西融通的译文。例如，霍译本将"净虚／静虚"译为希腊语的"Euergesia"，其意为"势力的"，暗喻"净虚／静虚"性格的见风使舵；将"妙玉"译为拉丁语"Adamantina"，其意为"金刚石、钢铁"，或象征妙玉的性格如金刚石一般刚硬、纯洁。以上法名的英文名紧扣其人物性格，体现了原文的叙事意义。此外，霍克斯将"茫茫大士"译为"Buddhist mahā sattva Impervioso"，在表达形式上融合了汉语、梵语和意大利语，其意为"佛家的、不可企及的"，译出了"茫茫"的佛教意蕴以及"大士"的佛教属性。"渺渺真人"被译为"Taoist illuminate Mysterioso"，同样表达了原文的道家意蕴和属性。以上两个译文可以说是中西融通式翻译的成功案例。但霍译本对"空空道人"的处理值得商榷。"空空道人"被译为拉丁语中的"Vanitas"，其意为虚空中的虚无和彻底的无意义，通常与基督教思想相关，同样体现了霍克斯试图将基督教文化与佛道文化融通的努力，但"Vanitas"表达的无意义的虚空与道教强调"无形、无限、空灵状态"的虚空以及佛教"无形、无色、无相、无限"的精神空间虚空并不是同样的概念，如此套译反而会带来对宗教概念的误解。由此可见，尽管中西宗教思想文化之间存在差异，但译者也可以找到其思想观念的共通之处。正如陈可培（2000）所言，"霍克斯在看似完全不同的两种文化体系中找到了共同点，巧妙地将原作所表达的佛道思想与根深蒂固于西方读者头脑中的基督教观念融为一体，用'归化'的手法，'再创造'出易于西方读者理解的中西合璧的译文"。但同时也要注意的是，这种求同存异的做法往往是可遇而不可求的，若译者对双方的文化了解不深，那么这种融通式的译法也有可能变成文化的格义，造成原语文化的丢失。

　　《红楼梦》中不但涉及宗教称谓，也涉及宗教活动，其中，"诵经"便是频繁出现的日常宗教活动。例如，第六十四回中提到，"凤姐身体未愈，虽不能时常在此，或遇开坛诵经亲友行祭之日，亦扎挣过来，相帮尤氏料理"。这里的"开坛诵经"是佛教的重要仪式，一般为主祭僧人登坛宣讲佛经，引导信众修行。在这个语境下，杨戴译本和霍译本分别将"诵经"译为"sutras read"以及"sutra-readings"。"sutra"表示佛经，"read"强调的是"有深度的阅读"，因此，二者的译文既表明了"诵经"的佛教属性，又符合高僧"诵经"时对内容的深入解读和对信众的引导，准确地传达了原文的宗教文化内涵。邦译本将"诵经"译为"chanting the scripture"，"chant"一般指西方宗教仪式中的"唱经"，没有解经的含义，而"scripture"可专指《圣经》，也可指一般的佛教经典，但没有聚焦佛经。此外，邦译本总体上偏归化，没有凸显原文的宗教文化特性。

除了高僧诵经，《红楼梦》中也不乏对普通人诵经的描写。例如，在第一百一十五回中，姑子与惜春道，"那里象我们这些粗夯人，只知道讽经念佛，给人家忏悔，也为着自己修个善果"。再如，第一百一十七回中写道，"无奈惜春立意必要出家，就不放他出去，只求一两间净屋子给他诵经拜佛"。这两处描写的均是凡人诵经，一般通过读诵、默念或者抄写的方式达到修行或者祈求保佑的目的。针对以上两处"诵经"，杨戴译本分别将其译为"chant Buddhist canons"和"chant sutras"，突出了凡人"chant（诵唱）""Buddhist canons/sutras（佛教经文）"的仪式感，也交代了佛教的属性。霍译本将第一处"诵经"译为"chant our liturgy（礼拜仪式）"是一种文化的格义，原文的佛教文化含义没有被传达出来。第二处"诵经"被译为"recite her sutras"，用"recite"一词突出了诵经者的虔诚，较为准确地传达了原文含义。邦译本将第一处诵经译为"recite the scriptures"，将第二处"诵经"译为"read the scriptures"，将"诵"的含义具体化，用"recite"强调普通尼姑诵经的虔诚，用"read"一词表达惜春解经的才学和最后遁入空门的命运，突出了原文的叙事意义，而"scripture"未能体现原文的佛教属性。

综合以上不同译者对《红楼梦》宗教世俗行为的翻译来看，不同译者出于不同的翻译立场和目的，使用了不同的翻译策略。杨宪益、戴乃迭从中国的文化身份出发，对宗教文化多采取异化的翻译策略，注意保留原文中的佛道属类和属性，而不是将其模糊化成一般的宗教或者归化为基督教。这对于保持原文化的独特性是一个很好的借鉴，但同时也带来文本接受度的问题，如辛红娟等（2018）研究发现，"目前西方研究对中文原著更感兴趣，杨宪益英译本受到冷落，一方面彰显出《红楼梦》具有研究中国文化的典型价值，另一方面说明在《红楼梦》译成外语的道路上，目的语读者接受程度是《红楼梦》译本研究者需要解决的永恒难题"，这种文化传播的矛盾性还需要时间去调和。霍克斯翻译《红楼梦》的立场是"全息"翻译（鲍德旺，2020），即译出全书中的一切，既注重文化信息的表达，也注重叙事意图的传达，力图兼顾文学性和文化性。同时，霍克斯更多地从译文读者的立场出发，照顾译文读者的接受度，采用中和、融通的翻译方式，且其译文中不乏巧妙的融合性翻译。但有时为满足译者阅读习惯而采用的归化式译法可能会抹掉原文的宗教文化，造成文化意义的丢失。而因受所处年代及材料的限制，乔译本和邦译本尽管秉持忠实的翻译观，但在实际的翻译中有时太过拘泥于原文的语言形式，可能会导致意义的扭曲或误读。对于文学的趣味性、审美性同文化的忠实性在翻译中的矛盾问题，同意党争胜的观点，即"从满足读者需求的角度来讲，译作的趣味性和文学艺术信息始终应该是读者餐桌上的主餐，而文化信息假如原作中存在，则是餐后甜点的角色，其不能缺少，但绝不能喧宾夺主"。

相比宗教的世俗化行为，宗教思想是更深层次的、关乎精神信仰的文化因素。《红楼梦》中的宗教思想书写主要涉及宗教概念的运用以及主题性宗教思想的阐发。从宗教概念来看，《红楼梦》中有三个章回题目直接点明了"禅"这一重要的概念，分别是第二十二回"听曲文宝玉悟禅机　制灯谜贾政悲谶语"、第八十七回"感秋深抚琴悲往事　坐禅寂走火入邪魔"以及第九十一回"纵淫心宝蟾工设计　布疑阵宝玉妄谈禅"。鉴于部分章回乔利并未译出，下面将以杨戴译本、霍译本和邦译本为例，探讨"阐"的翻译问题。

例1：

原文：听曲文宝玉悟禅机　制灯谜贾政悲谶语

杨戴译：A Song Awakens Baoyu to Esoteric Truths Lantern-Riddles Grieve Jia Zheng with Their Omens

霍译：Bao-yu finds Zen enlightenment in an operatic aria And Jia Zheng sees portents of doom in lantern riddles

邦译：He listens to the words of a song. Pao-yu understands occult speech. They compose lantern riddles. Chia cheng is grieved at words of the enigma.

例2：

原文：感秋深抚琴悲往事　坐禅寂走火入邪魔

杨戴译：Moved by an Autumn Poem, a Lutist Mourns the Past One Practicing Yoga Is Possessed Through Lust

霍译：Autumnal sounds combine with sad remembrances to inspire a composition on the Qin And a flood of passion allows evil spirits to disturb the serenity of Zen

邦译：Moved by the sounds of Autumn, she plays on a lute, grieving over things of the past. As she sits in silent meditation, a wandering fire introduces an evil spirit.

例3：

原文：纵淫心宝蟾工设计　布疑阵宝玉妄谈禅

杨戴译：Wanton Baochan Lays a Cunning Plot Baoyu Makes Extravagant Answers When Catechized

霍译：In the pursuance of lust, Moonbeam evolves an artful strata gem In a flight of Zen, Bao-yu makes an enigmatic confession

邦译：Giving way to her licentious disposition, Pao-ch'an works out a plan. Publishing his suspicions, Pao-yu talks recklessly in the Buddhist style.

以上例1原文中的"悟禅机"是指悟佛道、佛理，例2原文中的"坐禅"是佛教用语，是佛教修行方法，源于释迦牟尼佛的"静坐默念"。坐禅时按照规定的方法跌跏而坐、凝神思维、收摄其心，从而身心宁静，杂念减少，心地逐渐清净，直至排除各种妄想和执着。例3原文中的"谈禅"意指宝玉与黛玉的对话涉及佛意、佛典。综合以上译文，我们发现杨戴译本对章回标题中"禅"的宗教意义进行了淡化处理。例如，杨戴译本将例1中的"悟禅机"译为"Awakens Baoyu to Esoteric Truths"，其中，"esoteric"是一个用于描述特定类型的宗教、哲学或灵性信仰的术语，通常指的是那些包含深奥、内部或隐秘教义的信仰系统"。可见该词可以突出"禅"的深奥，体现了"悟禅机"的悟道性，但唯一不足之处是没有表达出原文佛教的属性。杨戴译本将例2中的"坐禅"译为"practicing Yoga"，"Yoga"常被译为"瑜伽"，是源于印度的古老实践，意为"结合"或"统一"，强调将身体、思维和精神统一起来，实现内在平衡与和谐。"坐禅"的形式也是通过静坐的方式来达到身心的同一和心灵的净化，在身体修行的意义上与

"Yoga"类似，但宗教内核并不相同。杨戴译本将例3中的"妄谈禅"译为"Makes Extravagant Answers"过于直译，没有体现原文贾宝玉与林黛玉对话中借佛典谈情的意蕴。由此可见，在章回标题的翻译中，杨戴译本只是突出了原文佛教概念的交际意义而淡化了其中的宗教意味。与杨戴译本相反，尽管多数研究表明，霍克斯在宗教文化的翻译上多采用归化策略，但在章回标题的处理上，霍译本反而偏向异化，注重保留原文中"禅"的佛教意蕴。例如，霍克斯将例1中的"悟禅机"译为"finds Zen enlightenment"，将例2中的"坐禅"译为"the serenity of Zen"，将例3中的"妄谈禅"译为"a flight of Zen... makes an enigmatic confession"，其译文中的"Zen（禅宗）"体现了该章回的宗教概念主旨。在保留原文宗教因素的同时，霍克斯用简明的语言表达了该章回宗教行为的叙事性，如"enlightenment"本身可以表达佛家意义上的"智慧"，该词明确了"悟禅"的启发性，与原文贾宝玉通过与林黛玉对话而获得更深佛学感悟的情节相符。"serenity"突出了"坐禅"的静心，用"confession"表明宝玉借佛语向黛玉表白的故事情节。可以说，霍克斯的译文巧妙地融合了佛教因素和叙事因素，不但还原了原文的宗教文化叙事意图，同时用语简单明了，照顾到了译文读者的接受度。相比之下，邦译本将"悟禅机"译为"understands occult speech"，将"坐禅"译为"sits in silent meditation"，"occult"只是指超自然的神秘性，与宗教无关，而"meditation"只是冥想、打坐，亦无宗教含义。由此可见，邦斯尔的译文淡化了原文的宗教信息，原文深层次的思想意蕴被淡化为普通的交际性表达，从而降低了原文的思想价值。而"妄谈禅"的佛意并不那么浓重，其是指贾宝玉借用佛家典故"弱水三千，只取一瓢饮"来表达对林黛玉的情意。因此，译文"recklessly"表现出贾宝玉表达自己情感时的不顾一切，而"in the Buddhist style"则表达了其借用佛语的方式，较好地传达了原文的宗教文化叙事意图。

除章回标题，《红楼梦》中的宗教概念还散布在各种人物的日常生活中，反映了宗教对当时社会的巨大影响。例如，《红楼梦》第八十八回中提到，"我把这个米收好，等老太太做功德的时候，我将他衬在里头供佛施食，也是我一点诚心"。这里的"功德"是一个佛教用语，"做功德"意味着个体或修行者通过一些善行或积累善德，以积极影响个体的灵性成长并减轻生命中的苦难，是佛教修行中的一个重要方面，与积累善因和追求解脱密切相关。杨戴译本将"做功德"译为"makes her sacrifice"，从本义上看，该表达虽然有宗教含义，但一般指"献祭"，即通过贡献祭物表达对神明的尊重，基督教中则将耶稣基督的牺牲（sacrifice）视为对人类罪恶的救赎，这一概念与佛教中为后代或后世积福的观念完全不同，但从叙事意义上看，原文中的"做功德"实际上是向佛提供贡品、礼佛积善的意思。因此，杨戴译本的这一表达突出了"做功德"的具体行为和交际意义。霍译本将"做功德"译为"dedicate them to Buddha（将其献给佛）"同样传达了原文"献供"的意思，并用"Buddha"将其限定为佛教仪式。邦译本将"功德"译为"meritorious work"，"meritorious"通常用来形容或描述与善行、善举、慈善行为、善良行为或与有益行为相关的事物或行为，与"功德"积善的意义相仿，因而传达了"做功德"的功能意义。以上三个译文虽译法不同，但从不同的立场和视角传达了原文的文化叙事意义。

《红楼梦》的一个叙事主线是"石头下凡历劫"，因此，"劫"就构成了《红楼梦》一个重要的思想主旨。佛教和道教中均有"劫"的概念，且两者的内涵相仿。"劫"本指时间或时限，在佛教和道教中均为大的时间单位，强调宇宙的永恒循环和无限重复。在佛教中，每个"劫"都包括创世、存在和毁灭的一个周期。与佛教略有不同的是，道教有"历劫"一说，强调的是修行所要经历的劫难。在《红楼梦》第一回中，道人与甄士隐言："三劫后，我在北邙山等你，会齐了同往太虚幻境销号。"此处的"三劫"是佛教概念，分大劫、中劫、小劫三等。杨戴译本将"三劫"译为"aeons"，"aeons"是指极长的时间段或年代，在宗教层面上也可以指比较神秘或精神维度的时间存在。因此，杨戴译本突出的是原文的时间性。霍译本和邦译本将"三劫"译为"kalpas"，"kalpas"为梵语，是佛教中"劫"的源词，用于表示大的时间周期。因此，霍译本和邦译本突出了"三劫"的佛教原意。从文化传播的角度看，霍译本和邦译本更重视原文的宗教因素。再如，第一百一十二回的标题为"活冤孽妙尼遭大劫 死雠仇赵妾赴冥曹"，这里的"劫"是佛道中"劫"的世俗化用法，意为大的灾难。杨戴译本将"劫"译为"disaster"，表达了世俗意义上的"劫难"，淡化了宗教性。霍译本将"劫"译为"karmic debt"，意指个体或灵魂在前世或当前生命中所积累的不良行为或负面因果关系，这些行为和关系会影响个体的未来经历和命运，突出了佛家"因果循环"的概念。邦译本将"劫"译为"capture"，只是表达了原文中强盗将妙玉掳走的叙事意义。

考虑到妙玉修行之人的身份，原文"劫"负载的佛教意义十分重要，从这个意义上讲，霍译本更准确地还原了原文的宗教文化叙事。

"梦"是《红楼梦》的文眼，而"梦"与书中蕴含的"空"这一佛道思想主题又密不可分。姜其煌（1996）认为，"如果说《红楼梦》真的有什么'纲'的话……这个纲大概就是《好了歌》了"，说明《好了歌》在全书中的重要地位。从形式上看，《好了歌》共分四小节，每一节以"世人都晓神仙好，只有 XX 忘不了"的结构引出主题，一、三、四行使用"好、了、了"的韵脚，与题目中的"好了"对应。从内容上看，该诗借跛足道人之口，表达了世人向往神仙的逍遥自在，却难弃功名、财富、妻妾、儿孙等世俗的欲念，到头来发现人生如梦、一切成空，从而宣扬了一种冷静观照人生的现实主义思想，带有浓厚的宗教色彩。以下且看《红楼梦》英译本对该诗宗教主题思想的传达：

例 4：

原文：《好了歌》

世人都晓神仙好，惟有功名忘不了！

古今将相在何方？荒冢一堆草没了。

世人都晓神仙好，只有金银忘不了！

终朝只恨聚无多，及到多时眼闭了。

世人都晓神仙好，只有娇妻忘不了！

君生日日说恩情，君死又随人去了。

世人都晓神仙好，只有儿孙忘不了！

痴心父母古来多，孝顺儿孙谁见了？

杨戴译：*All Good Things Must End*

All men long to be immortals, Yet to riches and rank each aspires.

The great ones of old, where are they now? Their graves are a mass of briars.

All men long to be immortals, Yet silver and gold they prize.

And grub for money all their lives, Till death seals up their eyes.

All men long to be immortals, Yet dote on the wives they've wed.

Who swear to love their husband evermore, But remarry as soon as he's dead.

All men long to be immortals, Yet with getting sons won't have done.

Although fond parents are legion, Who ever saw a really filial son?

从形式上看，杨戴译本语言简洁明快，符合原文通俗易懂的风格，同时在韵脚上比较讲究，每小节的二、四句押尾韵，读起来朗朗上口。从内容上看，杨戴译本将标题"好了歌"意译为"All Good Things Must End（一切繁华皆会逝去）"，用简单的语言点出了"一切归空"的宗教意蕴和全书主题。在正文中，杨戴译本将"忘不了"具体化为"aspires（渴望）""prize（看重）""dote（溺爱）""fond（慈爱）"等情感词，生动地表达了俗世间的各种情感欲望。此外，杨戴译本巧妙地转化了原文中的一些意象，如将"将相"译为"great ones（显赫之人）"，将"草没了"译为"a mass of briars（荆棘丛生）"，从而形成"great"与"briar"的强烈对比，突出了盛与衰转变的主题意蕴。再如，在"终朝只恨聚无多，及到多时眼闭了"的翻译中，杨戴译本没有拘泥于语言形式的对等，而是用"grub for（攫取）"和"seal up（完全封住）"的对比来凸显人们追求财富的强烈欲望，用"death"点明了追求外在物质的徒劳，最后一切成空，亦是点题之笔。综上来看，杨戴译本不仅忠于原文的语言风格，亦忠实地传达了原文的主题思想。不过，杨戴译本对原文的处理方式也存在一些争议。例如，一些学者认为，杨戴译本将"随人去了"译为"remarry"值得商榷，因为封建夫妻制度不存在"再嫁"一说（安丽娅，2022）。就这一问题在一定程度上传达原文实体的文化信息取决于这些文化信息在原文叙事中的作用。《好了歌》虽语言简单通俗，但意蕴深远，通过简单的现实意象反映了深厚的宗教哲理。因此，《好了歌》总体的表达风格是意象性的，而不聚焦实际。杨戴译本中的"remarry"虽过于写实，但也可以通过妻子的再嫁这一意象反映盛筵必散、世态无常的内涵。

霍译：*Won Done Song*

Men all know that salvation should be won,

But with ambition won't have done, have done.

Where are the famous ones of days gone by?

In grassy graves they lie now, every one.

Men all know that salvation should be won.

But with their riches won't have done, have done.

Each day they grumble they've not made enough.

When they've enough, it's goodnight everyone!

Men all know that salvation should be won,

But with their loving wives they won't have done.

The darlings every day protest their love：

But once you're dead, they're off with another one.

Men all know that salvation should be won

But with their children won't have done, have done.

Yet though of parents fond there is no lack,

Of grateful children saw I ne'er a one.

霍译本在形式上采用了每小节一、二、四句押尾韵的形式，一、二句末的"won"和"done"不但与标题"won done song"呼应，也与甄士隐和道人之间关于"好、了"的对话衔接，巧妙地再现了原文的形式和语义。从内容方面，霍克斯译本的标题"Won Done Song"承接下文中的"salvation"，"salvation"通常指拯救、解脱、救赎或灵魂的救赎。基督徒相信，通过信仰基督，可以获得原谅和永恒生命，摆脱罪恶的后果。而"won"又有"living is fighting"的隐喻意义（王军，2012），表达了"won"过程的艰难。因此，在正文中，译者用"salvation should be won（应该取得救赎）"来表达人们追求超凡的精神，但实现这一点并不容易，因为人们对世俗物质的迷恋导致了这一点的"done"。由此可见，译者将原文所隐含的"世俗欲望与超俗精神"之间的矛盾，以及由此反映的佛道"一切皆空"的思想巧妙地与基督教救赎的思想会通，用一种融通的方法向译文读者传达了原文的思想主旨，同时保留了原文诗体的押韵风格。正如陈可培（2000）评价《好了歌》霍译本时所言，"《好了歌》是以佛道的'清静无为'和'四大皆空'嘲笑世人对功名利禄的追求，基督教认为人生来有罪，只有洗净罪过进入天国，灵魂才能进入天国，译者于差异中挖掘相似点，利用人类对超凡脱俗精神的向往和对物质世界迷恋的矛盾性的共性，使译文读者和原文读者深有同感"。除此之外，霍译本以译文读者为导向，对原文一些意象的转化也独具匠心。例如，霍译本将"功名"抽象化为"ambition（雄心、欲望）"，将"金银"抽象化为"riches（富贵）"，将"随人去了"意译为"they're off with another one"，将"孝顺子孙"意译为"grateful children"，没有拘泥于原文的语言形式，而是迎合了原文虚指的风格，译出了叙事意图。再如，霍译本将"及到多时眼闭了"译为"it's goodnight everyone"，用戏谑的口吻表达了"人死一切成空"的含义，还原了原文诗歌诙谐、调侃的风格。因此，与杨戴译本的写实化翻译相比，霍译本在风格上更倾向于虚写，通过简单的语言传达深奥的主题，同时利用中西宗教思想的共性，引发译文读者对原文思想的共鸣，是文学文本中宗教思想文化翻译的优秀范例。

乔译：*Excellent-finality*（*hao liao*）

All men spiritual life know to be good, But fame to disregard they ne'er succeed!

From old till now the statesmen where are they? Waste lie their graves, a heap of grass, extinct.

All men spiritual life know to be good, But to forget gold, silver, ill succeed!

Through life they grudge their hoardings to be scant, And when plenty has come, their eyelids close.

All men spiritual life hold to be good, Yet to forget wives, maids, they ne'er succeed!

Who speak of grateful love while lives their lord, And dead their lord, another they pursue.

All men spiritual life know to be good, But sons and grandsons to forget never succeed!

From old till now of parents soft many, But filial sons and grandsons who have seen?

乔译本采用了近乎字对字的翻译方式，但语言形式上近乎机械式的对应使原文的宗教主题意蕴消失殆尽。例如，乔译本将标题译为"Excellent-finality（hao liao）"，"excellent"表达"优秀、出色等"品质高的含义，而"finality"表示"结束、终结"。作为普通的词汇，两者放在一起不能表达实际的含义。而作为特殊名词，两者与正文中的语言也无任何呼应，因而译文读者可能无法体会标题的含义。在正文中，乔译本将"神仙"译为"spiritual life"。如果将其与杨戴译本的"Immortals"对比，我们就会看出乔利这一选词的不妥之处。原文的"神仙"代表的是世俗之人对逍遥、无拘束、永生的向往，与"immortal"的部分语义契合，而"spiritual life"则是一个泛化的概念，指个体精神层面的体验、信仰和实践，常涉及道德和价值观等。因此，"spiritual life"与原文中超世俗的神性含义并不相同。在"只有金银忘不了"的翻译方面，"they grudge their hoardings to be scant（他们抱怨自己的所有物不够多）"将原文"放不下世俗财富"的含义转化为对现有财物不足的抱怨，未能突出原文"舍弃世俗之物"的含义。在"君生日日说恩情"的翻译方面，"Who speak of grateful love while lives their lord（主人活着时，他们常常提及对这份爱的感恩）"未能表达原文侧重的"夫妻之情"，而是突出了封建社会"夫为妻纲"的伦理关系，将丈夫比作可以控制妻子的"lord"，用"grateful"表达了夫妻之间感情的不对等，因此，偏离了原文的叙事重点。因此，对于宗教思想这种中西存在巨大差异的文化现象来讲，翻译中过于考虑语言形式的对应反而可能会带来更深层次意义的偏离。

邦译：*Hao liao song*

Men of the world all know that it is good to be an Immortal. But their merit and reputation they cannot forget.

Where are the generals and ministers of the past and the present? Their neglected tombs are hidden under heaps of grass.

Men of the world all know that it is good to be an Immortal. But their gold and silver they cannot forget.

All day long they do but grieve that what they have collected is not much. When they reach the time when they have much, their eyes are closed forever.

Men of the world all know that it is good to be an Immortal. But their winsome wives they cannot forget.

While, sir, you are alive, day by day they speak kindness and affection. When, sir, you are dead, they will go off with someone else.

Men of the world all know that it is good to be an Immortal. But their sons and grandsons they cannot forget.

Doting parents from ancient times have been many.Filial and obedient sons and grandsons who has seen?"

邦译本的翻译风格与乔译本类似，即尽量译出原文的语言形式，但选词上更加灵活，因而表意也更加准确。邦译本添加了一些解释性的限定词，将原文意象的含义明晰化，如将"荒冢"译为"neglected tombs（被遗忘的坟墓）"，表达了"功名利禄如过眼云烟，迟早会被时间湮没"，将"娇妻"译为"winsome wives"，突出了"娇妻"的迷人之处给人带来的俗世欲望，以上翻译方法均突出了原文的象征意义，强化了叙事效果。但邦译本将"孝顺子孙"译为"filial and obedient sons and grandsons"值得商榷。"obedient"译为"顺从、服从"，在西方文化认知中略含贬义，而原文的"孝顺"在汉语文化中则是儒学推崇的社会伦理道德，情感色彩上为褒义。由此可见，邦译本因过于讲究语言形式的对应而造成了原文情感色彩在译文中的偏离。

第八章　戏曲文化叙事与英译

　　戏曲是融歌唱、表演于一体的戏剧形式。"戏曲"一词最早见于宋人刘埙在《词人吴用章传》中提到的"至咸淳，永嘉戏曲出"，后来王国维用"戏曲"一词概括宋元南戏、元明杂剧、明清传奇以至近代的京剧、川剧、粤剧、豫剧、黄梅戏等多个剧种在内的中国传统戏剧文化。中国戏曲的历史悠久、地域分布广泛、剧种形态各异，尽管如此，戏曲大多存在一个共性，即遵循"假定式"的表演美学，通过声韵、唱腔、扮相、手势、眼神、身段等不同的虚拟表现形式，表现人物形象、抒发情感、叙述情节。

　　清代时，中国戏曲文化呈现繁荣发展的局面。一方面，这一时期的戏曲剧本创作量多、质量高。据胡文彬[①]统计，"洪昇的《长生殿》《青衫湿》，孔尚任和顾彩的《桃花扇》《小忽雷》，吴震生的《太平乐府》，钱维乔的《碧落缘》，王筠的《繁华梦》等，都红极一时，并对后世的戏曲创作产生过巨大的影响"。另一方面，观戏、听戏也是当时社会一项重要的娱乐活动。年节时请戏班唱戏，大户人家养"家伶"等，助推了当时戏曲文化的发展，而诞生于这一社会背景下的《红楼梦》，自然少不了对戏曲文化的书写。

第一节　《红楼梦》中的戏曲文化叙事

　　《红楼梦》中提及戏曲以及描写戏曲表演有其特殊的用意，且大多体现小说情节与戏文的"关合"，同时，中国传统的戏曲美学也对《红楼梦》戏曲叙事意蕴的塑造起到了关键性的作用。《红楼梦》有40多个章回出现了与戏曲有关的内

---

① 胡文彬.红楼梦与中国文化论稿 [M].北京：中国书店，2005.

容，多与小说的情节、结构、人物、主旨有关系 ①②③④，呈现出了多维度的互文关系，主要体现在以下三个方面：

首先，《红楼梦》与戏曲的文体互文关联，即小说中对戏曲文体的借鉴构成了两种文体的会通。例如，《红楼梦》的叙事借鉴了戏剧笔法，注重戏曲式的虚化写意，且通过细节性的场景化空间描写，呈现了戏剧的剧场性效果，突出了视觉图景。再如，在《红楼梦》整体的情节设置上，曹雪芹采用了戏中戏的叙事方式，在"石头投胎、下凡历劫"的总体叙事框架中设置贾府兴衰的平行叙事主线。在章回的布局上，《红楼梦》同样体现了戏曲式的创作风格，每章回以诗歌为楔子，交代故事的缘起，并在开篇以诗、画等预设人物的命运，借鉴了戏剧表演中的"参场"环节；全书以一僧一道的对白开场，类似戏曲中的"宾白"；作者频繁使用"草蛇灰线"式的伏笔，如"黛玉葬花、宝玉悟禅机"等，亦是戏曲中经常用到的伏线式创作手法。由此可见，《红楼梦》的创作受到当时戏曲创作手法的极大影响。

其次，《红楼梦》在情节上也多借用戏曲情节寓意人物的性格和命运，促进小说情节与戏曲互文关联。例如，《红楼梦》节庆活动中所点的《白蛇记》《满床笏》《南柯梦》《豪宴》《乞巧》《仙缘》《离魂》《西游记》《刘二当农》《鲁智深醉闹五台山》等，其戏曲故事情节或题名与小说情节均有紧密的关系。同时，小说中也多处引用戏剧的台本来辅助叙事，最典型的一处是在第二十三回中，作者多次引用《会真记》（原文中是《会真记》，但其中提到的台本实际上源自《西厢记》）中的曲词，如"多病多愁的身""倾国倾城的貌""花落水流红，闲愁万种"等。这些曲文恰当地烘托了林黛玉的人物性格和当时的心境。再如，第三十五回中提到的"幽僻处可有人行，点苍苔白露泠泠"同样出自《西厢记》，利用戏文中的互文语境来强化当前小说文本中对林黛玉内心活动的刻画。

最后，《红楼梦》中多次用到戏曲典故，强化了小说叙事的生动性。这种用典主要表现在三个方面。一是引用戏曲剧目中的典故。例如，在第三十回中，宝玉笑薛宝钗道："姐姐通今博古，色色都知道，怎么连这一出戏的名字也不知道，

① 徐扶明. 红楼梦与戏曲比较研究 [M]. 上海：上海古籍出版社，1984.
② 顾春芳.《红楼梦》的叙事美学和戏曲关系新探 [J]. 红楼梦学刊，2017（6）：59-81.
③ 顾春芳.《红楼梦》小说叙事的戏剧性特征 [J]. 曹雪芹研究，2019（1）：14-24.
④ 顾春芳. 细读《红楼梦》"省亲四曲" [J]. 红楼梦学刊，2019（1）：219-245.

就说了这么一串子。这叫《负荆请罪》。"这里，贾宝玉借用《负荆请罪》这一剧目名所反映的历史典故，表达了向林黛玉道歉的意图。再如，在第二十二回中，黛玉道，"安静些看戏吧！还没唱《山门》，你就《妆疯》了"。《山门》是昆曲折子戏《鲁智深醉闹五台山》，这里黛玉引用该典表示"喝醉"的意思，而《妆疯》是描写唐代尉迟敬德因对朝政不满，不肯挂帅出征而装疯的戏目，这里被林黛玉讽刺贾宝玉的胡言乱语。二是引用人物典故，如《问路》中的天聋、地哑等。三是引用事典。如在第三十九回中，李纨打趣平儿和凤姐的关系，讲道，"刘智远打天下，就有个瓜精来送盔甲"。这一典故便出自戏曲《白兔记》中的《看瓜》。再如，在第七十回中，黛玉的《唐多令》道，"粉堕百花洲，香残燕子楼"。这一事典出自戏曲《浣纱记》中的《打围》。

由以上分析可见，《红楼梦》中多借用戏曲结构、故事等各类因素，强化自身的叙事效果。《红楼梦》中戏曲剧目的选择、安排、内容取舍等，均反映了作者的不同写作手法和用意，其主要功能有三类。

首先，戏曲因素对小说情节的预设功能是为铺陈之后的故事情节而预先埋下的伏笔。作者通过小说情节和戏曲情节的互文关联，预设小说情节和人物命运的走向，目前比较确定此类戏曲叙事主要体现在第二十九回的年节清虚观打醮听戏中，作者巧妙选择了众人所点的戏曲剧目，以剧目暗示贾府及众人的命运。且看原文的描述：

贾珍道："神前拈了戏，头一本《白蛇记》。"贾母问《白蛇记》是什么故事？"贾珍道："汉高祖斩蛇方起首的故事。第二本是《满床笏》。"贾母笑道："这倒是第二本也还罢了。神佛要这样，也只得罢了。"又问第三本，贾珍道："第三本是《南柯梦》。"贾母听了便不言语。贾珍退了下来，至外边预备着申表、焚钱粮、开戏，不在话下。

上文提到了三个剧目，即《白蛇记》《满床笏》《南柯梦》，三个剧目的故事情节与其被点的顺序与贾家的盛衰轨迹有着紧密关联。

首先，原文中贾珍说《白蛇记》是"汉高祖斩蛇方起首的故事"，而现实中可查证的《白蛇记》为清道光十二年的孟夏《白蛇记》剧目抄本，大致讲述穷书生救白蛇后，因白蛇报恩最后衣锦还乡的故事。另一种说法是《白蛇记》即为民间流传甚久的《白蛇传》。而上述剧目的情节与刘邦斩蛇没有任何关联，可见作者故意让贾珍说错了《白蛇记》的内容，目的是通过汉高祖斩白蛇起家的故事，凸显"贾府初封国公往事"（徐扶明，1984:79），寓意贾家先祖的发家。《满床笏》讲的是在唐朝名将汾阳王郭子仪六十大寿时，七子八婿皆来祝寿，由于他们都是朝廷里的高官，手中皆有笏板，拜寿时把笏板放满床头，后喻家门福禄昌盛、富贵寿考。这里引用此剧目名也是象征贾家子孙的富贵、福泽。《南柯梦》又称《南柯记》，讲述了淳于棼梦入蝼蚁之槐安国为南柯郡太守，醒来一切成空的故事，寓意一切繁华富贵成空。由此可见，作者选择的剧目内容和点戏顺序与贾家由盛到衰的家族发展轨迹完全相符，起到了预设小说情节的作用。

其次，《红楼梦》中的戏曲元素也起到了凸显人物性格的作用，"通过人物扮演剧目、展演剧目、评论剧目，揭示人物的性格、喜好等"[1]。以下我们就从点戏行为分析一下不同人物的点戏与其性格之间的关系。在第二十二回中，凤姐点了一出《刘二当衣》。《刘二当衣》是一种插科打诨式的弋阳腔戏。主角刘二是当铺老板，他的姐夫因赶考没有盘缠，就把家里的一些粗旧衣物打包，让管家去刘二当铺换些银两，刘二考虑姐夫曾当过一股金钗，自己连本带利一分未捞，就坑蒙拐骗打发了管家扣下了那包衣物，其间各种装疯卖傻的一出闹剧。王熙凤点此剧，正是为了迎合贾母喜热闹、更喜谑笑科诨的偏好，反映了王熙凤善于察言观色、左右逢源的人物性格。同样在第二十二回中，宝钗点了《西游记》和《山门》。据徐扶明[2]考证，这里的《西游记》指昆曲《西游记》中的《胖姑学舌》，讲的是"农村小姑娘天真活泼之态，惟妙惟肖，逗人发笑"，说明宝钗点这出戏的目的亦是迎合贾母爱热闹之心。之后点的《山门》，排场好、辞藻妙，说明宝钗更喜文辞高雅，而之前点《西游记》只为迎合，而非出自本心。

最后，《红楼梦》人物对戏曲典故等的引用，丰富了人物形象、增强了叙事的趣味性。例如，第三十九回中李纨用以打趣平儿的"刘智远打天下，就有个瓜精来送盔甲"出自元代南戏《白兔记》。刘智远是五代后汉的开国皇帝，早年因赌博落魄流浪，被财主李文奎收留，李文奎见他睡时有蛇穿其七窍，断定他日后必定大贵，于是将女儿李三娘许配给他。李文奎死后，三娘哥嫂以分家为由，将

---

① 徐扶明.红楼梦与戏曲比较研究 [M].上海：上海古籍出版社，1984.
② 同①.

有瓜精作祟的瓜园分给刘智远去看守，欲加害之。刘智远战胜了瓜精，得到了兵书和宝剑，便告别了三娘从军。李纨用这一典故打趣凤姐和平儿之间的主仆关系，增加了对话的趣味性。再如，在第四十九回中，宝玉用"孟光接了梁鸿案"打趣黛玉和宝钗异常亲密的关系。此典出自《西厢记》，指崔莺莺接受了张生的求爱。而在原典中，孟光与梁鸿是一对恩爱夫妻，孟光每次做好了饭菜都要亲自捧给丈夫吃，而且将食案平举到眉头的位置，寓意举案齐眉。而此处被贾宝玉反用，寓意太阳从西边出来了，使得人物话语更加鲜活。

第二节　《红楼梦》戏曲文化叙事英译

　　目前已有部分研究从不同视角分析了《红楼梦》中各种戏曲元素的翻译策略和方法。曹琪琳[①]从认知叙事学的视角分析了《红楼梦》中剧目的翻译，突出译者的中心位置，用自觉、忠实、连贯原则框定译者的认知空缺补偿和认知偏差调整。"自觉"指译者自觉进行有限度的认知补偿，这一原则限于认知性事实的描述，不能阐释原作者故意采用的修辞手段。"忠实"指所补偿的内容符合事实，也要把握限度，这一原则是基于文本规约和集体认知。"连贯"是强化认知链，帮助读者建立连贯性认知，这一原则是基于读者接受。此类研究为《红楼梦》戏曲文化翻译提供了新的思路和方法。通过前文中的分析可见，《红楼梦》叙事与戏曲文化之间存在多维度的互文性，而戏曲文本本身所负载的互文含义，又是推动《红楼梦》情节发展和人物形象建构的重要因素。但戏曲本身所负载的文化互文意义只存在于原语的认知环境中，属于"潜文本"的存在，表达的是隐含意义，是一种基于"叙事化"认知偏离规约的文本现象。此类信息如何在译文中呈现？如何把握其翻译策略和翻译原则？下文将结合互文性理论，分析《红楼梦》戏曲文化叙事的英译问题。

　　"互文性（intertextuality）"也称"文本间性"，最早由法国的符号学家茱莉亚·克利斯蒂娃（Julia Kristeva）提出。广义上的互文性指"任何文本与赋予该文本意义的知识、代码和表意实践之总和的关系，而这些知识、代码和表意实践

---

① 曹琪琳.文学经典翻译的认知补偿策略及其选择标准——以《红楼梦》中 45 例戏曲剧目翻译为例 [J]. 译苑新谭，2018（1）：112-122.

形成了一个潜力无限的网络"，狭义的互文性是"文本的互文关联"①。本部分所分析的互文性基本上是狭义维度的互文性。从理论上看，互文性与翻译存在诸多共性，两者均以文本为介质，涉及理解、阐释、创作或二次创作、批评等。而从实践层面上讲，互文性是文本意义建构的重要方式，而通过互文性建构的意义成为翻译的一个"拦路虎"。一方面，原文互文意义的识解需要译者深厚的文学和文化功底；另一方面，如何在缺少相关认知语境的译语中转化或重构原文的互文信息也较难。因此，译文将从互文性翻译的"识别、理解、吸收、转化"这四个步骤，探讨《红楼梦》戏曲文化的翻译方法。

识别就是要辨别出原文的表达与其他文本形成的互文关系，这种互文关系参与了原文文本意义的建构，并对文本的叙事起着重要的作用。且看以下有关"上寿"的译例分析：

原文：两个女先儿要弹词上寿，众人都说："我们没人要听那些野话，你厅上去说给姨太太解闷儿去罢。"

杨戴译：Then two women story-tellers offered to perform a ballad for the occasion. "No one here wants to hear your wild talk," everyone said. "Go to the hall to amuse Madam Xue."

霍译：whereupon the blind ballad-singers, who had tagged along with the others, began tuning their instruments for a birthday ode. This time everyone objected. "None of us like that old stuff. Why don't you go to the jobs room and entertain Mrs Xue?"

邦译：A couple of female musicians asked if they might be called upon to celebrate the birthday with recitations. But they all said: "We have no one here who listens to those stories. You go up to the hall and say them to the lady Aunt to cheer her up."

例 1 原文出自《红楼梦》第六十二回中对宝玉生日宴的描写。在原文中，"女先儿要弹词上寿"的表面意思是女先儿要唱曲为宝玉祝寿，但并未交代唱的是何曲，但后面众人说"没人要听那些野话"，说明女先儿的唱曲并不为众人所喜。实际上，原文中的"上寿"是作者引用的一个暗典，这一暗典同样出现在第六十三回中，众人要求芳官"这会子很不用你来上寿，拣你极好的唱来"。这两

---

① 范司永. 文学文本翻译的互文性考论 [D]. 武汉：武汉大学，2013.

处语境均反映了"上寿"曲的无趣和不讨喜。据李玫[①]考证，《上寿》是清代乾隆中期的一个剧作名，全名《八仙上寿》，"是一部八仙祝寿戏，开场有简略的八仙祝寿情节"。乾隆时期，《上寿》被列为昭示表演并表达吉祥意义的戏曲表演形式，因此，与正经演绎故事的折子戏相比，《上寿》本身的戏曲审美性和趣味性降低，成为程式化的表演形式。另有一种说法称，"寿筵开处风光好"是《上寿》第二支曲子"山花子"的首句，此曲为"粗曲"，曲调粗直，用于过场短剧，不耐听。总而言之，在《红楼梦》成书的清代，《上寿》多作为开场或过场的程式化曲目，其本身没有特别的戏曲功能和审美价值。《上寿》的这一文化互文含义解释了后面众人不爱听的原因，但文本暗含的这种潜在意义需要译者去识别。从这个意义上看，杨戴译本的"perform a ballad for the occasion"表达的是"为该场合献曲一首"，没有表达出上寿的俗套性，因而也就无法解释众人称其为"wild talk（野话）"的缘由。邦译本的"celebrate the birthday with recitations"用"recitations（背诵）"表达出枯燥、无趣之意，但又与戏曲无关，而后文中的"stories"也未能表达"野话"的含义。相较而言，霍译本转化较为巧妙。霍译本用西方文化中的"birthday ode"表达曲调的"老套、陈旧"之意，契合了《上寿》无趣的程式化特征，同时又将后文中的"野话"转化为"old stuff"，使其与前文中"ode"的隐含意义契合，弥补了译文语境互文信息缺失而导致读者认知困难的不足，同时又保留了原文的戏曲文化叙事效果。

　　在识别出原文中戏曲所携带的互文信息之后，译者需要理解、探察"前文本"和"后文本"在形式、内容、主题意蕴上的关联和共性，前文本意义的延伸、改变、转化等，发现两者的交互含义、判断前文本在后文本意义中的权重。例如，前文中提到第二十九回描写的初一年节点戏，所点的三出剧目《白蛇记》《满床笏》《南柯梦》预示了贾府的盛衰走向。下面且看不同译本对这三个剧目的翻译。杨戴译本将《白蛇记》译为 *The White Serpent*，并用"killed a serpent, then founded the dynasty"表达作者使用该剧目所要表达的"斩蛇起首、以武发家"的意图。原文并没有交代《满床笏》和《南柯梦》的背景信息，因此，杨戴译本根据具体的语境需要添加了尾注，将《满床笏》译为 *Every Son a High Minister*，

---

① 李玫."群芳夜宴"芳官唱【山花子】【赏花时】众人一拒一迎辨因 [J]. 红楼梦学刊,2021（5）: 111-134.

并加尾注 "A story of Guo Ziyi of the Tang Dynasty（有关唐朝郭子仪的故事）"，将《南柯梦》译为 "*The Dream of the Southern Tributary State*"，并加尾注为 "Based on a Tang story in which a scholar had a dream of great wealth and splendour; then he woke up and found it was just an empty dream（唐朝的一个故事，一个书生梦见自己财富满身、飞黄腾达，醒来后发现只是个梦）"。对于互文信息极为丰富的剧目而言，翻译中只有通过明示隐含的互文信息，或重构原文的互文认知语境才能达到成功交际的目的，而脚注或尾注便是实现上述目的的有效方式。以上两个尾注为原文信息的呈现存在一定的差异性。《满床笏》的尾注只是交代了剧目涉及的人物和年代，并没有涉及故事的具体内容。从原文的叙事目的来看，原文引用《满床笏》的目的是寓意贾家的富贵繁荣，而杨戴译本的尾注信息并没有给出此方面的有效提示，因而也就无法帮助译文读者建构与原文类似的认知语境。因此，这一方面可以参考《南柯梦》的注释方式。《南柯梦》的尾注交代了剧目的故事情节，突出了"南柯一梦，醒来成空"的主旨，从而能够使译文读者建构此剧目与贾家日后衰败之间的关联。与杨戴译本不同，霍译本采用了文内译释的方式。需要特别指出的是，霍译本中对点戏的相关背景信息作了丰富的铺垫。例如，霍译本将表示点戏的"神前拈了戏"释译为 "the gods had now chosen which plays were to be performed - by which was meant, of course, that the names had been shaken from a pot in front of the altar, since this was the only way in which the will of the gods could be known（众神现在已经选择了要演出的剧目，当然，这是指剧目的名字已经从祭坛前的罐中摇出，因为这是了解众神意愿的唯一方式）"，此释译强调了"剧目乃神选"的含义，突出了贾府由盛及衰的宿命。霍译本将《白蛇记》译为 "*The White Serpent*"，并将"斩蛇起首"译为 "began his rise to greatness by decapitating a monstrous white snake"，用 "give rise to greatness" 将原文引用此剧目所蕴含的贾府起兴之意准确地表达出来。霍译本将《满床笏》译为 "A Heap of Honours, which shows the sixtieth birthday party of the great Tang general Guo Zi-yi, attended by his seven sons and eight sons-in-law, all of whom held high office, the neap of honours of the title being a reference to the table in his reception-hall piled high with their insignia（《荣誉满堂》，讲的是唐代将领郭子仪的六十岁生日宴会，宴会上有他的七个儿子和八个女婿，他们都担任高官，标题中"荣誉满堂"的意思是指他接待大厅的桌子上堆满了他们的荣誉徽章）",此译文虽在文中添加过多文化背景信息，使得阅读的流畅度略有消减，但清楚地表达了《满床笏》的故事内容和寓意。同时，霍克斯将之后贾母的反应"倒是第二本也还罢了"译为"It seems a bit conceited to have this second one played（选择第二个剧目似乎有些自负）",通过贾母之口点明了此剧目的寓意和贾府之间的关联。霍译本将《南柯梦》译为"*The South Branch*",但将其文化互文意义穿插于之后"贾母听了便不言语"的译文中，此句的译文是"Grandmother Jia was silent. She knew that *The South Branch* likens the world to an ant-heap and tells a tale of power and glory which turns out in the end to have been a dream（贾母沉默不语。她知道《南柯梦》讲述的是主角进入了一个蚂蚁的世界，并获得了荣誉和权力，但最后证明只是一场梦）"。这样处理的好处是阐明了《南柯梦》曲目"梦醒成空"的现实寓意，同时通过贾母的心理描写将其表达出来，也解释了贾母沉默的原因。因此，综上所述，霍克斯深入理解和考察了戏曲剧目这一前文本与《红楼梦》小说这一后文本之间的主题关系，在具体的后文本语境中判断前文本信息的权重，并将该突出或保留的互文信息融入译文的整体叙事中，不但传达了原文的叙事意图，也保持了译文逻辑上的合理性和表达的流畅性。

在识别、理解前文本和后文本的互文关系以后，译者的一个重要的任务就是吸收和转化前文本和后文本共同建构的文本意义，以在译文的表达中完成对文本意义的选择或补偿，这就涉及原文意义再语境化的问题，即选择原语信息的再现形式、内容、主题意蕴，激发译文读者的互文效应。具体来看，《红楼梦》译本中重构互文关联的方式主要有三种。

第一种是通过文内注释、副文本等形式，添加互文标记。例如，在翻译第二十六回源于《西厢记》的戏词"每日家情思睡昏昏"时，杨戴译本和霍译本分别添加了文内注释"This line and the two quoted later by Baoyu come from *The Western Chamber*（此句及之后宝玉引用的两句均出自《西厢记》）"和"the words were from his beloved *Western Chamber*（此句出自他最喜欢的《西厢记》）"，这种文内加注的方式标明了所引用词句的戏曲来源，译文读者若想获得更多互文信息，便可按图索骥，构建有利于译文理解的认知网络。此外，对于互文性信息极为丰富且在文本的叙事中又极为重要的戏曲文化元素，译者往往也通过文外加脚注或尾注的方式来重构原文的认知语境,杨戴译本和邦译本偏好此类译注。以杨戴译本为例,在第三十九回中,李纨道,"我成日家和人说笑,有个唐僧取经,就有个白马来驮他;有个刘智远打天下,就有个瓜精来送盔甲;有个凤丫头,就有个你"。这里涉及唐僧取经和《白兔记》中刘智远打天下两个典故,杨戴译本将"唐僧"译为"Monk Tripitaka(三藏和尚)",并加尾注为"Monk Xuan Zang of the Tang Dynasty(唐朝的玄奘和尚)",将刘智远译为"Liu Zhiyuan"并加尾注为"King of the Later Han in the Five Dynasties Period(五代时期后汉的王)"。尽管此类尾注显示了译者重构原文认知语境的努力,但从内容上来看,注释的重点是人物的身份而非与原文交际意图关联度更高的典故本身,说明译者为了注释的简洁性,没有抓住更重要的语义信息。同样的问题出现在第十八回戏曲剧目的翻译中。第十八回讲到元春点的四出戏:"第一出,《豪宴》;第二出,《乞巧》;第三出,《仙缘》;第四出,《离魂》"。以上剧目的选择皆透露着作者对贾家及书中人物命运的预设。脂砚斋评语点出第一出《豪宴》出自《一捧雪》,讲的是明代权臣严嵩之子严世蕃,为夺取名为"一捧雪"的玉杯,害得玉杯主人莫怀古家破人亡之事,伏贾家之败;第二出《乞巧》出自《长生殿》,讲的是唐明皇和杨贵妃的故事,伏元妃之死;第三出《仙缘》出自《邯郸梦》,讲的是卢生在邯郸店遇仙人吕洞宾的传奇经历,伏甄宝玉送玉;第四出《离魂》出自《牡丹亭》,讲的是杜丽娘和柳梦梅的爱情故事,以及杜丽娘因情而死的结局,伏黛玉之死。脂砚斋批曰:所点之戏剧伏四事,乃通部书之大关节,大关键。由此可见,这四部剧目的内容与原文的叙事有着莫大的关联,是理解原文伏笔的关键。对这四部剧目的翻译,杨戴译本同样选择了文中直译加文后加注的方式,将《豪宴》译为"The Sumptuous Banquet",并加尾注为"From *A Handful of Snow* by the Ming playwright Li Yu(出自明代剧作家李渔的《一捧雪》)",将《乞巧》译为"The Double Seventh Festival",并加尾注为"From *The Palace of Eternal Youth* by the early Qing playwright Hong Sheng(出自清早期剧作家洪昇的《长生殿》)",将《仙缘》译为"Meeting the Immortals",并加尾注为"From *The Dream at Handan* by the Ming playwright Tang Xianzu(出自明朝剧作家汤显祖的《邯郸梦》)",将《离魂》译为"The Departure of the Soul",并加尾注为"From *The Peony Pavilion* by Tang Xianzu(出自汤显祖的《牡丹亭》)"。由以上注释内容可见,译者给出了剧目的来源和剧作家信息，但并没有提及剧作内容这一与原文叙事意图关联更紧密的维度。对于不熟悉《一捧雪》《邯郸梦》《长生殿》《牡丹亭》剧目故事的译文读者来讲，他们要想获得理解原文的认知语境，读懂原文的伏笔，就需费一番周折去阅读这些剧目的内容。这里的问题是，读者是否能从译者所提供的现有信息中认识到原文存在伏笔以及明白原始剧目内容的重要性呢？这种可能性极小。因此，就文外加注的方式而言，建构原文认知语境、传达原文的互文信息，关键不在于该不该加注，而在于注释的内容是否能帮助译文读者建立副文本与译本的互文关联。因此，译者要在注释中选择与原文主题理解相关度高以及与译文读者关联度高的信息。

第二种是释译的方法，即通过文内信息的解释，建立前文本与译文读者的关联，弱化互文关系，减少译文读者的阅读阻碍。例如，《红楼梦》第七十五回中提到，"于是天天宰猪割羊，屠鹅戮鸭，好似临潼斗宝一般，都要卖弄自己家的好厨役好烹炮"。此句中的"临潼斗宝"是作者使用的暗典，借用的是元杂剧《临潼斗宝》的故事。春秋时期，诸侯国被迫应秦穆公之约，在临潼会上献宝，名曰斗宝会。诸侯列国献宝，并非有意卖弄，而是迫不得已。曹雪芹沿用了词典中斗宝的含义，以讽刺纨绔子弟斗富。杨戴译本直接表达了作者引用"临潼斗宝"的用意，将其释译为"vied to show off their wealth（竞相炫耀自己的财富）"，抹杀了原典。从交际的角度看，译者可以很轻松地读懂原文含义，只是用典的修辞效果有所减弱。霍译本则选择将"临潼斗宝"的故事融入译文的叙事中，将"临潼斗宝"译为"resemble the Diet of Lintong in the well-known play of that name, except that whereas Duke Mu's princely guests competed in the bravery of their commanders and the magnificence of their regalia（就像在著名的戏剧《临潼斗宝》中一样，只不过鲁穆公的贵宾竞相展示的是指挥官的勇气和物品的豪华）"。由此可见，杨戴译本采用的是归化式的释译，而霍译本采用的是异化式的释译，而从文化传播的角度看，霍译本重构了原文戏剧用典的互文语境，更忠实于原文的文化叙事效果。

第三种是突出主题，实现语义的互文转化。译者一般会通过保留原文互文标记的方式来传达原文的审美效果。例如，杨戴译本和霍译本分别将"你倒《妆疯》了"译为"you're playing *The General Feigns Madness*"和"not *Jing-de Acts the Madman*"，两个译本完美地将剧名融入原文的对话语境中，既保留了《妆疯》的剧名，又传达了说话者的意图，使得原文的审美效果得以呈现。相比之下，乔译本和邦译本的"*pretend to be mad*"虽然表达了原文意图，但原典的信息没有被体现出来，因而在审美维度上略逊于杨戴译本和霍译本。

综上，《红楼梦》小说与戏曲有着极强的互文关系，小说叙事中穿插的剧名、台本、演出等各种戏曲元素是建构文本意义的重要组成部分，也是营造原文美学效果的重要工具。原文读者理解原文中的戏曲叙事需要仰仗戏曲背后负载的互文信息，而这种互文信息在译入语读者的认知语境中是不存在的。因此，译者需要借助文本内、外语境信息，判断何种互文主题需要在译文中重构，以及如何重构。从目前译例的分析来看，通过副文本添加互文信息、通过文内释译解释互文主题，以及通过语义的互文转化保留原文审美效果是行之有效的三种方式。

参考文献

[1] Cao, X. Q. & Gao, E. *The Story of the Stone* I: *The Golden Days*. Hawkes, D. (trans.). Shanghai: Shanghai Foreign Language Education Press, 2014.

[2] Cao, X. Q. & Gao, E. *The Story of the Stone* II: *The Crab-flower Club*. Hawkes, D. (trans.). Shanghai: Shanghai Foreign Language Education Press, 2014.

[3] Cao, X. Q. & Gao, E. *The Story of the Stone* III: *The Warning Voice*. Hawkes, D. (trans.). Shanghai: Shanghai Foreign Language Education Press, 2014.

[4] Cao, X. Q. & Gao, E. *A Dream of Red Mansions*. Yang, X. Y. & Yang, G. (trans.). Beijing: Foreign Languages Press, 1978.

[5] Cao, X. Q. *The Dream of the Red Chamber*. Joly, H. B. (trans.). Tokyo: Tuttle Publishing, 2010.

[6] Foucault, M. *Of Other Spaces*[J]. Trans. Jay Miskowiec. Diacritics 16(1) , 1986: 22–27.

[7] Frank, J. *Spatial Form in Modern Literature*: *An Essay in Two Parts*. The Sewanee Review 53(2), 1945: 221–240.

[8] Herman, D. el. *Routledge Encyclopedia of Narrative Theory*. London and New York: Routledge, 2005.

[9] Nida & Taber, *The Theory and Practice of Translation*. Leiden: Brill Academic Publisher, 1969.

[10] Ni, P. M. Understanding the Analects of Confucius. New York: State University of New York Press, 2017.

[11] Mitchell, W. J. T. *Spatial Form in Literature: Toward a General Theory*. Critical Inquiry 6(3), Prince, G. *A Dictionary of Narratology*. Lincoln: University of Nebraska Press, 1987.1980: 539–567.

[12] Zoran, G. *Towards a Theory of Space in Narrative*. Poetics Today 5(2), 1984: 309–335.

[13] 白晓云、李云涛. 国家文化安全视野中的中国典籍翻译——以《红楼梦》中宗教文化负载词英译为例 [J]. 吉林省教育学院学报（上旬），2015（8）：134–136.

[14] 加斯东·巴什拉. 空间的诗学 [M]. 张逸婧，译. 上海：上海译文出版社，2009.

[15] 米克·巴尔. 叙述学：叙事理论导论 [M]. 谭君强，译. 北京：北京师范大学出版社，2015.

[16] 白鹿鸣. 试论《红楼梦》以节日写生日的方法 [J]. 红楼梦学刊，2013（5）：293–303.

[17] 蔡志全."副翻译"：翻译研究的副文本之维 [J]. 燕山大学学报（哲学社会科学版），2015（4）：84–90.

[18] 曹琪琳. 文学经典翻译的认知补偿策略及其选择标准——以《红楼梦》中45例戏曲剧目翻译为例 [J]. 译苑新谭，2018（1）：112–122.

[19] 陈国学.《红楼梦》的宗教书写分析与探源 [D]. 天津：南开大学，2009.

[20] 陈华文. 民俗文化学 [M]. 杭州：浙江工商大学出版社，2014.

[21] 陈丽. 空间. 北京 [M]. 外语教学与研究出版社，2020.

[22] 陈卫斌.《红楼梦》英译副文本比较与翻译接受 [J]. 中国比较文学，2020（2）：112–124.

[23] 丁艳. 文化的转码与译者的立场:《红楼梦》与中国古代文学经典翻译——复旦大学中华文明国际研究中心访问学者工作坊会议综述 [J]. 中国比较文学，2019（3）：214–216.

[24] 丁立，刘泽权. 报道动词的评价意义及英译考察——以王熙凤的"笑道"为例 [J]. 上海翻译，2021（1）：77–82.

[25] 范司永 . 文学文本翻译的互文性考论 [D]. 武汉：武汉大学，2013.

[26] 方英 . 绘制空间性：空间叙事与空间批评 [J]. 外国文学研究，2018（5）：114-124.

[27] 方志红 .《红楼梦》物叙事刍议 [J]. 中国文学研究，2023（1）：95-102.

[28] 冯全功 .《红楼梦》翻译研究散论 [M]. 杭州：浙江大学出版社，2018.

[29] 冯全功 .《我不是潘金莲》中的文化意象英译研究 [J]. 语言教育，2019（7）：40-46.

[30] 冯文丽 . 大观园："新关系"的空间 [J]. 红楼梦学刊，2015（3）：175-198.

[31] 冯英杰 . 浅析红楼梦英译本中的宗教文化翻译策略 [J]. 科技信息（科学教研），2007（35）：760-761.

[32] 傅修延 . 文学是"人学"也是"物学"——物叙事与意义世界的形成 [J]. 天津社会科学，2021（5）：161-1

[33] 高国藩 .《红楼梦》中的谜语 [J]. 红楼梦学刊，1984（1）：244-268.

[34] 郭若愚 .《红楼梦》风物考 [M]. 西安：陕西人民出版社，1996.

[35] 高玉海，李源 .《红楼梦》在欧洲的传播与接受 [J]. 红楼梦学刊，2022（6）：14-27.

[36] 顾春芳 .《红楼梦》的叙事美学和戏曲关系新探 [J]. 红楼梦学刊，2017（6）：59-81.

[37] 顾春芳 .《红楼梦》小说叙事的戏剧性特征 [J]. 曹雪芹研究，2019（1）：14-24.

[38] 顾春芳 . 细读《红楼梦》"省亲四曲" [J]. 红楼梦学刊，2019（1）：219-245.

[39] 顾建敏 . 关联理论视域下的文化意象互文性及其翻译 [J]. 外语教学，2011(5)：110-113.

[40] 侯羽，郭玉莹 .《红楼梦》霍克思英译本翻译风格研讨——以语用标记语 I think 的使用为例 [J]. 红楼梦学刊，2021（2）：190-211.

[41] 何敏，王玉莹 . 跨学科之镜鉴：美国汉学视阈中国古典小说宗教议题的主要维度 [J]. 燕山大学学报（哲学社会科学版），2019（6）：1-7，22.

[42] 何跃青 . 中国礼仪文化 [M]. 北京：外文出版社，2013.

[43]胡开宝，李翼．基于语料库的文学翻译研究 [M]. 北京：外语教学与研究出版社，2021.

[44]胡文彬．假作真时真亦假——《红楼梦》里的官制简说 [J]. 贵州民族学院学报（社会科学版），1986（1）：9-14.

[45]胡文彬．酒香茶浓说红楼 [M]. 太原：山西教育出版社，1993.

[46]胡文彬．红楼梦与中国文化论稿 [M]. 北京：中国书店，2005.

[47]胡寅．论《红楼梦》颜色词与颜色意象的翻译 [D]. 上海：上海外国语大学，2005.

[48]胡杨．宗教翻译中译者主体的概念整合机制——以《红楼梦》霍译本为例 [J]. 华北理工大学学报（社会科学版），2016（5）：164-170.

[49]华梅．华梅谈服饰文化 [M]. 北京：新华出版社，2001.

[50]黄彩霞，王升远．日译《红楼梦》对中国文化的解读与翻译——以《国译红楼梦》的注解问题为视角 [J]. 红楼梦学刊，2017（6）：296-313.

[51]黄霖，李桂奎，韩晓，等．中国古代小说叙事三维论 [M]. 上海：上海世纪出版集团，2009.

[52]黄仁达．中国颜色 [M]. 北京：东方出版社，2013.

[53]黄新渠．*A Dream of Red Mansions* 红楼梦 [M]. 北京：外语教学与研究出版社，2008.

[54]黄云皓．图解《红楼梦》建筑意象 [M]. 北京：中国建筑工业出版社，2006.

[55]姜其煌．欧美红学 [M]. 郑州：河南教育出版社，2005.

[56]姜秋霞，郭来福，杨正军．文学翻译中的文化意识差异——对《红楼梦》两个英译本的描述性对比研究 [J]. 中国外语，2009（4）：90-94，97.

[57]金洁．《红楼梦》在英语世界的传播与接受研究——基于副文本视角 [D]. 北京：对外经济贸易大学，2021.

[58]金洁，徐珺．副文本视角下乔利《红楼梦》新旧英译本探析 [J]. 红楼梦学刊，2020（1）：322-335.

[59]金茜．《红楼梦》海外传播的国内认知图谱 [J]. 红楼梦学刊，2022（2）：278-293.

[60]李根亮.道教与《红楼梦》梦幻叙事 [J].长江大学学报社会科学版,2008（4）: 29-32.

[61]李丽.英语世界的《红楼梦》研究——以成长、大观园、女性话题为例 [D]. 北京：北京外国语大学，2014.

[62]李玫.“群芳夜宴”芳官唱【山花子】【赏花时】众人一拒一迎辨因 [J].红楼 梦学刊，2021（5）：111-134.

[63]李书琴，钱宏.试论全球化语境下文化典籍翻译策略之选择 [J].安徽大学学 报（哲学社会科学版），2008（3）：92-95.

[64]李希凡，冯其庸.红楼梦大辞典 [M].北京：文化艺术出版社，2010.

[65]李新灿.嫡庶制度与弱势性别的双重受难者——探春言行结局的深层心理分 析 [J].云南社会科学，2004（2）：125-128.

[66]李一鸣.《红楼梦》戏曲元素英译比较研究 [D].芜湖：安徽师范大学，2018.

[67]李玉良，罗公利.儒家思想在西方的翻译与传播 [M].北京：中国社会科学出 版社，2009.

[68]梁琨.《红楼梦》中服饰描写的叙事意义及文化功能 [J].红楼梦学刊，2020 （4）：121-139.

[69]林莉，付磊，黄莉.《红楼梦》中的酒具与酒文化 [J].酿酒科技，2012（12）: 105-107.

[70]林语堂，宋丹.林语堂《红楼梦》英文编译原稿序言 [J].曹雪芹研究，2019 （3）：166-178.

[71]廖东芳.从推理空间等距原则看戏曲文化英译——兼评《红楼梦》的两个英 译本 [J].牡丹江教育学院学报，2013（3）：44-45.

[72]刘宓庆.文化翻译论纲 [M].北京：中译出版社，2016.

[73]刘黎琼，黄云皓.移步红楼 [M].北京：生活·读书·新知三联书店，2018.

[74]刘黎琼、黄云皓.红楼梦中的建筑——黛玉的潇湘馆 [J].七彩语文，2021 （23）：117-118.

[75]刘佳.从解构主义看《红楼梦》中宗教词的翻译 [D].福州：福建师范大学， 2014

[76]刘蓉.从目的论角度看《红楼梦》两英译本中红字的翻译[D].太原:太原理工大学,2011.

[77]刘相雨.论宗教与《红楼梦》中贾府的日常生活[J].红楼梦学刊,2018(3):59-78.

[78]刘云虹.中国文学外译批评的审美维度[J].外语教学,2021(4):76-82.

[79]刘泽权.《红楼梦》中英文语料库的创建及应用研究[M].北京:光明日报出版社,2010.

[80]刘泽权,苗海燕.基于语料库的《红楼梦》"尚红"语义分析[J].当代外语研究,2010(1):19-24.

[81]刘泽权,汤洁.王际真与麦克休《红楼梦》英语节译本风格对比——基于语料库的考察[J].红楼梦学刊,2022(2):255-277.

[82]龙迪勇.空间叙事研究[M].北京:三联书店,2014.

[83]隆涛.分析《红楼梦》英译本中的民俗文化翻译[J].语文建设,2015(27):55-56.

[84]吕世生.林语堂《红楼梦》译本的他者文化意识与对传统翻译观的超越[J].红楼梦学刊,2016(4):1-15.

[85]罗选民.文化记忆与翻译研究[J].中国外语,2014(3):41-44.

[86]罗选民.大翻译与文化记忆:国家形象的建构与传播[J].中国外语,2019(5):95-102.

[87]罗选民.《红楼梦》译名之考:互文性的视角[J].中国翻译,2021(6):111-117.

[88]罗选民、杨文地.文化自觉与典籍英译[J].外语与外语教学,2012(5):63-66.

[89]马经义.红楼梦文化基因探秘[M].成都:四川大学出版社,2010.

[90]梅新林.旋转舞台的神奇效应:《红楼梦》的宴会描写及其文化含义[J].红楼梦学刊,2001(1):1-25.

[91]冒建华.论《红楼梦》宗法文化与中国现代小说[J].红楼梦学刊,2008(5):305-317,13-14.

[92]牛传玲.《红楼梦》中的"红"隐喻及其英译策略研究 [D].吉林：吉林大学，2014.

[93]浦安迪.中国叙事学 [M].北京：北京大学出版社，2018.

[94]启功.读《红楼梦》札记 [J].北京师范大学学报，1963（3）：89–97.

[95]启功.启功给你讲红楼 [M].北京：中华书局，2006.

[96]祁宏.不可译性视角下的意象翻译——以《红楼梦》第二十八回中的诗词为例 [J].名家名作，2021（7）：35–38.

[97]钱亚旭，纪墨芳.《红楼梦》霍译本中物质文化负载词翻译策略的定量研究 [J].红楼梦学刊，2011（6）：59–72.

[98]邱文生.语境与文化意象的理解和传译 [J].安徽大学学报（哲学社会科学版），2004.

[99]任跃忠.跨文化视角下《红楼梦》翻译的美学意境研究 [J].语文建设，2015（18）：55–56.

[100]单世联.红楼梦的文化分析 [M].上海：上海交通大学出版社，2018.

[101]邵飞.新时代典籍翻译的文化自觉与文化自信——兼论费孝通先生的翻译思想 [J].上海翻译，2020（3）：85–89.

[102]申明秀.明清世说雅俗流变及地域性研究 [D].上海：复旦大学，2012.

[103]沈炜艳.《红楼梦》服饰文化翻译研究 [M].上海：中西书局，2011.

[104]宋丹.林语堂英译《红楼梦》之文化历程 [J].外语教学与研究，2022（4）：611–622.

[105]宋丹.林语堂《红楼梦》英译原稿诗词韵文翻译策略研究 [J].中国文化研究，2021（1）：144–157.

[106]孙桂英.文化意象的互文性及其翻译策略 [J].学术交流，2011（11）：136–139.

[107]孙和平.酒中凸性格，令里显智慧——管窥《红楼梦》酒令语言 [J].理论月刊，2012（7）：63–66.

[108]孙树勇.《红楼梦》空间意象研究 [D].哈尔滨：哈尔滨师范大学，2017.

[109]孙艺风.文化翻译 [M].北京：北京大学出版社，2016.

[110]孙玉晴，肖家燕.《红楼梦》与《红字》：象征主义的比较研究.西安外国语大学学报，2017（4）：96–100.

[111]生安峰.霍米·巴巴的后殖民理论研究[M].北京：北京大学出版社，2011.

[112]童珊.从《红楼梦》看清代法制[J].学习与探索，2011（1）：231–233.

[113]王彬.《红楼梦》叙事[M].北京：人民出版社，2014.

[114]王秉钦.文化翻译学：文化翻译理论与实践（第二版）[M].天津：南开大学出版社，2007.

[115]王飞燕.乐善斋本《红楼梦》中对中国传统戏曲的理解与翻译[J].曹雪芹研究，2020（3）：114–133.

[116]王国凤.《红楼梦》与"礼"——从社会语言学的角度[D].上海：上海外国语大学，2010.

[117]王金波，王燕.论《红楼梦》地名人名双关语的翻译[J].外语教学，2004（4）：53–57.

[118]王丽耘，吴红梅.《红楼梦》霍克斯译本"红"英译问题辨析[J].国际汉学，2020（1）：21–28.

[119]王琳，李雪叶.从归化和异化看《红楼梦》中"红"字的翻译[J].西南农业大学学报（社会科学版），2011（6）：105–107.

[120]王齐洲，余兰兰，李晓晖.绛珠还泪:《红楼梦》与民俗文化[M].哈尔滨：黑龙江人民出版社，2003.

[121]汪庆华.传播学视域下中国文化走出去与翻译策略选择——以《红楼梦》英译为例[J].外语教学，2015（3）：100–104.

[122]王天越.古诗词中文化意象的"不可译"现象——兼谈文化意象的解读与审美[J].同济大学学报（社会科学版），2001（4）：73–76.

[123]王燕，王璐瑾.英国汉学家包腊的《红楼梦》韵文翻译研究[J].红楼梦学刊，2022（4）：264–279.

[124]王瑛.空间叙事：中国叙事学学科建构的逻辑基点[J].华南农业大学学报（社会科学版），2016（3）：121–129.

[125]王喻生.《红楼梦》茶文化的翻译策略浅析 [J]. 福建茶叶，2017（11）：
    353-354.

[126]吴丽娜.《红楼梦》菊花诗的拟题、分配与意象 [J]. 明清小说研究，2021（4）：
    121-135.

[127]吴淑琼，杨永霞. 认知识解视角下《红楼梦·葬花吟》不同译本的翻译策
    略对比研究 [J]. 外国语文，2020（5）：119-126.

[128]肖家燕.《红楼梦》隐喻概念的英译研究 [D]. 杭州：浙江大学，2007.

[129]肖维青. 欲婉而正，欲隐而显：谈《红楼梦》灯谜及其翻译 [J]. 四川外国语
    学院学报，2002（2）：122-124.

[130]谢建平. 文化翻译与文化"传真" [J]. 中国翻译，2001（5）：19-22.

[131]徐扶明. 红楼梦与戏曲比较研究 [M]. 上海：上海古籍出版社，1984.

[132]徐继忠.《红楼梦》女性悲剧的制度文化原因探究 [J]. 中州学刊，2015（10）：
    149-152.

[133]杨柳. 文化摆渡者的中国认同——闵福德《石头记》后两卷译本的副文本
    研究 [J]. 曹雪芹研究，2018（4）：124-138.

[134]杨柳川. 满纸"红"言译如何——霍克思《红楼梦》"红"系颜色词的翻译
    策略 [J]. 红楼梦学刊，2014（5）：196-215.

[135]杨清玲. 红楼梦茶文化词语的翻译效果研究 [J]. 福建茶叶，2017（5）：
    348-349.

[136]杨实和. 红楼梦文化论 [M]. 郑州：河南人民出版社，2019.

[137]杨仕章. 文化翻译学 [M]. 北京：商务印书馆，2020.

[138]杨义. 中国叙事学 [M]. 北京：人民出版社，2009.

[139]尹晓霞，唐伟胜. 文化符号、主体性、实在性：论"物"的三种叙事功能.
    山东外语教学，2019（2）：76-84.

[140]尹伊君. 红楼梦的法律世界 [M]. 北京：商务印书馆，2007.

[141]俞晓红. 红楼梦意象的文化阐释 [M]. 合肥：安徽人民出版社，2006.

[142]俞俊利. 宗法关系与家族治理 [D]. 南京：南京大学硕士学位论文，2015.

[143]俞森林，凌冰．东来西去的《红楼梦》宗教文化——杨译《红楼梦》宗教文化概念的认知翻译策略 [J]．红楼梦学刊，2010（6）：79–99．

[144]余英时．红楼梦的两个世界 [M]．上海：上海社会科学院出版社，2002．

[145]袁敏．《红楼梦》蕴含的财务问题及启示 [J]．财务与会计．2021（8）：85–87．

[146]乐黛云．文化自觉与文明共存 [J]．社会科学，2003（7）：116–123．

[147]曾国秀，朱晓敏．《红楼梦》霍译与杨译对"六部"官制之翻译考辨 [J]．明清小说研究，2013（3）：236–248．

[148]张惠．《红楼梦》在北美的传播与接受 [J]．红楼梦学刊，2022（6）：41–56．

[149]张慧琴、徐珺．《红楼梦》服饰文化英译策略探索 [J]．中国翻译，2014（2）：111–115．

[150]张粲．《红楼梦》盖尔纳法译本对宗教词汇的翻译策略 [J]．国际汉学，2019（4）：139–202．

[151]张世君．《红楼梦》的空间叙事 [M]．北京：中国社会科学出版社，1999．

[152]张艳．从关联翻译理论看《红楼梦》两英译本中"红"字的翻译 [N]．西安：西安外国语大学，2012．

[153]张艳．探春形象及其悲剧意义的考论 [J]．红楼梦学刊，2015（3）：334–344．

[154]赵迎菊．语言文化学及语言文化意象 [J]．外语教学，2006（5）：47–49．

[155]赵云芳．论原生态民俗在《红楼梦》中的解构与重建——以节日民俗为例 [J]．红楼梦学刊，2015（5）：60–71．

[156]赵长江．《红楼梦》英译史研究 [M]．杭州：浙江大学出版社，2021．

[157]赵长江、郑中求．应鸣《红楼梦》英译本概貌与简析 [J]．红楼梦学刊，2020（1）：280–300．

[158]赵石楠，王治梅，李永安．《红楼梦》法译本中医药文化翻译策略探析——以秦可卿医案为例 [J]．语言与翻译，2021（3）：65–70．

[159]钟敬文．民俗文化学：梗概与兴起 [M]．北京：中华书局，1996．

[160]钟书能，欧卫华.《红楼梦》诗词中文化信息的翻译 [J]. 外语与外语教学，2004（4）：45-48.

[161]周汝昌.《红楼梦》新证（增订本）[M].北京：中华书局，2012.

[162]周燕. 我国古典文学《红楼梦》中的茶文化翻译研究 [J]. 福建茶叶，2016（12）：354-355.

[163]朱琴.《红楼梦》中服饰风格与人物整体形象设计的研究 [J]. 名作欣赏，2011（36）：183-184.

[164]祖利军.《红楼梦》话语标记语英译之视角等效 [J]. 山东外语教学，2021（5）：126-135.